기도의 심리학

기도의 심리학
Primary Speech

개정 초판 발행	2002년 6월 28일
개정판 발행	2013년 11월 15일
지은이	앤 & 배리 울라노프
옮긴이	박선규
발행처	은성출판사
등록	1974년 12월 9일 제9-66호
	ⓒ 2002, 2013년 은성출판사
주소	서울시 강동구 성내동 538-9
전화	070) 8274-4404
팩스	02)477-4405
홈페이지	http://www.eunsungpub.co.kr
전자우편	esp4404@hotmail.com

이 책의 한국어판 저작권은 "은성출판사"가 소유합니다.
저작권법에 의하여 한국 내에서 보호를 받는 제작물이므로 무단 전재와 복제를 금합니다.

Printed in Korea
ISBN : 978-89-7236-411-5 33230

Primary Speech

A Psychology of Prayer

by

Ann & Barry Ulanov

translated by

Park Sunkyu

기도의 심리학

앤 · 배리 울라노프 공저

박선규 옮김

목차

서문 / 9

제1장 원초적 언어 / 13

제2장 기도와 갈망 / 37

제3장 기도와 투사 / 65

제4장 환상과 기도 / 81

제5장 환상과 더불어 사는 삶 / 101

제6장 두려움과 기도 / 113

제7장 기도와 공격성 / 137

제8장 성과 기도 / 157

제9장 다른 사람들을 위한 기도 / 177

제10장 기도와 응답 / 201

제11장 기도의 목표: 변화 / 229

서문

　우리는 여러 가지 언어를 사용하여 말한다. 우리는 말하고 싶은 것을 의식하면서 그럴 듯한 논리로 원인과 결과의 순서에 맞추어 말을 한다. 그러나 때로는 무엇을 말하려는지 모르고 말할 때도 있다. 그래서 건너뛰기도 하고 더듬기도 하고 돌발적으로 말하기도 한다. 표시나 상징을 가지고 말할 때도 있다. 우리는 갈등을 원하지 않기 때문에 우회적으로 말하기도 하지만, 때로는 남의 말을 들으면서 그냥 따라가는 것이 얼마나 힘든지 전혀 의식하지 못하기도 한다. 그러나 이러한 담화와 생각과 감정의 세상에서 말하면서도 의식하지 못하는 언어, 즉 기도의 언어만큼 기본적이며 중요한 언어는 없다.

　기도는 말없이 시작되어 말없이 끝나곤 한다. 기도는 아주 다양하게 우회적으로 드려지기도 한다. 때로 기도는 표시와 상징들로 행해지기도 하고 한쪽으로 기울어야 할 때는 그 쪽으로만 향하고, 얼른 덤벼들 수 있는 때에는 빨리 서두르는 등 기도를 어떻게 하느냐에 따라서 여러 가지 논리를 지닌다. 중요한 것은 알고 싶어하는 것을 모르는 것이 아는 것이라고 말할 때에도 기도는 지금 자신(기도)이 무엇을 하고 있는지를 안다는 것이다. 기도의 세계는 정직하다. 거기에서 우리는 자신을 직면하고 있으며 기억할 수 있는 것보다 오랫동안 우리 자신을 직면해왔다.

　이 책에서 관찰하듯이 기도는 원초적 언어이다. 기도는 우리가 자신의 실체를 주장하는 최초의 말이다. 우리가 말하고 있는 상대방이 누구인지, 우리가 얼마나 유창하게 말하고 있는지 또는 무엇을 말하고 있는지에 대한 확신이 없을지라도 스스로에게 정직하려면 기도 안에서 그래야 한다. 때로 우리는 별로 혹은 전혀 신뢰를 두지 않는 하나님, 우리가 아는 사람들, 심지어 우리가 불평하거나 탄식하거나 소리치거나 기도하면서 흐느낄 때에는 자신까지도 아무도 자신의 말을 들을 수 없다는 것을 확신할 때 정직해진다. 때로 우리는 듣고 있는 사람이 누구인지 알고 우리의 안팎으로 듣는 사람들이 있다는 것, 또는 경험에 의해 우리가 말한 것 또는 정확히 말하면 말해진 것은 아닐지라도 표현된 것이 사람들에게 들린다는 것을 확신하기 때문에 정직해진다. 비록 우리가 기도를 원초적 언어라고 부르지 않고 그렇게 정의될 때에 놀라기도 하겠지만, 우리가 이해해 온 바에 의하면 기도는 원초적 언어이다.

　이 책에서 기도를 원초적 언어로 확인한 일부 결과들이 검증될 것인데, 그 검증은 기도의 심리학으로 귀결되고 있다. 그것은 모든 부분들이 적재적소에 있는 조직적인 심리학이 아니다. 왜냐하면 기도의 세계는 그 자체를 과학적 분석에 맡기지 않기 때문이다. 그러나 그것은 상상이 중심적인 역할을 하고 있으며, 그 결과로서 전문가들과 수준 높은 심리학자들의 상상에 관한 통찰력이 특별히 유용한 세계이다. 그들의 지각은 기도에 대한 공인된 전문가들—신학자, 신비주의자, 시인, 철학자, 여러 종교인, 관습적인 종교와는 관계가 없다고 주장하는 사람들, 우리가 말하는 기도와는 전혀 관련이 없는 사람들—의 지각과 흡사하다.

우리는 어떠한 연결점을 만들어 왔고 또 연결점을 만들어야 한다고 느껴 왔다. 이유는 기도가 원초적 언어라면 그것은 모든 사람들의 언어이며, 그 언어를 사용하고 있다는 것을 모르는 사람들 및 기도라고 할 수 있는 것은 원하지 않는 사람들도 이 주제에 관해 말할 것을 가지고 있기 때문이다. 기도는 있는 것, 즉 자신과 세계를 취해서 멋진 전통과 새롭고 풍부한 통찰력을 가지고 이 양자에 대해서 할 수 있는 것을 만드는 것이라고 말하고 싶다.

있는 것을 취하라. 이 책이 그것에 관한 것이다. 불확실한 이 시대 속에서 살기 위해 자신을 발견하는 대로, 그리고 자신을 발견하는 곳에서 취해서 최대한 이용해야 한다. 그것은—우리가 분명하게 하려고 노력했는데—우리의 두려움, 환상, 공격 성향, 욕구, 성욕, 영성 등 자신에 관한 사실들을 받아들이는 것을 말한다. 그것은 현실 속에서 긍정적인 것뿐만 아니라 긍정적이지 않은 것들까지도 보는 것을 뜻한다. 그것은 우리의 현실을 인정하는 것을 말하며, 비록 우리가 생각해온 기도의 방법과 다르더라도 현실을 이해하는 인도자로서 기도를 받아들이고 최대한 이용하는 것을 뜻한다. 그것은 기도가 정말로 우리의 원초적 언어라는 것을 안다는 의미이다.

그 이해를 돕기 위해서 이 책의 뒷부분에 기도와 관련된 예술이라는 부록을 실었는데, 그 안에 작곡가, 시인, 화가, 조각가의 이름들—이들의 작품은 원초적 언어를 자극하는 데 효과적이라고 알려졌다—을 첨가했다.

각주는 자료를 확인하기 위해서, 그리고 가능한 곳에서는 인용, 부연 설명 또는 주석의 방법으로 기도에 있어서 주요 권위자들의 지혜를 제공하기 위해서 고안되었다. 여러 말들이 종종 예시하듯이 지혜는 기도 안에서 특별히 머물 장소를 찾는다.

제1장

원초적 언어

　모든 사람들이 기도한다. 자신이 행하는 것을 기도라고 하든지 그렇지 않든지 모두가 기도한다. 우리는 종교를 통해서 또는 종교가 아닌 다른 것을 통해서 도움과 이해와 힘을 구할 때마다 기도한다. 그때 의식적으로든지 무의식적으로든지 우리가 누구이며 어떤 사람인지 표현되어 나온다. 우리가 말로 나타내는 것뿐만 아니라 행동, 침묵, 얼굴에 나타나는 표현, 억양, 활동, 꿈꾸는 것, 상상하는 것 등이 우리가 누구이며 어떤 사람인지를 말해준다.

　기도한다는 것은 말하고 있는 자아에 대해 듣고 경청하는 것이다. 이것은 기본적이고 근본적인 우리의 근거이기 때문에 원초적이다. 기도할 때 우리는 자신이 누구여야 하며 누구였으면 좋겠다는 것이 아니라 현재 자신이 누구인가를 말한다. 모든 기도는 이런 고백에서부터 시작된다.

　이러한 고백이 부지불식간 기도 중에 처음으로 나타나기 때문에 기도를 원초적이라 한다. 기도할 때 우리는 자아가 말하고 있는 것, 자신이 알고 있는 것과 알지 못하는 것을 의식 속으로 모아들이며 자신의 모든 경험의 근저인 "육체"를 통해 말한다. 어거스틴은 기도는 자신의 목소리와 다른 특별한 소리를 가지고 있다고 했다.[1] 하나님은 우리의 모든 소리, 즉 말로써 드리는 기도, 마음으로 드리는 기도, 소리 없이 마음에서 일어나는 갈망 등 우리는 인식하지 못하지만 호소력 있는 많은 소리를 들으신다. 우리의 기도 대상이신 하나님은 인간의 육신으로 오셨고, 지금 우리의 세상에서 우리 안에서 말씀하신다. 심지어 성경의 하나님, 또는 전통적인 종교의 하나님께 기도하지 않더라도 초월적 힘에게 도움을 청하거나 이해를 구할 때마다 우리는 인간적인 관점에서 여러 방법으로 우리에게 응답하는 듯한 대상에게 기도하고 있는 것이다.

  기도자의 첫 고백 활동은 이 원초적 언어primary speech를 발견하는 것이다. 우리는 사실상 자신의 그림자 자아shadow self, 모조 자아counterfeit self, 거짓 자아pretended self로부터 나오는 소리를 듣기 시작한다. 우리는 자기 안에 있는 가장 좋은 것이나 가장 나쁜 것을 알게 된다. 우리의 가장 나쁜 부분이 치료되지 않고 남아 있는 것이 해롭듯이, 가장 좋은 부분이 활용되지 않는 것도 해로울 수 있음을 알아야 한다. 불러내고 회상해내는 이러한 첫 고백 속에서 우리는 말하지 않고 남겨둔 친절한 말과 시도해보지 않은 포부 등을

---

1) "우리는 목소리가 아니라 마음으로 하나님께 부르짖는다; 많은 사람들이 입으로는 시끄러울 정도로 외치지만 비뚤어진 그들의 마음은 아무것도 얻을 수가 없다. 하나님께 외친다면 하나님께서 당신의 소리를 들으시는 내면으로 외쳐라." 시편 30:3-10 참조; Thomas A. Hand, O.S.A., *Saint Augustine On Prayer*(Westminster: Newman Press, 1963), p. 70. 어거스틴에게 있어서 "마음"이란 "내면 전체와 영적인 삶을 의미하며 마음, 의지, 지식, 사랑을 포함한다"라고 Hand 신부는 지적한다. *Ibid.*, p. 71.

발견하게 된다.[2] 또 우리의 아름답지 못한 부분들도 발견한다. 여기에는 다른 사람의 성공에 대한 시기, 주기를 꺼리는 것, 자신이 다른 사람에게 완전히 드러나는 것에 대한 두려움, 그리고 욕심 등이 있다. 무엇보다도 우리는 두려움을 발견한다. 즉 모험에 대한 두려움, 사랑에 대한 두려움, 복종에 대한 두려움, 지도자로서의 두려움, 유별나게 보이는 것에 대한 두려움 등이다. 우리는 실패할 용기를 가지고 있지 않다. 그래서 우리는 안전한 것을 좋아하고, 빛보다는 그림자 속에서 살아간다.

우리가 기도하면서 마음에 있는 모든 것들을 말할 수 있다면, 그리고 조용히 앉아서 침묵을 유지할 수 있다면, 우리는 주의해서 들으라고 호소하는 내면의 소리를 들을 수 있을 것이다. 기도의 고백은 이러한 소리들과 함

---

2) 여기에서 "모으다"(collecting), "다시 모으다"(recollecting)라는 말은 기도 방법에 있어서 기술적인 언어로서 특별기도(collect) 안으로 여러 기도 제목을 특별히 모으는 것이나, 어떤 영적 작가들로 하여금 모든 사람들에게 수여되지 않은 특별한 은혜로서 거둠의 기도(recollection)에 대해서 생각하게 하는 신의 현존에 집중하는 것을 뜻하는 식으로 사용되지 않았다. 그러나 두 용법의 어떤 반향들, 특별히 우리가 모으기를 원하고 생각해내기를, 다시 말해서 과거를 떠올려서 살아있게 하기를 원하는 우리에 관한 이해를 촉진하는 것이 의도되었다. 프란시스 드 살(Francis de Sales)은 묵상의 "유익한" 효과를 계속 지탱하는 방법에 대해서 말하면서 그 느낌을 아주 뛰어나게 묘사한다; "당신이 할 수 있는 한 오랫동안 당신이 받은 느낌과 정서들을 유지하라. 어떤 남자가 어떤 귀중한 그릇에 귀중한 액체를 받아서 집으로 옮길 때 그는 살그머니 걸어갈 것이다. 그는 돌에 걸리거나 발을 헛디딜까 두려워서 앞만 바라볼 것이다. 당신은 당신의 묵상을 끝마칠 때 이것과 똑같이 해야 한다. 어떤 것도 당신의 주의를 빼앗지 못하도록 하면서 조심스럽게 고대하라. …그리고 거룩한 기도라는 액체를 가능한 한 가장 적게 흘리도록 당신의 마음을 지켜라." St. Francis de Sales, *Introduction to the Devout Life*, trans. and ed. John K. Ryan(New York Harper, 1950), p. 49.

께 시작된다. 왜냐하면 기도는 들리기를 원하는 내면의 소리들로 인해 시끄럽기 때문이다. 그 아우성은 우리 안에서 흐르는 큰 강의 소리다. 이것은 심리학자들이 "일차적 사고 과정"primary-process thinking이라고 하는 것으로서 우리 영혼의 반응으로 직접 인도하는 심리 기능의 단계이다.[3]

기도의 언어가 이러한 정신적인 과정, 즉 태어날 때부터 우리 안에 존재하는 무의식적인 소리를 포함하고 있기 때문에 기도는 원초적인 언어라고 할 수 있다. 이 원초적 언어는 말과 함께 시작되는 것이 아니라 우리 삶의 아주 초기에 본능과 감정, 유아기의 첫 가치 분별과 함께 시작된다. 가치의 분별은 아기가 엄마의 가슴에서 흐르는 젖을 먹을 수 있는지 없는지, 그리고 그것이 충분한지 부족한지를 발견할 때 생긴다. 멜라니 클라인Melanie Klein이 설명하듯이 그때 선과 악에 대한 개념이 생긴다.[4] 기도도 이와 같은 방법으로 시작되곤 한다. 우리는 공포의 본능에 의해서, 도움을 향한 필사적인 요구에 의해서, 또는 우리가 존재한다고 느끼는 것에 이르려는 욕구에 의해서 무릎 꿇게 된다. 십자가의 요한은 기도에 있어서 하나님이 초보자에게 응답하시는 것을 어머니가 갓난아이에게 응답하는 것에 비유했

---

3) 본서의 저자들의 *Religion and the Unconscious*(Philadelphia: Westminster, 1975), pp. 26-32를 보라.

4) 아주 어린아이들에 대한 작품으로 유명한 정신분석가 멜라니 클라인은 "나는 다른 대상과의 관계는 인생의 초기부터 존재하는데, 첫 번째 대상이 그 어린이에게 좋은 가슴(만족시켜줄 때)과 나쁜 가슴(만족스럽지 못할 때)으로 양분되는 엄마의 가슴이라고 표현했다; 이렇게 양분되어짐은 사랑과 증오의 분리를 초래한다" 라고 기술했다. Melanie Klein, "Notes on Some Schizoid Mechanisms," in *Envy and Gratitude and Other Works, 1946-1963*(New York: Delacorte Press/Seymour Lawrence, 1975), p. 2.

다.⁵⁾ 우리는 먹여지고 달콤한 감흥으로 위로를 얻는다. 우리는 자신보다 훨씬 큰 존재의 지지와 인도를 받는다. 혹은 우리가 맹목적으로 도달하려는 사람이나 사물에 의해서 발견되지 못한 채 어둠 속에 외롭게 홀로 버려져 있다는 느낌을 받기도 한다. 깨지기 쉬운 미숙한 자아를 가진 유아처럼 의식 수준에 못 미치는 우리는 기도 속에서 선과 악에 대한 개념을 형성하기 시작한다. 우리는 경험에서 주어진 가치를 찾아낼 뿐만 아니라 더 나은 발견을 위해 경험에서 가치를 창조하기 시작한다.

아이는 도움을 청하고, 도움에 응답하는 사람들에게는 축복을 빌고 그렇지 않은 사람들에게는 비난을 퍼붓는다. 그 축복과 비난은 명확한 말로 표현되지는 않으며 기쁨과 불안의 가장 단순한 표시들로 나타나곤 한다. 그러나 그것들은 실수가 있을 수 없는 것들이다. 기쁨의 소리, 또는 분노의 울부짖음으로부터 우리는 그에 맞는 언어의 체계들을 들을 수 있다. 우리는 이 아이가 그의 세상에 반응하기 시작했으며, 그 안에서 좋고 나쁜 것들

---

5) "사람들이 하나님을 섬기는 일에 분명하게 들어선 후에는 하나님에 의해 영적으로 먹여지고 길러지는 것이 상례이다. 이것은 아기를 사랑하는 어머니가 가슴의 열로 아기를 따뜻하게 해주며, 달콤한 젖과 부드럽고 맛있는 음식으로 먹이며, 팔로 안고 쓰다듬어 주는 행위와 같다; 그러나 아기가 자라면서 어머니는 점차 쓰다듬어 주는 것을 멈추며 부드러운 사랑을 감추고 달콤한 유방에 쓴 약을 바르며 아이를 품에서 내려놓아서 아이의 발로 걷게 하는데, 이것은 아기가 습관을 버리고 더 중요하고 실제적인 일들에 전념하도록 하게 함이다. 그 사랑 많은 어머니는 하나님의 은혜와 같다…." St. John of the Cross, *Dark night of the Soul*, in *The Complete Works of St. John of The Cross*, trans. and ed. E. Allison Peers(Westminster: Newman, 1964[1935]), p. 330. 이것은 성 요한이 대단한 관심을 가지고 있는 언어의 도식이다. 예를 들어 후반부의 몇 페이지에서 그는 "이 달콤함과 만족의 가슴으로부터"의 분리와 같은 어두운 밤에 대해서 이야기한다. *Ibid.*, p. 349.

을 발견하기 시작했다는 것을 분명히 인식한다. 기도의 초보자들도 이와 같다. 말을 시작하기 전에 가치의 판단이 생기기 시작한다. 어둠에 도달했을 때 우리는 반응이 있음을 감지하고 이 축복된 경험으로 가득 채워지며, 다시 어둠을 발견하려고 되돌아갔을 때는 그것을 선한 것으로 경험하게 되어 저절로 감사하게 된다. 그러나 어둠 속에 홀로 남아서 단지 자신의 성난 울부짖음을 들을 때는 공허해지고 초라해진다. 우리의 기도 속에―기도 속에는 채워지는 순간도 있고 공허해지는 순간들도 있다―있는 그러한 수준의 말을 들을 수 있다면, 우리는 아이가 처음으로 이 세상에서 선한 것들과 악한 것들을 구분할 때처럼 기도가 시끄럽고 역동적인 일임을 곧 인식하게 될 것이다. 그제서야 영적 세계의 기초적인 모습을 보기 시작할 것이다. 우리 아이의 자원이라고 할 수 있는 가치에 대한 가장 초기의 분별력들이 기도라는 형식으로 바뀌게 되는 것이다.

원초적 과정에서 사고의 언어는 말로 표현되지 않는다. 그것은 하나의 형상으로, 그리고 소망으로 나타난다. 그것은 각 사람에게 개인적인 것이며, 우리 모두가 그 안에서 공유는 하지만 정말로 의사 소통할 수 있는 것은 아니다. 이 언어는 우리의 비밀들, 심지어 우리 스스로에게도 억제되어 있는 것들을 말해준다. 이러한 형상이나 가치로 표현되는 내면의 언어는 외면으로 드러내는 언어를 낳게 한다. 한 아이가 자신에게 언어라는 복잡한 시스템으로 된 표시나 표현을 가르친다는 것은 곧 자신에게 가치의 체계를 가르치는 것과 같다. 말할 줄 아는 아이는 주변에 있는 모든 사람들 또는 모든 것에 상세히 응답하는 방법을 알고 있다. 이제 구별하는 것이 점점 선명해질 수 있다. 그는 원하는 것을 얻기 위해서 또는 원하지 않는 것을 거절하기 위해서 다른 사람에게 뿐만 아니라 자기 자신에게도 말할 수 있다.

　다른 사람의 말을 듣는 방법과 말하는 방법을 배우는 어린이는 하나의 인격체가 된다는 것이 무엇을 뜻하는 것인지 인식할 수 있다. 우리가 알고 있듯이 앎이라는 것은 계속 발전하는 것이다. 그러나 이러한 앎이 의식의 맨 처음은 아니며, 그 아기가 말하거나 들은 최초의 말이 아니다. 최초의 말은 본능, 정서, 그리고 이미지의 언어이다. 원초적인 말은 아기가 어릴 적에 가장 중요하다고 느끼는 사실, 즉 그 아기에게 기본적인 음식이 있는가 없는가 하는 사실들에 대해 느끼고 표현하는 일련의 반응들이다. 주목할 만한 것은 새로운 존재, 즉 이 땅에 갓 태어난 아기들도 이러한 반응들에 의해 어떠한 것을 할 수 있으며, 그 반응에 관해서 우리에게 말할 수 있고, 우리의 반응에 영향을 미치기 위해서 노력할 수 있고 노력하려 한다는 것이다. 원초적인 말은 나는 새로운 존재이며 여기에 존재하고 여기에 있는 존재가 바로 나라고 말하는 새로운 존재의 영역에 이르는 놀라운 성취이다.

　기도는 이미지와 정서로 말해지는 첫 원초적 언어와 우리가 그것들을 표현하기 위해 획득한 말들과의 혼합을 통해 나타난다. 우리의 말들은 우리 아닌 다른 출처로부터 우리를 통해서 끊임없이 흐르는 수많은 이미지들을 모으는 통신망처럼 작동한다. 기도할 때 초기 과정의 이미지들은 표면에 떠오르기 때문에 그것들을 살펴볼 수 있다. 우리는 마음속으로 계속 흐르는 개인적인 이미지들을 발견한다. 예를 들면 방금 마친 하루의 사건들, 먼 과거, 싸움과 분노, 어린 시절 겨울 오후를 회상하게 하는 쓸쓸한 감정 등이다. 우리는 자의식을 형성하는 이미지들도 발견한다. 예를 들면 자신을 뚱뚱하거나 몸매가 좋지 못하다거나 어리숙하고 바보 같은 모습으로 그려 보거나, 반대로 도전자를 이길 수 있는 능력이 있다거나 엄청난 능력을 가지고 있어서 모든 사람들이 자신을 의존해야 한다는 이미지들을 가지고 있기도 하다. 우리는 매순간 세상으로부터 내면으로 흘러들어 오는 이미지들—북적거리는 군중들의 이미지나 혼잡한 교통에 대한 이미지 등—을 발견하기도 한다. 들판, 새, 개 등과 같은 자연의 이미지들도 흘러들어온다. 영화나 신문, 라디오, 텔레비전에서 제공하는 바 포로로 잡혀 있는 인질들, 굶주린 아이들과 함께 있는 어머니들, 침략하는 군인들, 그리고 놀란 사람들의 이미지들도 발견하게 된다. 공포와 고통의 이미지들, 마음의 귀를 시끄럽게 울리는 값싼 여흥의 시시한 이미지들, 그리고 폭발하는 화산, 방사선의 낙진, 공기와 물이 고갈된 땅 등 무시무시한 이미지들도 들어온다. 역사 속에서 흐르고 있는 시간에 대한 이미지들이 기도 안에 들어와 기도를 형성하고, 기도 안에 꽉 들어차서 사람들에게 주의를 기울여 듣고 진지하게 생각할 것을 요구한다. 기도는 세상으로부터의 탈출구가 아니라 세상으로 들어가는 입구이다. 우리는 기도할 때 세상이 얼마나 우리와 함께 하며 우리가 얼마나 세상과 함께 하는지 인식하게 된다.

기도는 우리가 이미 소유하고 있으면서도 알지 못했던 이미지, 즉 무의식의 이미지로 들어가는 문을 열어준다. 우리는 꿈과 환상들을 기억할 수 있는데, 그 특별한 이미지가 얼마나 자주 우리와 함께 있었는지 깨달을 때 충격을 받을 수도 있다. 우리는 얼마나 자주 학교 집단에서 소외되어 혼자 있는지 깨닫게 될 것이며, 알지 못하는 추적자에게 쫓기는 꿈을 꾸고 있는 것을 발견하기도 할 것이다. 우리는 종종 존재하거나 어떠한 존재가 될 여지가 없는 것처럼 답답함을 느껴왔고, 우리 중심부에 있는 그 공허함에 대한 두려움이 모든 것의 기저에 깔려 있었음을 알게 될 것이다. 기도는 망상이나 환상으로부터의 탈출이 아니다. 기도는 내면에서 우리를 놀라게 하는 공포를 인식하도록 하며 우리 안에서 흐르는 원초적인 생명력—이 생명력은 그 강렬함으로 인해 우리를 자주 놀라게 하는데, 그것은 존재하고 만족하며 항상 감사하는 삶을 살려는 충동과 같은 것이다—을 깨닫도록 일깨워준다.[6]

---

[6] 우리는 두려운 생각들과 감정들을 차단하기 위해서 마술적 주문처럼 기도를 사용하려고 노력할 수도 있다. 심층심리학자들이 자기애로 인한 상처(narcissistic wound)라고 부르는 것을 거부하기 위해서, 그리고 우리가 본질적으로 외롭고 사랑스럽지 못하고 어떤 것을 변화시킬 희망이 없다는 것을 은폐하기 위해서 기도를 사용하려고 할 수도 있다. 그러나 또한 기도는 우리의 중심에서, 그리고 가장 기본적인 자긍심과 자아수용까지 상처받은 우리의 존재의식을 직면할 수 있게 해주는 한 지주(support)가 될 수 있을 뿐만 아니라 그러한 두려운 생각들과 감정들을 직면하게 하는 가장 효과적인 수단이 될 수도 있다. 여기에서 우리는 그러한 내면에 있는 가장 원초적인 목소리들을 차단하게 하는 것 대신에 우리가 들을 수 있도록 도와주는 것으로 기도를 사용한다. 우리는 "주님, 나는 이러한 모든 것들 때문에 내가 얼마나 놀랐는지를 보게 됩니다"와 같은 고백의 기도를 드리거나 "주님, 나는 자살에 대한 이러한 무시무시한 생각들을 당신께 가져옵니다"와 같은 기도를 드리기도 한다; 나는 그것들을 당신의 손에 내려놓습니다; "나는 그러한 것들로 인하여 거의 질식할 지경입니다; 그것들을 올바른 장소에 갖다 놓을 수 있도록 도와주십시오—그것들을 부인하게도 마시고 그것들 속에서 질식하지도 말게 하소서." 종교 안에 있는 자기애적인 요소들과 신앙 속의 반자기애적인 요인들에 대한 논의를 위하여 Paul Pruyser, "Narcissism in Contemporary Religion," *The Journal of Pastoral Care*, Vol. XXXII, No. 4, December 1978, pp. 219-232를 보라.

고통에서 치유받기 위해 기도할 때, 일시적인 육체의 고통 또는 심한 육체적 고통을 치유받기 위해 기도할 때 우리는 자신이 괴로운 이유를 쉽게 인정한다. 치통으로 얼굴이 부어오르는 것이나 심한 피부 질환을 일으키는 증세를 가지고 지내는 것에 대해서 불안해 하면서도 그 병에 대해 상세하게 말하는 것을 부끄러워할 수도 있다. 우리는 여러 가지 질병에 대해 두려워할 수 있다. 그러나 자신에게 완전히 개방하지 않는다 할지라도 기도 속에서는 어떤 식으로든 우리의 기도를 듣고 있을 수 있는 존재—우리가 결심하여 고통스러운 일들을 맡기기로 한 대상이신 하나님, 집단무의식, 혹은 신비한 힘을 가진 집단—가 명백하게 알 수 있도록 그것들을 고백한다.

기도의 주제가 실질적인 것이든지 가상의 것이든지 도덕적 실패, 정욕적이거나 탐욕적인 욕구, 꿈에서 본 끔찍한 이미지 등과 관련될 때 우리는 위에서처럼 털어놓지 못한다. 우리는 기도의 대상에게 자신의 잘못된 것을 일일이 찾아서 잘 처리해 달라고 요청할 만큼 내적 확신을 가지고 있으면서도 그것들을 숨기고 싶어 한다.

만약 우리가 원초적인 말이 행해지고 있는 개인적인 기도 시간에 우리를 따라다니는 무자비한 야심을 품고 있는 것에 대해 죄책감을 느끼게 된다면 결국 침묵하게 될 것이고, 나아가서는 자신에 "대해서" 심지어 자신 "에게" 부정직하게 되는 억압이 시작될 것이다. 어떤 식으로든 우리를 매료시키는 열광적이거나 우스운 성적 공상에 사로잡히면 우리는 그것들을 없애려는 욕구를 느낄 것이다. 또는 우리의 내면에서 죄의 문제를 맡고 있는 내면의 사령관과 그러한 상상에 도움을 주는 내면의 공범자를 제외하고는 그러한 성적인 공상을 아무도 모르는 비밀스러운 곳에 숨기려 할 것이다. 아내, 남편, 자녀들 혹은 함께 일하는 사람에게 분노할 때, 우리는 다시 부정이라는 장치를 구축한다. 대부분의 경우 우리는 성적인 공상이나 권력에 대한 욕구를 완전히 없앨 수 없듯이 분노를 완전히 억압할 수 없다. 그럼에도 불구하고 우리는 너무도 쉽게 그것들을 자신들에 대한 공격으로 변형시키곤 한다.

만일 우리가 믿는 대로 기도가 원초적 언어이며 우리 내면의 실제와 연결될 수 있는 가장 직접적인 통로라면, 현실에 대한 부인이나 내면으로의 연결을 차단하는 현실에 대한 부정적인 판단이나 후퇴는 자아를 심각하게 폄하하는 것이다. 그것은 존재에 대한 일종의 거부라고 할 수 있다. 우리는 도덕적인 성장을 성취하기는커녕 일종의 도덕적 고문을 시작한다. 왜냐하면 그것은 지나친 야망, 권력욕, 음탕한 성욕, 우리를 초라하게 만드는 주위의 사람들에 대한 적개심이 아니라 우리 존재에 대한 부정이기 때문이다.

원초적 언어의 발전 과정에서 인정의 경험만큼 중요한 것은 거의 없다. 우리는 털어놓아야 하고, 부인하는 것을 멈추어야 하며, 몸의 상처를 인정하듯이 윤리적인 종기, 규칙적으로 찾아오는 상처들, 그리고 왜곡된 것들을 인정해야 한다. 반드시 이런 식으로 그것들을 찬미할 필요도 없고, 또 그것들을 지지할 필요도 없다. 단지 그것들이 우리 안에 존재한다는 것, 그것들이 우리의 일부이며 부인될 수 없다는 것을 받아들이기만 하면 된다. 아는 사람들에게 우리 몸의 상처들을 자랑하듯이 내보일 필요가 없듯이, 그것들을 공개할 필요는 없다. 그러나 스스로에게, 그리고 내면의 자아에게 원초적 언어로 그러한 사항들—위에서 언급한 아름답지 못한 것들이 존재한다는 것 및 그것들로부터 물러나지 않으리라는 것—을 인정해야 한다.

불행히도 우리에게 그것들을 부인하라고 말하는 오랜 전통이 있다. 우리는 유혹하는 이미지들이나 자주 떠오르는 감정들을 경계하라는 소리를 듣는다: 그것들은 우리 안에 존재하는 악을 대표하거나 우리의 외면에서 어떻게든 우리 안에 들어오려고 기다리는 말로 표현할 수 없는 공포들이다. 선한 사람들과 성인들과 전통적인 교회의 교훈은 "그러한 모든 것을 저 너머에 두어야 한다"라고 말한다. 존경스러운 성인들이 그러한 공포로부터 자유를 얻기 위해 들어간 사막에서, 그리고 수도원의 작은 골방에서 두려워하며 거룩한 성상 앞에 무릎을 꿇고 견뎌내야 했던 유혹들을 생각해 보라. 그것은 마귀가 그들을 유혹하는 방법이었거나 종교의식들로 인해 심연으로 밀려 오랫동안 억압되었던 성욕의 비등이었을 것이다.

어쨌든 그것은 불쾌한 일이다. 그것은 윤리를 잘못 이해하여 자신을 스스로부터 차단시키고 마음의 문을 닫게 하는 것이다. 그 다음에는 어떻게 되겠는가? 그것들 모두가 사라지겠는가? 멋있게 잘 정돈된 내면의 삶이 시작되겠는가? 이 어리석고 더러운 욕구들을 이성적으로 닦아내거나 없애기 위해 엄청난 양의 기도—그 기도 안에서 우리는 내면으로는 죄의식을, 외면적으로는 충격받은 하나님의 모습을 떠올리게 된다—를 한다고 해서 그것 모두를 멀리할 수 있겠는가? 그것은 불가능하다.

비록 존경받는 거룩한 사람이라도 자신 안에 있는 실체의 요구들을 인식해야 한다. 자신의 부분들을 꾸짖거나 배제하거나 폐쇄하는 것은 좋지 못하다. 우리는 내면에 있는 것을 인정해야 한다. 예를 들어서 유혹하는 젊은 여인이나 청년의 모습이 떠오를 때 "정말 놀랍군. 너 아직도 살아 있었구나"라고 해야 한다. 우리 안에서 자신을 향한 것이든 다른 사람을 향한 것이든 분노가 일어날 때 단순히 그것을 차단하거나 놀란 채 우두커니 있어서는 안 된다. 경이로움 속에서 자신이 느낄 수 있는 감정의 강렬함을 인식해야 하며, 그 분노의 의미를 알아내기 위해 묵상해야 한다. 그렇게 할 때 비로소 우리 안에서 일어나는 감정을 효과적으로 이용하기 시작할 수 있다. 환상 속에서든 실제로든 우리 안에서 일어나는 여러 좋지 않은 감정들을 이와 같이 처리해야 한다. 그것들은 우리 삶의 일부이다. 즉 우리가 실제로 존재하는 방식이며, 우리가 자신을 바라보아야 하는 방식이다. 수없이 마음속에 나타나는 이미지나 욕구나 감정은 마음 깊은 곳에 있는 실체가 우리에게 말하는 유일한 방법일지도 모른다.

듣기를 거부하는 것은 우리 내면이 귀머거리임을 스스로에게 확인시키는 것과 같다. 내면에 있는 것을 보지 못하는 것, 또는 그것을 우리 속에 존재할 수 없을 만큼 더럽게 여겨 외면하는 것은 우리가 실제의 우리가 아니라는 파괴적인 허구와 타협하는 것과 같다. 어쨌든 우리는 스스로를 순결한 영혼의 존재로 여기거나(종교인들은 이런 식으로 자신을 바보로 만든다) 혹은 오랫동안 열심히 노력하여 추잡한 것들을 억압한다면 완전한 존재가 될 것이라는 허상을 가지고 있다. 우리는 육신을 원하는 것이 아니라 영혼을 원한다. 적어도 현재의 이 더러운 육신을 원하지 않는다.

육신의 모습으로 우리를 찾아오신 하나님은 이 세상을 경험하고 있는 우리의 육신, 우리의 의식적인 삶과 무의식의 삶 속에서 우리와 만나신다. 영은 우리의 육체 안에 거한다. 이런 의미에서 기도를 원초적이라 할 수 있는

데, 결국 하나님의 영이 기도 속에서 으뜸이 되신다. 마침내 하나님의 영이 우리의 기도 안에 들어오시고, 우리의 예배와 문화, 그리고 우리의 믿음을 둔 곳은 어느 곳에서든지 떠오르는 하나님의 이미지들과 같은 다른 모든 이미지들 사이에서 가장 중요한 것이다. 이러한 이미지들 역시 우리에게 주의를 기울여 들어 달라고 아우성이다. 우리는 사람들이 우리를 알아주지 않았던 어린 시절부터 내면에 간직되어 왔던 친구로서의 하나님의 상을 발견할지도 모른다. 어른들의 용어로는 이해하기 힘들겠지만 금빛 잎에 싸인 채 신비한 빛을 발하는 힘을 가진 존재로서의 하나님의 이미지를 발견할 수도 있는데, 그것은 우리가 어린 시절 어디에서나 볼 수 있었던 이미지와도 같다. 혹은 엄청난 권위를 가지고 감동을 주었던 신비한 이미지, 또는 밝은 빛이 나는 수정구슬처럼 인간적인 것같이 보이지 않는 신비한 이미지를 기억할 수도 있다.[7]

우리는 다른 시대의 문화가 남긴 하나님의 이미지, 예를 들어 전제군주로서의 하나님이나 전쟁사령관 같은 이미지를 발견할지도 모른다. 우리는 성경에 등장하는 하나님의 이미지—목자, 이스라엘을 양육하시는 어머니, 겟세마네 동산에 홀로 남으신 예수, 엠마오 도상에서 함께 걷고 있었던 낯선 사람—를 발견한다. 혹은 우리를 충분히 채워주지 못하고 있는 것과 같은 신적인 이미지—황량함, 공허한 잿빛, 블랙홀—을 발견할 것이다. 우리는 저 멀리에는 우리를 맞이해 줄 사람이 없거나 하나님과 같은 존재가 없

---

7) 여기에 든 예들 중의 몇몇은 심리치료사인 앤 울라노프의 현장 실습에서 나온 것이다. 인간들에게 나타나는 하나님의 형상에 대해 더 자세한 것을 알려면 Anna-Maria Rizzuto, *The Birth of the living God*(Chicago: University of Chicago Press, 1979), 6~9장을 보라.

을 것 같다는 생각으로 두려워하기도 한다. 우리는 간절히 바라던 것이 없을 때 혹은 그것들의 존재를 부인할 때 생기는 침묵에 싸이게 된다. 결국 하나님은 별 볼 일 없는 존재로 여겨지게 된다.

시끄러운 소리들이 가라앉고 자신의 여러 모습들을 기도의 언어 안에 모아서 고백하고, 내면에 있는 모든 소리들을 가지고 말할 때 우리는 말하고 있는 대상에게 주의를 집중하게 된다. 화살처럼 모든 것들이 하나의 목표를 향하게 되는데, 그 목표는 우리의 소리를 듣고 계시는 바로 그분이다. 그리하여 하나님이 우리가 원초적 언어로 행하는 기도의 초점이 되시는 것이다.

기도가 단순히 원초적 언어로서 이미지만 있고 소리가 없는 것은 아니다. 그것은 친숙한 것들에 관해 다른 사람에게 정답게 말을 건넬 때 사용하는 보통 사람들의 언어이기도 하다. 기도에 대해 비평하는 사람들은 기도하는 사람들이 어려운 문제들과 세상의 해결할 수 없을 것 같은 힘든 일들은 숨긴 채 자기도취 속에서 혹은 단순히 그들 자신의 소망과 환상만을 열거한다고 비난한다.

그렇게 비난하는 사람들이야말로 기도를 시작해야 한다. 그래야 기도해 보지 않고 행했던 자신의 평가가 잘못되었다는 것을 깨닫게 될 것이다. 어떤 식으로든 말한다는 것은 기도하는 것과 같다. 기도할 때 사용하는 단어나 감정, 갈망 등에는 하나의 주체가 하나의 객체에게 말하는 것과 같은 의도를 가지고 있다—후설Husserl은 이것을 방향성이라 한다.[8] 기도의 대상이

---

8) Husserl의 이론에 대한 최고의 요약본으로 John Bowker, *The Sense of God*(Oxford: Clarendon Press, 1973), pp. 173-18를 보라.

의식적인 존재로서의 주체, 즉 우리의 구성 요소가 된다. 왜냐하면 기도 속에서 하나님께 이야기할 때 우리는 있는 그대로의 자신을 의식하기 때문이다. 우리가 자신에 관한 모든 것들을 의식 안으로 끌어들이기 때문에 우리의 자아가 점점 커진다. 존재의 근원인 하나님께 기도함으로써 우리는 더 많은 실체being와 자아self를 의식하게 된다. 그러나 그것이 기도의 근본적인 핵심은 아니며 부산물일 뿐이다. 근본적인 것은 기도 속에서 우리가 찾고 있는 바 우리가 아닌 타자他者이다. 후설은 우리가 하나님에 대해서 알 수 있는 유일한 방법이 기도라고 말한다. 그것이 의식의 형태인데, 그 안에서 대상이신 하나님이 주체인 우리에게 나타나신다.[9]

기도는 의사전달을 가능하게 한다; 그것은 우리가 알고 있는 자아를 초

---

[9] 절대적 대상이신 하나님의 고양된 주체로의 변형은 우리가 인정할 수 있는 것보다 훨씬 우리에게 친숙하다. "심리학적인 현실은 모든 사람이 잠재적으로 신비적인 경험에 빠지기 쉬운 것이다. 그것이 또 다른 이름에 의해 사라지거나 다른 이름으로 불릴지라도…일상의 신비주의(everyday mysticism)는 인간의 자아 밖에 있는 것은 어떤 것이나 동화할 수 있는, 다시 말해 다른 사람들이나 사물들의 타자성을 제거하는 자아의 힘을 표현한다"라고 Ben-Ami Scharfstein은 말한다. "매일 신비주의"의 잘 선택된 수많은 출품들 중에서 Scharfstein은 이것을 인용한다: "어느 여름 오후 내가 타석에 들어서기 위해서 풀밭에 앉아 기다리는 동안 학교의 크리켓 구장에서 그 일이 일어났다. 나는 특별히 생각하는 것 없이 여름 오후의 한가로움을 즐기고 있었다. 경고도 없이 갑자기 보이지 않는 어떤 것이 내 주변의 세계를 그 중요성이 응축되고 강화된 일종의 텐트로 변형시키면서 하늘을 가로질러 끌려지고 있는 것 같았다. 바깥세계의 존재들이었던 것들이 내면의 존재들이 되었다. 어쨌든 객관적인 것이 완전히 주관적인 사실로 변형되었고, 그것은 '나의 것'으로 경험되었다. 그러나 '나'라는 단어는 의미가 없다; 왜냐하면 '나'는 더 이상 익숙한 자아가 아니기 때문이다." Ben-Ami Scharfstein, *Mystical Experience*(Indianapolis: Bobbs-Merrill, 1973), pp. 62, 69.

월하여 잘 알지 못하는 하나님에게 우리를 인도해 준다. 그것은 우리가 찾고 있는 이 타자他者에게 우리의 말을 전달해 준다. 우리는 기도를 통해서 무엇인가를 찾고 있다고 생각했는데, 우리의 찾고자 했던 노력은 사실상 우리를 찾고 계셨던 타자를 향한 반응이었음을 발견하게 된다.[10] 그리고 우리가 기도할 때 던지는 질문들이 하나님께서 이미 우리에게 하신 질문들에 대한 대답들이었음을 알게 된다. 우리가 기도 속에서 더듬거리면서 찾는 힘든 노력은 하나님의 어루만지심에 대한 어설픈 반응이었음을 알게 된다. 기도는 결국 하나님의 질문에 대한 우리의 응답이라고 할 수 있다. 기도할 때 자기도취에 빠져서는 아무것도 얻을 수 없다. 기도는 타자와 깊이 관련되어 있다. 기도의 핵심은 타자성이다.

　기도 속에서의 타자는 크고 작은 여러 모양으로 나타난다. 작은 양태들이 먼저 나타난다. 우리 자신이 누구인지를 고백하는 과정에서 자신 안에

---

10)　하나님을 찾는다는 것은
　　　먼저 당신이 그에 의하여 발견되도록 하는 것을 뜻한다.
　　　그는 아브라함과 이삭과 야곱의 하나님이시다.
　　　그는 예수 그리스도의 하나님이시다.
　　　그는 당신의 하나님이신데
　　　그것은 그가 당신의 것이기 때문이 아니라
　　　당신이 그의 것이기 때문이다.
　　　하나님을 선택한다는 것은
　　　사람들이 상상할 수 있는 것을 초월하는 방법으로
　　　당신이 알려져 있고 사랑받고 있으며,
　　　어떤 사람들이 당신에 대해서 생각하고
　　　당신의 이름을 부르기 훨씬 이전에
　　　당신이 사랑받고 있다는 것을 깨닫는 것이다. *Rule for a New Brother* (Springfield: Templegate, 1975), pp.1-2.

있는 타자와 우리 세계 안에 있는 타자가 우리에 대해서 말하고 있음을 발견하게 된다. 우리와 다른 방식대로 보고 다른 관점을 주장하는 사람들과 만나고 있는 자신도 발견하게 된다. 예를 들어 기도할 때 우리를 비평한 사람에 대한 기억을 떨쳐버릴 수 없다. 우리는 그것을 모든 방향과 각도에서 보아야 하며, 그것이 자신의 문제가 아니라 그들의 문제라고 반격하는 방어적인 태도를 취해서는 안 된다. 또한 기도 속에서 우리의 주의를 끄는 꿈이나 환상의 이미지를 피할 수 없다. 그것을 연구해서 그것이 말하고자 하는 것에 귀를 기울여야 한다. 우리 기도 속에서 자신에게는 없는 새로운 통찰이나 이상한 우연의 일치도 발견하곤 한다. 의지적으로는 그것들을 다시 창조해 내거나 만들어 낼 수 없다. 존재 자체가 이러한 사건 속에서 우리에게 무엇인가를 말해준다. 계속 그것들을 듣고 있다 보면 하나님께서 우리를 이끄시며 우리가 가지고 있는 힘보다 훨씬 크고 깊고 강한 힘 안으로 우리를 이끌고 계심을 느끼게 된다. 기도는 끊임없이 우리를 풍성한 삶으로 이끌어 준다. 우리는 자신이 가지고 있는 작은 공간을 통해서 점차 이러한 다른 삶의 흐름 안으로 끌려 들어간다. 기도는 우리를 자신의 진정한 자아에게로 이끌어 주며, 우리는 그것을 통해 온 자아의 근원으로 들어가게 된다.[11] 기도는 문을 두드리시는 분에게 우리가 문을 열어드릴 때 들어오는 새 생명에 대해서 말해준다.

---

11) "…기도생활에 전심으로 헌신하는 사람은 삶의 모든 영역에서 기도의 영향을 경험한다. 그래서 전반적으로 볼 때 그의 삶에서 결별되는 기도를 생각하는 것은 거의 불가능하다. …이렇게 스며있는 경험은 우리를 그리스도의 부활의 신비 안으로 깊이 끌어들이는 죽음과 부활의 경험이다." Maria Boulding, *Prayer: Our Journey Home*(Ann Arbor: Servant Books, 1979), p. 1.

이때 우리의 기도가 모습을 갖추게 된다. 이제 살아 있음에 대해 느끼는 감정에 대한 두 번째 반응들이 시작된다. 이 새로운 반응들은 우리가 유아기에 음식이 마음에 들거나 들지 않음을 나타내는 반응을 처음으로 시작하면서 발달시킨 반응만큼 우리의 삶에서 중요한 것이다. 그때 우리는 몸의 욕구(육적인 욕구)를 소리와 행동으로 표현했었다. 그러나 이제는 어느 정도의 영적인 욕구를 느끼고 거기에 맞는 희망에 대한 어휘를 만들기 시작한다. 기도는 이제 체계적인 기대가 된다. 우리는 너무 잘 알고 있는(또는 안다고 생각하는) 현재에 미래를 접목시킨다.

만약 우리가 정말로 원초적 언어의 독특한 억양에 관심을 기울여 왔다면, 우리는 바라고 기도하고 기대할 준비가 되어 있는 것이다. 만약 주의를 기울이지 않았거나 자신에 관해서 아는 것을 인정하기보다는 부인해왔다면, 우리가 기대하는 것들은 초라하거나 부적절한 것이 될 것이다. 작아서 별 볼 일이 없는 것이든지 혹은 기대함으로 부풀어서 터질 것 같은 엄청난 것이든지, 그것들을 진정한 기대라고 말하기보다는 공상이라고 말하는 편이 나을 것이다. 그 기대는 곧 그 반대의 것으로 변할 것이고, 그러한 기반 위에서 행한 기도는 우울함, 심지어 절망으로까지 나아갈 것이다. 기대는 먼저 인정admission을 요구한다. 기대는 우리 존재 자체를 기꺼이 인정하려는 우리 실체에 달려 있다. 기도는 자발적인 것이다. 이미 주어진 것을 거절한다면 더 이상 받지 못할 것이다.[12] 우리 자신의 진정한 모습을 인정

---

12) 마태복음 25장 14-30절의 달란트 비유에 담겨 있는 경고보다 더 좋은 것은 없다. 예수님은 가진 자에게 더 많은 것이 주어질 것이라고 설명하신다. 그 비유는 우리에게 주어진 것을 기꺼이 받아들이고 그것 위에 세워나가면 기도로 가득 찬 풍성함 안에서 성장할 것이고, 그렇지 않으면 우리가 많든 적든 가

하지 않는다면, 특히 다른 사람들에게는 감추어지고 자신만 아는 사실들을 인정하지 않는다면 우리 안에서 어떤 것도 더해지거나 변화되기를 기대할 수 없다.

　기도 속에서, 우리의 경험들을 다루는 다른 여러 방법들 속에서 우리는 스스로에게 정직해야 한다. 우리 주변의 익숙한 세상, 그리고 우리 안에 있는 훨씬 익숙한 세상을 간단히, 그리고 충분히 실재하는 현실로 인정해야 한다. 우리는 다른 사람이 가지고 있는 부富를 가지기를 원하며, 다른 사람이 부를 잃기를 바란다는 현실을 인정해야 한다. 일을 잘 해낼 수 있을지 두려워하는 모습도 인정해야 한다. 가까운 사람을 잃었을 때 그 사람을 정말로 사랑했음을 인정해야 한다. 사랑하는 사람을 잃은 고통을 달래기 위해 사랑하지 않았던 척해서는 안 된다. 기쁨, 고통, 계속 따라다니는 의심, 자신에 대한 만족이나 불만, 자신과 다른 사람들 사이에서 일어나는 어려움이나 기쁨들이 그대로 받아들여져야 한다. 타자성이 우리와 대결하고 우리가 그것과 대결하는 특별한 세상에 우리가 놓이게 되었다면, 그 상황을 피하지 말고 가능한 방법으로 그것에 대해서 스스로를 준비시켜야 한다. 즉 그 타자성과 우리의 타자성을 연결해야 한다.

　우리의 현재와 과거의 실체가 우리의 타자성이다. 우리를 다른 사람들과 구별해주는 것은 우리가 그들과 다르다는 것을 확인시켜 주는 것이다. 그것은 그 자체로 주목할 만한 사실이며 누군가에게, 어디에서나, 또는 언제나 매력적인 것이다. 우리의 타자성이 표현되면 적어도 한 사람은 우리가 표현하는 타자성에 대해 흥미를 느낄 것이다. 그 사람이 부모, 선생님 혹은

　질 수 있는 것까지도 잃을 것이라고 말하고 있다.

애인이 될 수도 있을 것이다. 그 사람이 우리 안에 있는 다른 모습들을 인식하면서 궁극적인 우리의 모든 모습들을 가장 잘 확증해 줄 수 있을 것이다.

우리는 다른 사람들이 가지고 있지 않은 내·외적으로 두드러진 특징을 가지고 있다. 우리는 내면의 소리를 들으면서 원초적 언어에 대한 반응 속에서 자신에 관해 배우게 된다. 우리가 캄캄한 삶 속에 있든지, 선한 것들과 선하지 않는 것들 사이에서 기쁨이나 고통 속에 있든지 가능한 한 충분히 자신을 받아들일 때 우리는 자신에게 미래를 허락한다. 우리가 기대하는 것을 위한 기초공사를 하는 것이다. 이것은 우리의 희망을 세울 견고한 토대를 건설하는 것과 같다. 이제 우리의 기도는 지식적인 기도가 되었다.

우리에게, 그리고 우리 안에 있는 타자성—타자성이라고 할 만한 것이 하나밖에 없다고 해도—에 관심을 가진 사람들이 존재한다는 것을 믿기는 그리 쉽지 않다. 하지만 그들의 존재를 확인할 간단한 시험 방법이 있다. 우리가 알고 지내온 사람들 중에 특히 우리가 사랑했거나 우리를 사랑했던 사람들, 그들 중에서도 따분하고 재미없는 사람들, 잘 차려입지 못한 사람들, 고상한 인품을 소유하지 못한 사람들, 또는 별로 매력이 없는 사람들에 대해서 깊이 생각해 보자. 그들과의 만남을 회상해보면 거의 항상 대화의 어느 순간에 얼굴 표정의 변화나 행동의 변화가 우리에게 일어났을 것이다. 그것이 사소한 사건으로서 시간적으로 짧고, 어떤 성격의 것이었는지 거의 확인될 수 없을지도 모른다. 그러나 분명히 그런 일이 일어났었다. 따분하고 잘 차려입지 못하는 사람들에게서 느꼈던 평범한 사람들이라는 생각이 갑자기 사라졌다. 존재하지 않았던 것이 존재가 되었다. 사랑하는 사람들의 존재가 아름답고 생동감있게 나타났기 때문에 우리는 그 고귀한 존재의 등장에 압도된 것이다.

우리 속에 드러나지 않고 있었던 타자성이 갑자기 모습을 드러냈다. 이것은 우리 모두에게 발생하는 일이다. 자신이 누구이며 스스로에게 어떤 존재인지를 인정함으로써 우리의 진정한 실체가 살아난다. 그와 같은 인정에 근거하여 우리가 원하는 변화나 성장, 또는 발전을 바라고 기대할 수 있다. 우리는 기도할 수 있다.

여기에서 다루는 기도의 심리학은 기도할 때 우리의 영혼이 직면하는 주제들을 들여다 볼 것이다. 생명의 호흡과 마음, 그리고 의식적·무의식적 정신 작용의 영역이라고 할 수 있는 영혼은 하나님께서 우리에게 속삭이시는 곳인 존재의 입구라 할 수 있는 내면의 삶과 혼합된다.[13]

기도하는 사람은 곧 다음에 계속해서 이어지는 논제들을 대면해야 할 것이다. 우리는 의식적으로 잘 검토하도록 하기 위해서 이 논제들을 제기한다. 현실의 세계로부터 한두 번씩 벗어나는 정신훈련처럼 그것들에 대한 심리학적 해석을 하려는 의도는 없다. 어떤 상황에서는 그것들이 유용할 수 있지만 기도의 삶을 시작하는 데는 도움이 되지 못한다.[14] 기도의 삶 속에는 많은 질문들이 있다. 그러한 질문들에 대해서는 다음 장에서 다룰 것

---

13) Ann and Barry Ulanov, "Soul and Psyche," in *Religion and the Unconscious*, pp. 81-96.

14) 이 접근법의 예가 Ann Belford Ulanov의 "우리는 사람들이 기도하면서 무엇을 하고 있다고 생각하는가?"(What do We Think People Are Doing When They Pray?)에서 발견될 것이다. *Anglican Theological Review*, Vol. LX, No. 4, pp. 387-398.

이다. 그 질문을 통과해야 우리의 기도가 인간들의 실제 삶 속에 토대를 둘 수 있다고 믿는다.

　이전 시대에 출판된 기도에 대한 서적들은 기도할 때 분심分心이나 성적인 이미지들을 피하는 방법, 또는 분노의 감정을 제거하는 방법에 대한 조언해 주었다. 지금 우리의 시대는 달라져야 한다고 생각한다. 하나님은 성육신을 통해서만 우리에게 오신다. 따라서 하나님께로 가는 길, 그리고 하나님께서 이미 그 길 속에서 우리와 함께 하신다는 것을 발견하는 길은 우리의 몸을 통해서, 그리고 우리 몸의 열정과 예수께서 풍성한 삶을 주시겠다고 약속하신 온전한 인간성을 통해서만 가능하다.

제2장

기도와 갈망

    기도는 갈망과 함께 시작된다. 갈망에는 다양한 형태가 있다. 어거스틴은 기도에서 우리가 바랄 수 있는 최상의 것은 깊은 애정을 가지고 하나님께 발돋움하는 것이라고 했다.[1] 우리는 마음과 영혼에 충만한 평안을 주는 토대가 되는 중심과의 연결 혹은 접촉을 갈망한다. 우리가 소중히 여기는 모든 것의 내부에 존재하는 것, 우리에게 진정한 만족을 주는 것, 키에르케고르가 말한 바 어떤 존재의 강렬함에 있어서 갈망의 강도와 상응한 것과 접촉하기를 원한다.

    하나님을 사람과 같은 존재로 끌어내리려 하는 이러한 갈망은 예수께서 사마리아 여인에게 나타내신 영생의 샘물에 대한 갈증과 같다.[2] 그 갈증은

---

1) 어거스틴은 이렇게 말한다: "하나님을 추구하는 것은 행복을 추구하는 것이다; 하나님에게 도달한다는 것은 행복 그 자체이다." "사람은 그가 가지고 있는 사랑에 의해서 만들어진다." 기도는 "하나님을 향한 마음에서 나오는 애정이 담긴 발돋움이다." Hand, *Saint Augustine on Prayer*, p. 7에서 인용.

2) "…하나님을 향한 갈망이 영혼을 고양시킬 수 있는 유일한 힘이다. 내려오셔서 영혼을 소유하시는 분은 오직 하나님이시다. 갈망만이 하나님을 내려오시도록 할 수 있다. 그분은 오심을 요청하는 사람들에게만 내려오신다; 그

열등한 갈망 속에 가려져 있다. 그 갈증은 해소될 수 없는 것이거나, 적어도 그렇게 보인다. 우리 대부분은 사춘기의 성적 갈망 속에 있는 긴급한 갈망과 마주치게 된다. 그 무엇도 청소년기의 성적 본능의 리비도libido를 달래지 못할 것 같다. 그러나 그 충동을 잠재우는 방법이 있다. 선행, 좋은 생각, 장거리 달리기, 팔굽혀펴기 등은 갑작스럽게 증가하는 에너지를 변형시킬 수 있다. 그러나 어떤 것도 그 에너지를 계속 억제하지는 못한다. 그것을 억제하려는 노력은 오히려 리비도를 증가시키고 그 갈망을 배가시키는 듯하다. 그럼에도 불구하고 그러한 방법들을 시도해볼 만하다. 젊은 시절의 성적 갈망 및 다른 갈망 속에서 위와 같은 방법으로 도달하고자 하는 우리의 노력은 삶을 통해서 여러 가지 방법으로 성취하려 하는 실체와의 역사적 만남을 위한 연습이요 준비이다. 갈망은 우리를 그러한 만남으로 이끄는 추진력이며, 기도는 그러한 움직임이 일어나고 있음을 말해주는 언어이다.

   기도하는 사람은 자신의 갈망 때문에 기도를 시작한다. 우리는 원하는 것을 위해서 기도한다. 오후에 수영하려는 어린이들이 날씨가 좋기를 위해 기도하는 것처럼 성인인 우리는 직업이나 기회를 얻기 위해서, 그리고 사

리고 오랫동안 자주 열정적으로 간청하는 사람들에게 오시는 것을 거절하실 수 없는 분이다." Simone Weil, *Waiting for God*, trans. Emma Craufurd (New York: Capricorn, 1951), 110-111. "…주관적인 사고를 하는 사람에게는 열정과 함께 존재 내면 안에서의 변증법이라고 할 수 있는 상상과 느낌이 필요하다. 그러나 열정은 시종일관 필요한 것이다; 왜냐하면 열정 없이는 존재 안에 있는 존재에 대하여 생각하는 것이 불가능하기 때문이다." Søren Kierkeggard,*Concluding Unscientific Postscript*, trans. David F. Swenson (Princeton: Princeton University Press, 1941), pp. 312-313.

람들과 좋은 관계를 유지할 수 있도록 기도한다. 우리가 자녀들이 건강하도록, 아픈 아이가 건강을 회복하도록, 부모이 편안한 죽음을 맞이하도록, 믿음이 강건해지도록, 평화가 이 땅에 임하도록, 하나님의 뜻을 행할 수 있도록 기도하는 것처럼 기도에서 우리의 갈망은 평생 우리를 따라 다닐 것이다.

갈망이 있는 삶은 기도하는 삶을 살도록 우리를 준비시켜 준다. 그러나 이 두 가지 삶에서 우리는 눈이 멀어 있다. 단순히 빠르고 쉬운 위안을 추구할 때의 갈망은 눈먼 갈망이다. 이러한 갈망에는 이해라는 단어가 존재할 수 없으며, 우리를 달래주는 사람들, 예를 들어 우리를 먹여 주고 쓰다듬어 주고 우리의 갈망에 즉각적인 만족을 주는 사람들을 제외한 사람들은 이 갈망에 어울리지 않는다. 비록 다른 사람들을 포함한다 해도 눈먼 갈망은 비인격적이다. 다른 사람들은 "나"만을 위해 존재한다. 둘 중 누구도 타인을 위해서, 또는 관계를 위해 존재하지 않는다. 눈먼 갈망 안에 있는 것은 자기 중심적인 만족뿐이다.

그러나 대부분의 사람들의 경우에 눈먼 갈망도 그리 만족스럽지 못한 것 같다. 그들은 눈먼 갈망의 한계를 의식하지 못할지도 모른다. 그들은 자신이 연인처럼 혹은 여러 종류의 일을 성취한 사람처럼 승리하는 삶을 영위해가고 있다고 생각할지도 모른다. 그러나 이 모든 상황 속에도 부족하거나 불완전한 느낌이 있으며, 우리는 눈먼 갈망이나 자발적인 만족 이상의 갈망을 원하게 되어 있다.

자신도 모르게 이해하려는 충동이 일어난다. 맹목적으로 그것을 어떤 것으로 규정하는 대신에 그것을 보기 시작해서 우리 존재의 일부로 받아들이기 위해서는 다른 사람에 의해 고려되어야 할 필요가 있다. 즉 다른 사람들의 직접적인 중재가 필요하다. 사람들의 실체, 또는 그 이상의 것이 신호가 될 수 있다. 기도는 눈먼 갈망으로부터 통찰과 관계를 추구하고자 하는 갈망, 그리고 내면의 이해에 대한 적어도 첫 인식을 추구하는 갈망까지의 움직임에 반응하는 언어이다.

예를 들어 기도는 어린아이의 관점에서 그러한 갈망이 만족을 주거나 저지시키는 사람을 향하도록 인도한다. 기도는 우리 안의 그 아이를 위한 공간을 남기고 우리가 그 아이의 주변에서 그 아이보다 성장하도록 도와준다. "나는 원합니다"와 "나를 기쁘게 해주세요" 등의 표현이 가득한 기도가 다른 사람들, 그리고 하나님의 인격을 포함하는 기도로 발전하게 되며, 나아가 다른 사람들을 위한 기도가 된다. 우리는 그들에게 좋은 일이 일어나기를 원하며 나쁜 일이 일어나지 않기를 원한다. 우리는 다른 사람들의 도움을 얻기 위해서도 기도한다. 다른 사람들이 우리의 기도 속에 등장하기 시작하며, 우리 모두 "자기 만족"보다 큰 것에 의해 힘을 얻고 지탱되는 것을 보기 시작할 때 그들이 우리를 하나님의 속성 안으로 이끌어 준다. 성적인 갈망은 처음에는 다른 사람을 향해 솟구치는 자동적인 충동처럼 나타나지만, 곧 이어 두 사람 사이에 피어나는 사랑의 에너지가 될 수도 있다. 지나칠 정도로 자기 중심적인 관심 속에서 행해지는 "기도"에 표현된 자아에 대한 갈망도 우리의 자아에 대한 인식을 바꾸어 주고 우리에게 하나님의 속성을 일깨워주는 역할을 하는 "다른 사람들"에 대한 관심을 가지도록 이끌어 준다. 친구를 위해 기도할 때 그 친구의 존재가 나와 내 자아의 음성들까지 만져주는 것이다. 나는 그 음성들을 들으며 그것들을 이해하기 시작한다.

　나의 갈망은 더 이상 눈먼 것이 아니다. 나는 다른 사람들을 위해 기도할 수 있다. 심지어 원수를 위해서도 기도할 수 있다. 어렵기는 하지만 원수를 위해 기도할 때 나에 대한 원수의 지배력이 한결 가벼워진다. 우리는 내면에서 일어나고 있는 이러한 변화들을 완전히 이해할 수는 없지만 느낄 수는 있다. 우리는 이해할 수 있는 능력을 얻기 위해 기도한다: "나에게 가야 할 길을 보여 주십시오. 어떻게 가야 할지 알려주십시오. 이 혼동의 어둠 속에 빛을 비추어 주셔서 내가 나아갈 길을 발견할 수 있게 해주십시오." 우리는 조명을 위해 기도하고 있고, 기도는 응답되기 시작했다.

　이해를 위한 기도는 이해를 전제한다. 사람들을 중재하기 위한 기도는 우리의 삶에 함께 할 사람들의 존재를 전제한다. 비록 갈망을 함께 나누고 그 갈망 속에서 함께 성장할 사람을 만나고자 하는 순박하고 어색한 갈망들일지라도, 갈망이 기도로 연결될 때 은혜가 우리의 삶 속에 들어오기 시작한다. 우리가 생각하기에 그 자체만으로는 특별히 가야 할 방향도 없이 눈먼 갈망이였던 것이 이미 존재하고 있던 것에 대한 희미한 의식을 표현하는 갈망으로 나타난다. 우리는 새로운 선線을 시작하는 대신에 이미 존재하고 있었던 원circle의 부분임을 발견한다. 그러나 우리가 자신의 갈망을 억압하거나 무시한다면 이것을 발견하지 못할 것이다.

　기도 속의 갈망은 다양한 형태로 나타난다. 우리는 신처럼 보이고 싶어서, 또는 무엇인가를 얻기 위해서 하나님께 다가간다. 우리는 많은 것들을 원한다: 명예, 안전, 권력. 때로는 사랑, 건강, 세계 평화, 진실 등 좋은 것들을 원하기도 한다. 우리는 사람들과의 이해관계에서 표현하는 방식과는 다른 방법으로 하나님께 나아간다. 우리는 "나는 당신이 부자이므로 당신 재산의 일부를 얻고 싶어서 당신의 친구가 되기를 원합니다"라고 말하지 않는다. 우리는 "나를 축복해주시고 용서해주시고 도와주시고 치료해주시기를 원하기 때문에 당신께 기도합니다"라고 하나님께 말한다. 우리는 안정, 지위, 권력 등 어떤 사람이 우리를 위해 해줄 수 있는 것 때문에 그 사람과의 결혼을 원한다고 말하지 않는다. 우리는 사람들에게 그들이 누구이고 어떤 사람인지에 대해 관심이 있는 것처럼 보이려고 노력한다.

하나님께 표현하는 우리의 갈망은 더 적나라하며 또 적나라해야 한다. 거지나 욕심 많은 어린아이처럼 비밀이 없는 그대로의 모습으로 하나님께 나아간다. 이것을 부인하거나 감추려는 것은 옳지 않다. 우리는 유치하기는 하지만 그 순수함을 알아야 하며 그것을 가지고 있어야 한다. 하나님은 육체를 가진 존재로서의 우리를 사랑하신다. 하나님께서 우리를 사랑하시고 우리를 위해서 죽으셨음을 부인하는 것은 더 좋은 다른 하나님에게 가려는 것과 같고, 우리의 기도를 방해하는 것과 같다. 우리는 있는 그대로 나아가야 한다.[3] 심지어 우리의 욕심—이것은 하나님이 허락하시기도 하는데—이 선한 일에 유용할 수도 있다. 그것은 하나님이 우리를 만나실 수 있는 장소인 기도로 즉각 우리를 인도한다. 우리의 욕심은 걸러지고 순화되고 정제된다.

어떤 사람들의 경우에 갈망은 프로이드가 볼 수 있게 해준 바 우리가 바

---

3) 프로이드는 무의식적인 정신적 삶의 한 면이 유치한 성격이며, 그것은 태어나서 죽을 때까지 계속 이어진다고 했다. 어떻게 우리의 기도로부터 무의식의 이러한 면을 배제할 수 있는가? 우리가 더 선호하는 이미지로 다시 창조해야 하는가?

라는 것들 뒤에 숨어 있는 두려움처럼 부정적인 이미지로 보이기도 할 것이다. 그럴 경우에 기도하는 것이 두렵다; 기도라는 모험을 의심하게 된다; 거기에는 아무것도 없는 것 같다. 기도에 관해서 의아해 하기만 하면 다행이지만 기도를 피하는 것은 불행이다. 기도가 두려운 것이 된다. 우리의 의심과 공포에 대해 이야기할 때 기도가 시작된다.[4] 혼동, 질문, 심지어 불평이 하나님과 우리 사이의 대화를 시작하게 한다. 우리는 하나님의 부재에 대해 비난하는 말들을 쏟아낸다. 우리는 감히 하나님께 "나타나십시오!"라고 말한다. 우리는 허전함을 느끼면서 무어라고 말해야 할지 몰라 더듬거린다. 우리는 하나님에 대해 아무런 인식도 못하는 것 같으며, 어둠 속에 앉아 있다. 이것이 하나님과의 대화를 시작하게 하는 일종의 혼돈 상태이다. 우리는 자신이 해야 하는 대로 이 모든 것들을 기도 속으로 끌어들인다. 왜냐하면 기도 안에서는 우리와 관련된 어떤 것도 제외되어서는 안 되기 때문이다.

갈망은 그 속의 에너지를 기도하는 대상에게로 향하게 할 수도 있다. 갈망은 그 자체를 호기심으로 나타낼 수도 있고, 더 깊은 형태로는 지식에 대한 동경으로 나타낼 수도 있다. 우리는 기도하는 대상이 누구인지를 알기 원한다.

---

4) "하나님이 원하시는 것은 당신이 자신을 괴롭히는 모든 것에 대해 말하는 것이다; 신실한 영혼이여! 침묵하지 말라. 불행이나 유쾌하지 않은 사건이 일어나면 마땅한 존경과 겸손을 가지고 그분에게 불평하기 위해서 나아가라. 당신의 신뢰가 크다면 도와달라는 요청을 하지 않은 채 당신의 불행들을 그분의 눈 앞에 놓아두면 충분할 것이다. 그리고 당신이 겪고 있는 고통들을 그분이 알고 있는 것으로 충분할 것이다." Fr. Boutauld, *The Art of Conversing with God*, trans. J. D. Souza, S. J.(Rome: privately printed, 1959), pp. 5-6.

그러므로 우리의 기도는 긴 일련의 질문으로 시작된다: "당신은 누구십니까? 당신은 나를 위해서 거기에 계십니까? 당신은 어떤 모습이십니까? 나에게 무엇을 원하십니까? 당신은 얼굴을 가지고 계십니까? 왜 이런 고통을 주십니까? 어떻게 그런 나쁜 일이 일어나도록 놔 두십니까? 당신은 정의에 관심을 가지고 계십니까? 당신은 공평하십니까? 당신은 역사를 주관하십니까? 당신은 우주를 통치하십니까? 당신은 어떤 신이십니까? 당신은 인격체이십니까? 당신은 예수 안에서 어떤 존재입니까? 나에게 당신 자신을 보여 주시겠습니까?" 이런 일련의 질문으로 구성된 갈망은 기도의 숙련자들이 제2의 단계라고 표현하는 묵상으로 우리를 인도할 것이다. 우리는 성경 속에서 하나님에 관해 알게 되고, 하나님과 다른 사람들과의 직접적인 경험을 담은 다른 사람들의 일기를 통해 하나님을 알게 되기도 한다. 우리는 성경 속 장면의 등장인물이 됨으로써 그 의미를 알아내려고 노력하기도 한다. 우리는 신성에 대해서 묵상하고, 이러한 특별하고도 당혹스럽기까지 한 신비를 면밀히 검토하기 위하여 상상의 세계를 정돈하려고 노력한다.

갈망은 "나는 누구인가?"라는 존재의 전제하에서 기도를 시작하도록 만든다. 조만간 기도의 지침이 될 것들이 제자도 안에서 시작된다. 우리는 기도를 경험하면서 존재를 배워가는 학생이 된다. 우리는 나아갈 길을 알게 된다. 우리는 다른 사람들이 우리의 행동과 감정과 말을 느낄 수 있도록 우리가 말하고 있는 것에 주의를 기울인다. 우리는 이미 하나님께 말하고 있는, 그리고 하나님께서 우리에게 말씀하고 계시는 원초적 방법을 볼 수 있다. 기도는 그러한 말의 오고 감에 주목하며 우리의 목소리를 그것에 의식적으로 연결한다.

그러한 것을 주목함에 있어서 기도의 결과를 얻게 된다. 그것은 하나님께서 우리에게 주신 자아의 확장이다. 우리 내면에서 이미 무의식적으로 말하고 있는 것과 연결되고 있음을 의식하게 된다. 갈망은 우리로 하여금 계속 전진하고 개방하고 추구하고 밖을 향해 나아가고 채워지기를 원하도록 자신을 몰아가고 있다. 어거스틴은 기도에 관한 묵상에서 기도는 갈망으로 이루어진 건축물이라고 설명한다.[5] 하나님은 우리에게 무엇이 필요하며 우리가 무엇을 원하는지에 관해서 들으실 필요가 없다. 기도는 하나님께 지시하기 위한 것이 아니라 우리 자신에게 지시하기 위한 것이다. 우리는 정말로 바라고 도달하기를 원하고 사랑하는 것을 이러한 식으로 발견하게 된다. 전에는 알지 못하고 살았던 것들이 이제는 알 수 있도록 개방된 것이다.[6]

놀라운 일들이 일어난다. 우리는 자신이 원했다고 생각했던 것 이상으로 원하고 있음을 발견할 수도 있을 것이다. 우리는 기도라는 비밀스러운 공간 안에서 진실과 아름다움과 사랑을 얼마나 원하는지 스스로에게 나타낼 수 있다. 일상 속에서 그러한 것들은 우리가 벗어나야 할 유치한 바람이

---

5) Hand, *St. Augustine on Prayer*, p.10.

6) 기도는 기도하고 묵상하는 능력을 인식하게 해준다: "하나님께서 우리로 하여금 기도하기를 원하신다면 이것은 우리가 그분에 대해서, 그리고 우리에 대해서 알 수 있도록 하려 함이고, 우리 자신의 실체를 알아낼 수 있도록 하려 함이다. 그리고 이것은 모든 현실에 개방적인 것을 뜻한다. …그러한 인식은 사치가 아니라 개인적인 발전을 위해서 필수적인 것이다. 그것이 없으면 인간은 하나의 비인격적 물건(thing)으로 남게 되며, 무의식적 원인들이라는 이동통로(moving belt) 속에 갇힐 수도 있다." Maurice Nedoncelle, *The Nature and Use of Prayer*, trans. A. Manson(London: Oates, 1962), p. 115.

라는 조소를 당하지 않기 위해서 그러한 갈망들을 숨긴다. 우리는 알지 못했거나 희미하게 알았던 갈망, 또는 계속 따라갔더라면 우리가 조심스럽게 만들어온 길보다 훨씬 멀리 우리를 이끌어갔을 갈망들을 발견할 수도 있다. 우리가 완전히 다른 삶의 방식을 위해서 직업을 바꾸거나 맺고 있던 관계를 단절하거나 이전의 생활 방식을 버려야 할 수도 있을 것이다. 갈망을 따르는 삶이 반드시 방종이나 향락적인 관능으로 이어지는 것은 아니다. 그것은 도덕적 딜레마의 위험으로 직행하게 된다. 우리가 계속 기도한다면 기도 속에서 하나님이 들으시는 음성이 우리를 위해 점점 더 커진다. 그 음성은 우리의 삶을 예리하게 단절시키는 삶의 진실과 방법에 대해서 말할지도 모른다.

진지하게 드려지는 기도는 우리가 살아온 삶의 방식에 명백한 단절의 표시를 남길 것이다. 그것은 단순히 우리의 삶에 더해지는 행복의 일부가 아니며, 새 자동차나 옷, 또는 수플레(달걀의 흰자를 거품이 일게 하여 구운 것)를 준비하는 법을 터득하는 것처럼 매력적인 것이 아니다.[7] 기도는 일

---

7) 물론 기도 안에서도 소화하기 쉽고 맛있고 본래의 상태로 돌아가려는 수플레(soufflé)의 흡수성을 흉내내는 것은 좋지만 하찮게 여기면서 그렇게 하지는 말라. 감각적인 "성향들"을 "없애라"는 전통적인 명령을 따르든 따르지 않든 기도 안에는 항상 고행의 요소가 있기 마련인데, 어거스틴 베이커(Dom Augustine Baker)는 그것에 대해서 *Santa Sophia or Holy Wisdom*(New York: Dunigan, 1875), p. 147에서 간결한 17세기의 형태로 나타내고 있다. 영혼을 고무시키는 것은 종종 가혹하며, 심지어 그러한 신호들 중에서 가장 매혹적일 때에도 줄곧 어떤 가혹함을 내포한다. 그 가혹함은 프란시스 드 살이 제안하듯이 "너희 앞에 차려놓는 것을 먹고"(눅 10: 8)라는 예수님의 훈계를 받아들이면 참을 수 있는 것이 된다. 우리 앞에 놓여 있는 것을 먹는 것—그러한 영적인 고무들이 우리에게 올 수 있는 것으로 받아들이는 것—과 우리가 좋아하든 좋아하지 않든 그것이 왔을 때 받아들이는 것이 스스로에 대한 채찍질

종의 투쟁이다. 그러나 고압적인 갈망의 명령을 따르는 기도는 탐욕적 갈망이 될 수도 있고, 어느 시기에 이르면 우리를 기진맥진하게 만들 것이다. 기도를 하찮게 다루면 그것에 대한 기대가 사라지거나 우리의 삶에서 단순한 장식품으로 바뀔 것이기 때문에, 그 보통의 에너지를 보다 쉽게 만족시킬 수 있는 갈망에 투자하는 편이 더 좋을 것이다. 잠자리에서 일어날 때와 잠들 때 드리는 기도문과 교회에서 사용하는 정해진 기도문들은 거의 형식적으로 사용되며 결국 기계적이고 공허한 반복이 될 것이고, 우리의 삶에서 모닝커피나 한밤중에 마시는 마티니, TV 연속극보다 못한 것이 되고 말 것이다.

 기도에 대한 갈망은 진실과의 만남을 향한 갈망이다. 그것은 많은 사람들이 경험하는 지루한 삶에 목적을 부여할 이해에 대한 갈증이다. 그것은 우아하게 표현된 교리문답서의 쉬운 대답들이나 자연신학의 형태 너머에 있는 의미를 발견하고자 하는 갈망이다. 마음은 이 갈망에 만족하기를 원하지만, 만족 자체만을 원하는 것이 아니다. 장애를 가지고 있는 우리의 몸은 고통이 완화되기를 원하지만 단순히 고통의 멈춤만을 원하는 것은 아니다. 우리는 도움받기를 원하고 우리의 정서는 가치 있는 대상을 고집하지만 고통스러운 몸과 혼란스러운 마음이 없는 세상에서는 그럴 필요가 없다. 기도에 대한 갈망 안에서 온전함을 구실로 왜곡된 갈망이 그대로 드러나게 되어 있다. 우리는 형이상학적인 삶과 체험적 신앙을 원한다. 우리는

로서 가장 마음에 들지 않는 것들을 찾는 것보다 덕스러운 것이라고 프란시스는 말한다. "게다가 우리의 입맛을 모든 종류의 고기[혹은 수플레]에 적응시키는 것, 그리고 그것을 일어나는 모든 종류의 일들에 복종시키는 것은 결코 작은 고행이 아니다." *Introduction to the Devout Life*, p. 133.

직접적으로 알기를 원하고, 우리의 전 자아, 즉 우리의 모세혈관과 신경과 근육으로 알기를 원하며, 혈액의 흐름 및 의식의 열림과 닫힘 속에서 알기를 원한다. 우리는 직접적으로 알기를 원할 뿐 아니라 간접적으로 알기를 원한다. 우리는 잠에서 깨어나는 순간에 알기를 원할 뿐 아니라 꿈 속에서도 알기를 원한다. 이 갈망이 지배하는 한 우리의 삶은 그 갈망이 초래하는 지식의 풍자가 될 것이다.

우리가 추구하는 지식은 한 세트의 사실들, 한 번에 행해질 수 있는 설명들로, 또는 그럴듯한 일련의 질문들로 축소될 수 없다. 거룩한 책이나 거룩한 삶이 드러내는 계시처럼 지식이라는 것은 사람에 따라, 시대에 따라, 그리고 문화에 따라 그 의미와 이해가 변한다. 다시 말해서 시대가 변함에 따라 의미도 다르게 해석된다. 이 지식은 함축할 수 있는 모든 위대한 진리들 때문에 어떤 공식이나 구조로 축소될 수 없다.[8] 그것은 과학적 실험의 산

---

8) 철학자들과 과학자들의 공식과 구문, 그리고 "위대한 진리들"의 모든 근원들에 대하여 러시아 철학자 셰스토프(Lev Shestov)에게 붙은 조소적인 이름은 필연이다(항상 대문자 N으로 쓰인다). 그는 아리스토텔레스나 칸트의 용어 중에서 필요성이라는 낱말이 나타날 때에도 그 필연이라는 낱말의 "영원한 포로자들"로서 필연을 따르는 사람들을 본다. "그 필연의 힘에서 자신을 구출하기 위해서는 '모든 것을 과감히 해보고,' 엄청난 마지막 몸부림을 받아들이고, 무엇이 우리를 기다리고 있는가를 물어보지 않고 또한 미리 보는 것 없이 앞으로 전진해 나가는 것이 필요하다." 그것이 기도에 반하는 움직임을 따를 때 초래되는 것이다. 우리가 필연을 떠나 존재의 신비를 향하여 움직인다면 우리는 어떤 '지식'도 담을 수 없는 "원초적 자유," 다시 말해 "끝없는 자유의지를 향하여 움직이는 것이다. …그 약속이 성취되도록 하라. 당신에게는 불가능한 것이 전혀 없을 것이다"라고 Lev Shestov는 호소한다. Lev Shestov, *Athens and Jerusalem*, trans. Bernard Martin(Athens: Ohio University Press, 1969), pp. 153, 154.

물이 아니라 지혜의 산물이다. 따라서 어떤 새로운 인식들로 명료화하기를 원하는 우리의 희망을 만족시킬 새로운 공식, 예를 들어 $E=mc^2$와 같은 것을 발견할 수 없다. 이 지식은 인격체, 즉 인간과 신에 대한 지식이다. 그리고 우리가 아는 대로 인격체는 고정된 법칙과 공식으로 해석될 수 없다.

그렇다면 우리는 매우 달성하기 어려운 것을 추구하고 있는 것인가? 가정 생활에서 실제로 우리가 경험하는 어려움은 원하지 않으면서 우리 삶 속의 모든 긴장과 모순과 염려를 제거해 줄 힘있는 부성이나 모성을 찾고 있는 것인가? 아니면 단지 성숙에 이르는 과정에서 우리가 경험하는 문제들이나 고통들을 피하려는 방법인가? 많은 현자들이 종교를 찾는 것은 환상이나 기만과 같다고 주장했다. 그들은 해답은 다른 곳에 있으며, 기도에 대한 갈망이나 기도의 목적들은 다른 해결책들이 나타남으로 인해서 없어졌거나 이데올로기적인 추구로 변형되어 왔다는 설득력 있는 웅변과 논리로 말했다. 아직도 사람들은 정치적·경제적인 이데올로기를 종교적 가르침과 공존관계로 보면서 추구하는 것과 해결책을 혼합하려 하고 있다. 그러면 해방신학이 탄생할 것이라고 한다. 그 안에는 영혼을 자극하는 힘, 종교적 신념, 필요하다면 폭력을 통한 혁명에 의해 사회 변화를 일으키려는 활동이 있다. 이 세상의 선한 모든 것들은 우리를 위해 협력하여 선을 이룬다.[9]

한편 다른 종류의 지식을 위한 갈망이 우리 안에 존재한다. 지식을 위한

---

9) 여기에 있는 참고문헌은 난폭한 수사학으로 테러리스트들의 난폭성을 자극하는 이른바 해방신학자들의 작품이다. 해방신학을 왜곡하는 견해가 아니라 반대하는 견해를 위하여 Edward Norman, *Christianity and the World Order*(Oxford: Oxford University Press, 1979), *passim*을 보라.

갈망뿐만 아니라 우리 존재를 구성하고 있는 모든 요소들이 함께 이해에 이르게 할 완전함 속에서 그 지식을 직접적으로 경험하려는 갈망도 있다. 정치학이나 경제학을 통한 해결책과 완전한 만족을 약속하는 규율들이 아무리 중요하다고 해도 그것들이 약속하는 만족을 가져다주지는 못한다. 혹시 그것들이 약속하는 만족을 가져온다 해도 우리는 그것들로 만족할 수 없다는 것을 명심해야 한다. 다른 것이 남아 있다. 우리는 자신이 알지 못하는 것을 알고 있다. 우리는 아직도 갈망이 남아 있음을 알고 있다. 우리는 선택해야 할 또 다른 것을 가지고 있으며, 따라서 다시 선택하기 위해 나아간다.

선택은 기도의 초반부에 이루어진다. 우리는 자신의 갈망에 등급이 있음을 발견한다. 우리는 열등한 것을 원하기도 하고 더 훌륭한 것들을 원하기도 한다. 실제로는 그리 만족스럽지 못한 것이 처음에는 무척 만족스러운 것처럼 보이기도 한다. 기준을 너무 낮게 잡아왔다는 유혹이 임하기도 한다. 우리는 탐정소설 같은 삶에 만족하면서도 훌륭한 소설이나 시를 통해 풍성해지기를 거부한다. 우리는 영적으로 신선한 오이나 잘 익은 토마토를 먹지 않고 지저분한 음식을 좋아하고 있다. 우리는 현악 5중주의 놀라운 소리나 즉석에서 만들어진 일등급 재즈음악은 좋아하지 않으면서 대중음악이나 영업용 배경음악 같은 매끄럽지만 공허한 음악을 선택하고 있다. 우리는 잘 아는 사람들과 모이면 험담하기를 좋아하며 진정한 친구들과 함께 나누는 영혼에 감동을 주는 대화를 거부한다. 우리는 일순간의 관능적인 일로 시시덕거리며 진정한 사랑으로 이루어지는 성적 만남의 변화시키는 힘에 대한 이야기를 피한다. 우리는 이런 식으로 최상의 것에서 돌아서며 열등한 것을 향해 나아간다. 그렇게 되면 우리는 하나님의 사랑을 거절하게 될지도 모른다. 이것은 죄이다. 이때 하나님의 응답은 우리가 선택한 대로 살아가도록 우리를 놔두시는 것이다—우리가 하나님이 주시는 좋은 것을 거절했기 때문에 열등한 만족을 주는 것들 속에서 괴로워하도록 말이다.[10]

기도할 때에 우리는 갈망들을 분류하며, 우리가 따르기로 선택한 갈망들에 의해 어떤 사람인지 분류된다. 이냐시오 로욜라는 이러한 식으로 그의 기도의 삶 속에서 유명한 규율을 발전시켰다. 그는 다른 방법을 시도했으며, 그 방법이 그의 갈망을 견고하게 하며 증가시켰는지 갈망을 채우지 못한 채 남겨 두었는지를 주시했으며, 그것들이 그에게 미친 감정들을 관찰하면서 결과들을 판단했다. 그는 즉각적인 기쁨을 주는 것과 큰 실망을 주는 것들을 곧 포기했다. 그는 견실하고 계속해서 늘어나는 달콤함을 주는 것들을 통해 기쁨을 느끼며 계속 나아갔다.[11]

---

10) 어거스틴에 따르면 하나님께서 주시는 것들은 "우리로 하여금 축복받도록" 하는 것들이다. 그것들은 단지 "이용되는 것들"을 뜻하는 것이 아니라 "즐겨지는 것들"을 뜻한다. 이 구분은 어거스틴뿐만 아니라 그에게 기반을 두어 온 천 년 이상 동안의 영성에도 중요한 영향을 미쳤으며, 지금도 계속 심리학적 가치를 가지고 있다. "이용되어야 하는 것들은 우리가 축복을 향해 나아가는 것을 도와주고 지지해주고, 우리를 축복받게 해주는 것들을 얻고 거기에 매달리는 것을 도와줄 수 있다." 우리가 복된 즐거움을 향하여 나아가는 수단으로서 단순히 이용되어야 하는 것들을 끝내면 "우리가 나아가는 방향이 방해를 받고 때로는 빗나갈 것이다. 그래서 우리는 즐거움을 얻을 것들을 얻는 데 지연되거나 방해를 받아서 더 하찮은 사랑에 의하여 묶일 것이다." Saint Augustine, *On Christian Doctrine*, trans. D. W. Robertson, Jr.(Indianapolis: Bobbs-Merrill. 1958), p. 9.

11) "성령은 자신이 원할 때, 그리고 우리의 평가나 기준에 따르지 않고 원하시

갈망은 또 다른 갈망으로 이어진다. 기도는 존재의 충만을 위한 우리의 갈망 및 그 갈망 너머에 있는 것에 도달하고자 하는 우리의 마음을 잘 설명해 주며, 우리가 하나님을 발견하고 사랑하며 하나님에 대한 사랑을 가지고 자라도록 도와준다. 그것은 하나의 씨가 생명으로 태어나도록 따뜻하게 해주는 태양과 같고, 잡초를 제거하는 것과도 같고, 성녀 테레사가 영감을 받아 얻은 바 내면의 정원에 물을 대는 것과 같다.[12] 기도는 우리를 위한 하나님의 갈망을 영접할 때까지 우리의 갈망을 넓혀준다. 우리는 기도를 통

기 때문에 우리에게 영감을 주신다. 따라서 신비적인 삶으로 나아가는 진정한 과정은 고정된 규칙에 구속될 수가 없으며, 우리는 전적으로 열매가 있어야 하고, 어떠한 것들이 하나님으로부터 왔는지를 그 열매들로 판단해야 한다." J. G. Arintero, O. P., *Stages in Prayer*, trans, Kathleen Pond (London: Blackfriars, 1957), p. 8. St. Ignatius's Own Story, As Told to Luis González de Cámara, trans. William J. Young(Chicago: Loyola University Press, 1956), p. 10.

12) "초보자는 자신을 하나님께서 그의 기쁨을 얻으실 수 있는 정원—흙이 황무하며 잡초들로 가득 차 있는 정원—을 만들기 시작하는 사람으로 생각해야 한다. 그의 하나님이 잡초들을 모두 뽑아내고 좋은 식물을 심으실 것이다. 이러한 것이 모두 행해졌다고 가정해 보자—한 영혼이 기도를 훈련하기로 결심하고 기도를 시작했다. 우리는 이제 하나님의 도움을 받아 훌륭한 정원사들처럼 이 식물들이 자라도록 해야 하고 물을 주어서 그것들이 말라 죽지 않고 우리의 하나님께 기쁨을 드릴 멋진 향기를 낼 꽃들을 피워야 한다. 그러면 하나님이 이 정원에 자주 오셔서 기쁨을 얻으시고 이 선한 것들 중에서 그의 기쁨을 취하실 수 있다." *The Life of Teresa, in The Complete Works of St. Teresa of Jesus*, trans. and ed. E. Allison Peers(London: Sheed and Ward, 1957[1944]), I, p. 65. 이것은 테레사의 물 댄 정원에 대한 비유가 기도의 온전한 방법—이것은 베르니니(Bernini)의 유명한 성자의 조각에 표현되어 잇는 연합과 기쁨에 점진적으로 다다른다—을 담기 위해 펼치는 여러 장 중에서 첫 장을 인용한 것이다.

해 우리 안에 있는 하나님의 갈망, 즉 성령을 수용할 만큼 크게 성장한다.[13]

우리 자신의 행위이며 노력이라고 생각했던 기도가 우리 안에서 움직이시는 하나님의 영이라는 사실이 우리를 놀라게 한다. 우리의 것으로 생각하던 기도의 갈망에 훨씬 큰 원천이 있음이 밝혀진다. 우리는 이제 자신을 스스로에게 나타내 보이는 반복되는 기도의 노력을 통해 세운 갈망들이 우리가 더 완전한 존재가 되도록, 그리고 온전한 사랑을 성취하도록 우리를 움직이시는 하나님의 갈망을 반영하고 있음을 알게 되었다. 갈망을 의식 안에 받아들인다는 것은 신적인 존재를 받아들이는 것이다. 완전히 외부에 있는 것에 대한 우리의 갈망은 우리의 내면에 속하고자 하는 외면의 갈망을 반영하는 것이다. 이제 기도에 대한 우리의 의심이 이러한 이질적인 실체를 동화시키기 위한 몸부림으로 변한다. 알고자 하는 우리의 호기심과 갈망은 이미 알려진 것을 찾으려는 인식아(我)의 힘이다. 기도하는 것이 우리라고 생각했고 기도하려고 노력하는 것이 우리라고 생각했지만, 이것들은 우리를 통한 하나님의 기도, 즉 예수님에 관한 것들을 보여 주는 성령의 역사였음이 드러난다. 우리는 사람들이 예수님에게서 느꼈던 힘이 예수님 자신의 것이 아니라 그를 통해 움직이시는 하나님의 것이었다고 예수께서

---

13) 교부들에게 있어서 구별된 절차는 갈망을 쫓아 믿음에 이르는 것이었다. 우리는 "우리를 만드시고 꾸미신 예술가"를 따라야 한다고 어거스틴은 말한다: "모든 사람이 이해하기를 원하지만…모든 사람이 신앙을 갖기를 원하는 것은 아니다. 어떤 사람이 나에게 이러한 말을 했다고 상상해 보자: '내가 믿을 수 있다는 것을 나에게 이해시켜 보시오.' 나는 이렇게 대답할 것이다: '당신이 이해할 수 있다는 것을 믿어 보십시오.'" *Selected Sermons of St. Augustine*, trans. Quincy Howe, Jr.(New York: Holt, Rinehart and Winston, 1966), p.190.

주장하신 이유를 이해할 수 있다.[14] 우리가 하나님께로 돌아서려는 것은 우리가 그분에게로 돌아서도록 하나님께서 우리의 의지를 움직이시기 때문이다. 우리는 연관성이라는 끊임없이 방출하는 힘을 주고받고 나타내는 하나님의 원초적인 언어 안으로 끌려 들어간다. 기도하려는 우리의 갈망은 존재의 중심으로 들어가는 입구가 되었다.[15]

우리는 어떤 갈망을 우리 자신의 것으로 경험할 때 기도가 시작되며 그 갈망이 우리 안에서 일하시는 하나님의 활동으로 지각될 때 비로소 기도가 시작된다는 것을 이해하고 기도의 삶을 위한 훈련에 대한 모든 질문을 재정리해야 한다. 훈련은 우리가 배울 수 있고 교육받을 수 있는 사람, 즉 제자 또는 학생이 될 때에 비로소 가능하다는 것을 계속 자신에게 주지시켜야 한다. 우리는 자신의 기도, 즉 원초적 언어를 들으면서 비록 어색하거나

---

14) 이것이 예수께서 자주 강조하신 점이다. 예를 들면 요한복음에서 다음과 같이 말씀하신다: "내가 아무것도 스스로 할 수 없노라 듣는 대로 심판하노니 나는 나의 뜻대로 하려 하지 않고 나를 보내신 이의 뜻대로 하려 하므로 내 심판은 의로우니라"(5:30); "내가 하늘에서 내려온 것은 내 뜻을 행하려 함이 아니요 나를 보내신 이의 뜻을 행하려 함이니라"(6:38).

15) "기도하는 것은 윤리적이고 종교적인 삶을 위한 근본적인 일이다. 이러한 삶의 뿌리는 모든 것에 방향을 주는 자유롭고도 의식적인 하나님과의 관계이다. 하나님을 향한 이 자유스럽고 의식적인 자세를 표현하는 것이 기도의 훈련인데, 이것은 매일의 삶 속에서의 사회적 접촉이 우리의 이웃을 향한 윤리적인 자세를 표현하는 것과 같으며, 우리의 금욕적인 투쟁과 영적인 노력들이 우리 자신에게 윤리적인 자세를 표현하는 것과도 같다. 우리의 기도는 하나님을 향한 우리의 자세를 반영하고, 하나님을 향한 우리의 자세는 기도 속에서 반영된다." 발라모의 카리톤(Chariton of Valamo)에 의해 수집된 정통교회 명시선집인 『기도의 기술』(*The Art of Prayer*)의 주 근원인 19세기의 러시아 정교회의 주교 은둔자 테오판의 What is Prayer?에서 발췌(trans. E. Kadloubosvky and E.m. Palmer [London: Faber, 1966], p. 61).

불완전할지라도 자신만의 길을 발견하면서 자신이 처한 위치에서 시작하기를 배운다.[16] 『무지의 구름』의 작가가 확신을 주듯이, 우리는 어떻게 기도를 시작해야 할지 걱정할 필요가 없다. 하나님은 우리 각자에게 맞는 길을 보여 주실 것인데, 그것은 이미 포장되거나 조립라인의 상품이 아니라 하나님께서 원하시는 우리의 고유하고 독특하고 조건 없이 주어진 응답이다.[17] 잘 알려지지는 않았지만 지혜로운 논문인 『하나님과 대화하는 기술』 The Art of Conversation with God의 저자는 그것을 좀 더 대담하게 표현했다.

> 당신의 방 안에 그의 사랑에 매혹되지 않은 채로 당신의 관심을 끄는 것은 아무것도 없다. 그분의 생각은 당신에 관한 것이다. 그분의 섭리와 그분의 사랑에 대한 모든 설계는 당신이 특별히 관심을 갖는 것과 관련이 있다. 당신에게, 그리고 당신이 그분과 함께 있는 곳에서 그분은 당신만을 위한 하나님이시다. 그분은 당신을 도와주기 위해서만 전능하신 분이다. 그분은 당신에 의해 사랑받기를 원하실 만큼, 당신의 신념을 받아들일 수 있을 만큼,

---

16) "이것이 영적 삶의 중요한 비밀이다; 이것이 심리적 건강의 중요한 비밀이다: 사람은 자신의 방법이 아무리 어색하고 부적절해도—자신의 말로 표현할 때—그것을 사랑해야 한다." Barry Ulanov, *The Making of a Modern Saint: A Biographical Study of Theresa of Lisieux*(New York: Doubleday, 1966), pp. 225-226.

17) "당신이 어떻게 시작해야 할지 묻는다면 나는 전능하신 하나님께 그분 자신에 대해서 당신에게 말씀해 주시도록 그의 은혜와 호의를 위해서 기도할 것이다. 진실로 내가 당신을 가르칠 수 없음을 당신이 깨닫는 것이 좋다. 의아해 할 필요가 없다. 왜냐하면 이것은 특별한 사람의 장점에 관계없이 하나님께서 선택하시는 모든 사람들 안에서 신중하게 행해진 하나님만의 일이기 때문이다." *The Cloud of Unknowing*, trans. Clifton Wolters(Baltimore: Penguin, 1970), p. 92.

그리고 당신을 슬프게 하는 것을 그분에게 말할 기회를 주실 만큼 매우 사랑스러우신 분이다. 하나님은 당신이 괴롭히는 모든 것에 대해 아뢰기를 원하신다.[18]

 우리를 찾아온 존재, 다시 말해 우리만을 위한 특별한 관심을 가지고 우리에게 말하는 존재를 인식할 때 우리가 느껴 왔던 거의 모든 종류의 갈망이 더 친밀하게 느껴진다. 우리가 지금까지 알아 왔던 모든 종류의 느낌, 즉 우리에게 영향을 미쳤던 온갖 종류의 생명 에너지가 갑자기 강력해져서 우리의 주의를 끌었다고 상상해 보자. 그것은 우리 내면에 있는 소리를 듣는 것과 같고 그것에 주의를 기울이는 것과 같은 것이다. 그것은 동시에 부풀어오르는 갈망을 느끼는 것을 뜻하며, 말하는 그 존재 안에서 우리를 위해 그러한 갈망의 정당성을 확증해주는 것을 뜻한다.

 이러한 원초적 생명과의 만남을 경험하기 위해서는 갈망을 가지고 나아가려는 태도, 즉 영적인 느낌을 가지고 움직이고자 하는 엄청난 적극성이 필요하다. 현실은 끊임없이 그러한 경험을 하지 못하도록 우리를 좌절시킨다. 우리가 세상에서 일상적으로 만나는 일들이 그러한 경험을 하찮게 보이도록 함으로써 갈망을 감소시키고, 그것을 사소한 육체의 자극이나 만족 정도로 전락시킨다. 인격을 갖춘 사람들은 말과 행동과 육체적인 감정, 인간적인 관심, 그리고 사랑하는 방식을 자동판매기가 주는 것 같은 기계적인 것으로 전락시키지 않는다. 그러나 이 커다란 갈망 충동을 기계적 충동으로 축소시키는 것도 우리에게 말하는 위대한 존재로부터 우리를 단절시킨다고 볼 수는 없다. 그것은 우리 의지의 더 깊은 표현을 필요로 할지도

---

18) Boutauld, *The Art of Conversing with God*, p. 5.

모른다. 지금은 매우 희미해졌으며 그렇기 때문에 회복할 수 없는 먼 과거 속에서 사라진 것 같은 감정들을 듣고 모으려면 상당한 집중이 요구될 것이다. 그러나 그것은 항상 가능하다.

그 엄청난 존재에게 다가가기 위해서, 그리고 그 존재와의 만남을 위한 준비로서 우리 존재의 중심에 있는 용기와 훈련을 발견하는 것이 필요하다. 인습적 윤리의 관점에서 판단될 때 우리의 삶이 선하건 악하건 간에 신적인 존재를 직면한다는 것은 결코 간단한 일이 아니다. 우리는 하나의 방법으로 그것을 성취하지 못한다. 우리는 "기도의 여러 단계들"이 너무 엄격하게 사용되어 왔음을 한탄하고 있는 자신의 모습을 발견할지도 모른다. 자발적인 갈망에 따라 우리를 인도해야 했던 일련의 단계들이 엄격한 판단을 통해서 우리의 부족함과 안전하지 못함과 불완전함에 대한 비난들로 바뀐다("너는 넷째 단계에 있어야 하는데 겨우 첫 단계에 있단 말인가?"). 우리가 스스로에게 만족을 주고 있기 때문에 만족이 보장되지 않는다. 우리는 매우 저속해지고 치사해졌기 때문에 20세기의 잘못된 많은 예언들이 주장하듯 존재의 위엄을 확신하지도 못한다. 성경이 확언하듯이 우리는 바리새인들을 능가하는 현대판 세리가 되었다. 우리에게서 자발성을 제외하면 최종적인 우리의 갈망 안에는 보장도 없고 확신도 없고 보증도 없다. 우리가 원하는 것을 받을 것이며 우리가 구하는 것을 얻을 것이라는 믿기 어려운 약속과 더불어 구하고 찾으라는 끊임없는 명령에는 특별한 의미가 있다. 그 특별한 의미란 우리가 자원해서 구하고 자원해서 찾아야 한다는 것이다.

자원한다는 것은 영혼의 모든 근육들을 긴장시키는 엄청난 의지적 행동을 수행해야 한다는 것이 아니다. 원초적 언어를 구성하는 말들이 그렇듯이 자원한다는 것은 그 의미를 가지고 있는 단어들이 말하고자 하는 것을 뜻할 뿐이다. 자원한다는 것은 갈망에 따라 움직이는 것이다. 개인의 삶에 따라 특별한 방식으로 갈망들이 일어나기 때문에 자원한다는 것은 자신의 갈망들에 따라 움직이는 것을 뜻한다.[19] 우리는 지구 바깥에서의 만남을 공상할 수 있다. 교회나 지붕 위에나 아름다운 동굴 안에 있는 유령의 꿈을 꿀 수도 있다. 그러나 현실에서 형성된 우리의 의지와 이해는 신적인 존재와의 이러한 종류의 만남을 받아들일 수 없을 것이다. 우리는 평범한 사건이나 매일의 환경 속에서 발견되는 갈망을 만남으로써만 갈망을 만족시킬 수 있다. 우리 자신이 되고자 하고 자신을 통해서 자신에게 반응하고자 하는 자발성을 통해서만 우리 영혼의 직무를 성취할 수 있다. 우리가 움직이거나 말하거나 어떤 것들을 생각해 내는 데 느리다면, 그것을 인정해야 한다. 또 우리가 기질적으로 급하고 신경질적이며 쉽게 화를 낸다면, 그러한 성질들을 자신의 것으로 인정해야 한다.

우리는 육체flesh를 가지고 있는 존재이기 때문에 몸 안에서, 그리고 우리

---

[19] 심리학자 오토 랭크(Otto Rank)—그의 심리학적인 체계는 인간의 의지에 집중되어 있다—는 그것을 이와 같이 묘사한다: "전이 상황에서 자연스럽고 자발적인 효과가 있으며 올바르게 이해되고 올바르게 다루어지는 것은 또한 심리치료에 있어서 효과적이고 두 인간들 사이에서 일어나는 모든 관계 속에서 영향을 미치는 것인데, 그것이 바로 의지이다. 두 의지가 충돌하고 어느 하나가 다른 하나에 우세하거나 혹은 둘 다 최고를 위해서 서로에 대항하여 싸웁니다." 랭크는 "신경증 환자는 무엇보다도 의지를 발동하는 것을 배워야 하며, 그가 자발성이라는 것 때문에 죄의식을 느끼지 않고 의지를 발동할 수 있다는 것을 발견해야 한다"고 주장한다. Otto Rank, *Will Therapy and Truth and Reality*(New York: Knopf, 1968), pp. 7, 9.

가 가지고 있는 갈망들과 고유한 사랑의 방식—그것은 교묘하거나 어설프거나 단순하거나 복잡하거나 개방적이거나 내향적인 것일 수 있다—을 가지고 시작한다. 우리는 자신의 고유한 방식을 발견해야 하며, 그것을 발견한 후에는 받아들여야 한다. 지겹도록 반복되는 일상의 삶 속에서 이런 종류의 영적 훈련을 기꺼이 받아들여야 하며, 성령이 우리를 찾고 이미 찾았던 곳은 이러한 우리의 일상적인 삶임을 기억해야 한다. 그곳에서부터 듣기 시작해야 한다. 우리는 그런 식으로 듣기 시작하고 기도를 시작한다.

예를 들어 시간에 대해서 생각해 보자. 우리 모두는 기도할 시간을 발견하는 데 어려움을 경험하며, 다른 방식으로 그 문제를 해결한다. 자신이 기도하거나 기도하기를 원하는 장소에서 기도하기 시작할 때에 그 문제가 가장 잘 해결된다. 왜냐하면 그곳에서 하나님은 우리를 움직이시고 낚싯줄 위의 물고기처럼 하나님의 현존으로 우리를 끌어들이시기 때문이다.

어떤 사람들에게 기도가 생각지도 않았던 때에 시작되기도 한다. 조깅이나 운동을 하거나 목욕 중일 수도 있다. 요리하는 중 양념을 분류하고 있을 때, 새로운 요리를 고안해내어 새로운 조합을 시도할 때일 수도 있다. 또는 침대에 누운 아기를 향해 몸을 굽힐 때일 수도 있다. 이러한 때가 좋은 때이다. 버스나 전철을 탈 때, 정원에서 일할 때, 앉아서 허공을 바라보고 있을 때 혹은 마루에 누워서 바닥의 딱딱함을 느낄 때도 좋다. 그런 때에 내면으로 들어가서 하나님께 조용히 말할 수 있다. 어떤 사람들은 울고 싶을 때나 상황이 절망적이거나 두려울 때만 기도한다. 어떤 사람들은 계획을 세워 기도 시간을 따로 정해 두기도 한다. 정해진 공식 기도문이나 우리가 내놓은 기도 제목에 따라 교회 안에서만 기도하기도 한다. 우리는 각기 자신에게 맞는 방식으로 기도를 시작해야 한다. 왜냐하면 하나님이 그 방식으로 우리에게 다가오시며 우리의 마음 문을 두드리시기 때문이다.[20]

자신의 특별한 방법에 주의를 기울이는 것은 기도하는 삶을 시작하고 멈추는 데 대한 성인들의 경고에 새로운 의미를 부여해준다. 테레사는 그렇게 하는 것이 기도를 전혀 시작하지 않는 것보다 더 위험하다고 하는데, 왜냐하면 그 때 우리는 훨씬 높은 곳에서 떨어져서 훨씬 심한 상처를 받기 때문이다. 로렌스 수사는 영적인 성숙에 있어서 앞으로 나아가지 않는 것은 곧 후퇴하는 것이라고 말했다.[21]

---

[20] 아린테로(Arintero)는 하나님의 영이 우리에게 오셔서 하나님에 의해서 주어진 선물들이 우리의 것인 양 비밀스럽게 우리 안에서 일하신다고 말한다: "…사실 일하시는 분이 하나님이시지만 그분은 자비의 그늘 아래에서 비밀스럽게 이러한 일을 하시기 때문에 우리가 자신을 위해서 일하는 것처럼 보이게 된다…." *Stages in Prayer*, p. 7.

[21] "거듭 말하건대 우리 스스로 이 물 속으로 들어가야 한다. 시간은 기다려주지 않고 날아간다. 모든 사람은 스스로 책임을 져야 한다. …우리는 계속해서 일해야 한다. 왜냐하면 영적으로 전진하지 않는 것은 후퇴하는 것이기 때문이다." Brother Lawrence, *The Practice of the Presence of God*, trans. Donald Attwater(London: Burns Oates, 1948), p. 21. "하나님께서 어떤 사람에게 한 번, 두 번 호의를 베푸셨기 때문에 이러한 모든 일들이 일어난다고 이해해서는 안 된다; 그 은총을 계속 받아야 한다. 왜냐하면 우리의 모든 선이 나오는 것은 그것들을 계속 받음으로부터이기 때문이다. 내가 이러한 상태에 처해 있는 영혼들에게 해야 하는 진심 어린 경고가 있다: 하나님을 화나시게 하는 일들을 하지 않기 위해 최고의 주의를 기울이라. 왜냐하면 그 영혼은 젖을 뗀 것이 아니라 젖을 빨기 시작한 유아와 같기 때문이다. 그 영혼이 젖을 빼앗기면 죽는 것 외에 무엇을 기대할 수 있겠는가? 그것이 하나님의 은총을 받은 사람이 기도하기를 포기할 때 주어지는 운명일 것이다; 매우 예외적인 이유로 인해서 그렇게 하지 않는다면, 혹은 빨리 기도에 돌아서지 않는다면 그는 더욱 좋지 않은 상황에 빠질 것이다." St. Teresa of Avila, *The Interior Castle*, in the *Complete Works II*, p. 244-245.

기도를 시작하는 것은 뜨거운 물체를 만지는 것과 같다. 우리는 자신의 깊은 곳에서 흘러나오는 원초적 언어에 대해서 열려 있다. 그것은 강한 이미지와 갈급한 갈망과 간절한 열망으로 가득 찬 살아 있는 실체이다. 이것이 자유롭게 우리의 의식 안으로 흘러들어오게 한 후에 제멋대로 방황하도록 내버려두는 것은 집에서 수돗물을 틀어 놓은 채 놔두는 것과 같다. 그것은 넘쳐흘러서 우리 내면의 공간을 가득 채울 것이다. 그보다 더 큰 문제는 마룻바닥으로 스며들어서 썩기 시작한다는 것이다. 칼 융은 "잘못된 무의식" false unconsciousness이 위험하다고 했다.[22] 어떤 것을 안 후에 잊어버리거나 그 앎을 부인하면 우리 안에 분열이 일어나는데, 이것은 뿌리가 꼬이고 줄기가 뒤틀리며 가지가 부러져서 이미 시작된 성장에 제동을 거는 것과 같다.

  기도할 때 우리의 갈망에 주의를 기울이는 것의 즉각적인 효과 중 하나는 그 갈망의 변화를 경험하는 것이다. 그 갈망이 개방되고 견실해지고 깊어지는 것을 느낀다. 우리는 갑자기 갈망이 분출하며 충동적으로 친절을 베푸는 행위로 인해 탈자아를 하며, 갑자기 자신에 대해 스스로에게 말하는 순간이 있는데, 그 때 우리는 자신이 생각하고 느끼는 것, 그리고 자신

---

22) 잘못된 무의식은 우리가 물리적인 것들에 책임지기를 원하지 않기 때문에 의식에서 그것들을 억압한 결과이다. 칼 융은 의식 안에 나타나는 무의식적인 이미지들과 영향들에 개방적으로, 그리고 정직하게 기꺼이 반응하는 것의 중요성을 강조한다. 이러한 자발성은 의식과 무의식 사이에서 우리 자신의 정신적 균형을 위해서 중요할 뿐 아니라 우리 모두에게서 일어나는 정신력을 개화하는 일에 공헌하는 한 방법이다. 그 일을 착수하는 것에 실패하면 심리 안에, 예를 들어 본능과 영혼 사이에 그릇된 분열을 일으키게 된다. 그러나 우리는 광포한 행동, 저격수들이나 테러리스트들에 의한 발포, 혹은 대학살 속에서 분출하는 위험한 긴장들을 잠재적으로 사회 속에 일으키기도 한다.

에게 정말 중요한 것을 드러낸다. 이러한 풍부한 표현의 순간은 기도 안에서 견실해지고 지속된다. 그것들은 제한되거나 엄격한 통제를 받는다는 의미에서가 아니라 적합한 장소를 제공받는다는 의미에서 훈련되는 것이다. 그것들은 더 이상 우리 안에서 흘러나가서 사라지지 않는다. 대신 그것들은 자신과 다른 사람들을 향해 신뢰할 만한 선한 의지의 끊임없는 흐름을 형성한다. 기도를 시작했다가 멈추는 것은 자신의 고유한 생명으로의 흐름을 발견하는 과정을 멈추는 것이며, 인생에서 귀중한 것과의 연결이 끊어지는 위험을 자초하는 것이다. 그 결과로서 우리는 기도가 가져다주는 커다란 안정을 느끼지 못할 것이다.

  기도하려는 우리의 갈망이 우리 안에서 움직이시는 하나님의 갈망이라면 우리는 살아 계신 성령 하나님을 경험한 것이다. 이제 우리가 느끼는 것은 우리의 원초적 언어가 아니라 우리 안에서 일하시는 하나님의 원초적 실존 자체이다.[23] 우리가 느끼는 이 접촉은 우리에게 되돌아오는 생명 그 자체이다. 이 만남은 단순한 일상적 만남이 아니다. 이것은 우리를 위한 모든 것의 핵심이라 할 수 있다. 이 만남 속에서 우리는 변화되고, 옛 것을 잃지 않으면서도 새 것이 된다. 우리는 하나님의 은혜에 대해 알게 된다. 돌아서는 것은 하나님의 진노를 초청하는 것과 같다. 그것은 청천벽력 같은

---

[23] "존재하는 모든 종류의 기도는 영혼이 받는 충동들에 의해 작동된다.…모든 기도는 요구와 요청이며 혹은 찬양과 감사이다.…기도는 현세에서 혹은 앞으로 올 세상의 악한 것들로부터의 해방을 위한 간청이요 원함이며 갈망이거나 약속된 것들에 대한 갈망 혹은 인간이 하나님께로 더 가까이 인도되게 하는 것을 요구하는 것이다…." Isaac of Nineveh, In *The Soul Afire: Revelations of the Mystics*, ed. H.A. Reinhold(New York: Pantheon, 1951), pp. 302-303을 보라.

저주는 아니지만 조용히 다가와 뜻하는 바를 완성한다. 하나님은 더 이상 우리에게 다가와서 만져주지 않으신다. 하나님은 항상 우리의 선택을 귀히 여기시며 우리를 그 선택의 결과에 맡겨두신다.[24] 우리가 생명이 흐르는 곳의 바깥쪽을 선택했다면 우리는 거기에 고착된 것이다. 비록 약할지라도 우리의 갈망이 남아 있다면 기도할 한 번의 기회가 남아 있는 것이다. 우리는 용서에 대해, 그리고 돌아갈 길을 제공하심에 대해 하나님께 감사할 수 있다.

---

[24] "하나님은 우리 삶의 바깥에 계실 준비가 되어 있고, 그것을 완전히 십자가로 여기고 지실 준비가 되어 있다. 그러나 그분은 단순하게 우리 삶의 한 부분이 되는 것에는 준비되어 있지 않다." Anthony Bloom, *Beginning to Pray*(New York: Paulist Press, 1970), p. 6.

제3장

기도와 투사

하나님께로 돌아가는 길은 투사projection, 投射이다. 우리가 세우고 기도하는 대상인 하나님의 이미지들—우리는 그러한 하나님의 이미지들을 떠올리며 기도하기도 한다—은 우리가 필요로 하고 바라는 것에서 형성된 하나님에 관한 것이다. 하나님에 대해 가지고 있는 우리의 상pictures들은 우리가 부모님을 의존하고 그분들이 우리에게 반응한 것에 대한 실제 경험의 기억에서 나온다. 그것들은 우리 부모님의 반응에 관한 환상—거기에서 우리는 그들이 실제로 했던 것보다 더 좋거나 혹은 더 나쁜 행동을 그 환상 속에 부여한다—에서 나온다. 우리를 위로하고 보호해줄 힘센 아군을 갈망하듯이 하나님에 대한 우리의 상들은 우리 안에 있는 갈망에서 만들어진다.[1] 그

---

1) 모든 심층심리학자들은 투사(projection)와 그것에 자연적으로 따라오는 투입(introjection)의 과정이 정신 생활에서 기본적인 것으로 인정한다. 태어나 몇 주 지나지 않은 때부터 우리는 이 세상과 관련된 본능의 경험들에 대한 환상의 이미지들을 이 세상으로 보낸다. 이것이 투사이다. 그리고 우리가 그 투사된 것들과 그것들의 부분들에 대한 이미지와 경험을 주변의 세상과 사람들로부터 받아들이는 것이 투입이다. 이러한 끊임없는 상호과정이 세상과 관련된 자아를 창조하는 기본 과정이다. 자아와 세상은 모두 실제 대상들(사람들)의 실

것들은 우리가 수용하거나 피할 수 없는 충돌―공격 성향이나 분노―의 결과이기 때문에 이 대리 챔피언surrogate champion에게 위임하는 것이다. 우리는 자기의 두려움을 이해할 인간보다 큰 존재를 필요로 한다. 결국에는 인간들의 삶이 공평하고, 악인은 벌을 받고, 선인은 보상받을 것을 보장해줄 하나님을 원한다. 무엇보다도, 우리를 중재해줄 중보자를 필요로 한다. 하나님에 대한 우리의 다양한 이미지들이 이것을 가능하게 한다.

프로이드는 그러한 상들을 기만적인 것이라고 공격한다.[2] 우리의 갈망으로부터 형성되는 신 외에는 어떠한 신도 없다. 우리는 이러한 갈망들이

제 경험과 그러한 대상에 대한 환상과 우리의 몸과 정신적인 과정들에 관한 환상으로 구성된다. 심리학자들은 이 기본적인 요소에 대하여 다른 어휘를 사용하여 말한다. Melanie Klein은 내면화된 대상과 외부의 대상들에 대하여 말한다. 칼 융은 원형적인 이미지들과 개인적인 이미지에 대하여 말한다. 프로이드는 투입과 투사에 대하여 말한다. "외부의 대상들에 대하여 자신이 인식하는 체계화된 묵상―이것은 그 대상들에 대한 외부의 표시를 보존하면서 그 표시를 실제로 그러리라 생각되는 것으로 인정하는 묵상이다―은 정신적인 발전의 과정에 있어서 가장 특이한 양태들 중의 하나이다. 그런 묵상을 위한 능력은 주어지는 것이 아니다; 그것은 반드시 설명을 요구한다. …그것은 심리적인 발달을 하는 동안 첫 번째 과정을 지나 두 번째 과정에서, 쾌락 이론을 지나 현실 이론에서, 혹은 원자아와 유아적 자아, 그리고 초자아를 지나 성숙한 자아에서 보통 증가되는 동요를 설명하는 일이다." Roy Schafer, *Aspects of Internalization*(New York: International Universities Press, 1968), p. 137. 종교인에게 있어서 묵상하는 능력은 다른 것을 다르게 보는 능력, 다시 말해서 의식적·무의식적인 양태들로 구성된 자아를 소유하고 있다는 사실을 심리적이고 영적으로 인정하는 능력으로 요약될 수 있다. 가장 발전된 형태로 표현하자면 자기 안에 있는 다른 모습을 보는 것은 하나님의 측량할 수 없는 타자성으로 우리의 주의를 돌리는 것이라 할 수 있다.

2) Sigmund Freud, *The Future of an Illusion*, trans. W. D. Robson-Scott(New York: Liveright, 1953), pp. 24, 29,34,38.

내면에서 나온다는 것을 인정하지 않기 때문에, 그것들이 우리 외부에 있는 존재로부터 온다고 믿는다. 단순히 자신의 두려움이나 희망을 반영하고, 고통스러운 삶 속에서 위로받고자 하는 욕구를 구체화하는 거짓 신들을 파괴하라고 프로이드는 강권한다. 그것들은 우리가 이웃을 향하여 품고 있는 공격 성향과 시기에 대한 처벌을 두려워하고 있음을 나타낸다. 간단히 말해서 하나님에 대한 우리의 이미지들은 우리가 두려워하는 미지의 것들에 인격을 부여한다. 그 이미지들을 통해 우리는 그 미지의 것을 자신과 같은 사람, 더 크고 친절하고 지혜로운 사람으로 만듦으로써 통제하려 한다. 프로이드는 그러한 반사경을 깨뜨려야 성숙해질 수 있다고 한다.

많은 사람들은 단지 그러한 행동만을 취함으로써 스스로를 기도로부터 멀어지게 한다. 그들이 기도하기 시작하면 그들에게 나타나는 하나님에 대한 이미지들은 모두 일탈과 환상처럼 거짓으로 보일 것이다. 그것들을 위한 기도는 그들이 유치하며 비현실적이고 단순한 사람이 될 것이라는 두려움으로 물들어 있다. 기도를 할까 말까 당황스럽게 되었다. 그래서 마침내 그들은 아무것도 하지 않으며, 한때는 기도로 가득 찼었으나 이제는 텅 비어서 고뇌하거나, 그들 안에 있는 욕구들은 오래 전에 버렸어야 했던 고지식하고 유치한 소망이라는 비난과 투쟁한다. 그들은 딛고 일어설 든든한 땅이나 뿌리를 내릴 장소도 없이 침식당하고 있음을 느낀다.

때로 그러한 허공에 떠있게 된 사람들은 밑에 있다고 느끼는 빈 공간을 메우려고 노력한다. 그들은 기도가 단지 자신의 투영일 뿐이라는 프로이드의 불평을 심사숙고하게 된다. 그들은 하나님에 대한 자신의 이미지들을 개인적인 소망으로 축소하는 대신 그룹이나 사회 전체의 투영으로 여긴다.

이제 하나님은 사람들 사이에서 작용하는 사회적 통제력, 다시 말해서 우리 위에서 맴돌고 있는 별개의 존재처럼 자체의 생명력을 취할 수 있는 힘을 가진 통제력을 가진 신이 된다. 또는 우리가 현실 의식 속에 쏟아 부었던 의미들을 가진 상으로 보이게 된다. 이러한 의미들은 매우 중요해서 생명과 연결시키는 의례화된ritualized 방법으로, 그리고 보통 사회과학에서 쓰이며 생명과의 의사소통을 위한 특별 언어를 통해 그 의미들에 생명력이 부여되었다. 하나님은 이제 사회의 전략을 만들어 지도하는 존재로 보이게 된다. 사회 지도자들이 하나님에 대한 하나의 상을 이끌어낸다면 그것은 그 사회의 시민들에게 복종을 주입시키는 상일 것이다. 하나님은 억압하는 계층을 위한 도구가 된다.[3]

하나님에 대한 이러한 투사 이론들은 우리가 기도하려고 노력할 때에는 전혀 도움이 되지 않는다. 기도는 우리와 우리의 주관적 욕구와 소망과는 전혀 다른 것이며, 그 다름 속에서 우리에게 나타나는 다른 존재와의 대화이다. 이 때문에 기도가 위협적인 것이 될 수 있다: 기도의 언어는 다분히 개인적이고 친밀하지만 기도 속에서 나누는 대화는 개방적인 것이다. 우리는 가장 사적이고 비밀스러운 소망이나 두려움을 털어놓고, 우리에게 되돌아올 응답을 듣고 배우고 깨닫기 원한다. 하나님에 대한 우리의 이미지들은 털어놓는 과정에서부터 시작된다. 그러나 곧 따라오는 개방적인 대화는 그런 이미지들을 넘어서기 때문에 희미해지며 심지어 완전히 사라져 버리게 된다. 이것이 기도의 정화이다. 우리는 미지의 것들을 위해 우리를 위로하는 중보자들을 잃게 된다. 그것은 우리가 경험하는 당혹스럽고 두려운

---

3) 이러한 견해들에 대해서 Bowker, *The Sense of God*, pp. 22-43를 보라.

과정이다.[4]

우리는 기도할 때 자신이 처해 있는 곳에서 자신이 투사하는 신적인 이미지들을 가지고 시작해야 하며, 스스로를 미지의 것에 투사하고 있음을 발견해야 한다. 하나님은 육적인 존재로서의 우리를 사랑하시며 우리는 육체적 실존으로서 이러한 심리적 과정에 참여하게 되는데, 그 과정에서 진정한 인간이 갖추고 있는 여러 가지 특징을 받아들이며, 그 특징으로부터 이미지와 그것에 대한 우리의 느낌을 만들게 된다. 결과적으로 나오는 그런 투사들은 그것들이 우리와는 동떨어진 곳에서 생기며 우리 안에는 존재하지 않는 것처럼 보인다. 이것이 투입taking in, introjection과 투사pushing out, projection를 통해 우리가 현실과 상호 관계하는 기본적인 방법들 중의 하나이다.[5] 이것은 항상 고정적인 과정이 아니다. 삶의 단계에 따라 그 미지의

---

[4] 초기 사막의 순교자들과 신비주의자들이 그랬다고 폴 에프도키모프(Paul Evdokimov)가 지적했듯이 우리는 십자가에 못 박힌 그리스도를 흉내내거나 혹은 복음서의 권고들을 문자적으로 따르고자 하는—예를 들면 "당신의 손과 발이 죄를 짓게 하거든 그것들을 잘라 버리라"—시험을 기도의 정화 속에서 분명하게 이겨내야 한다. 그러나 Evdokimov가 말하는 것처럼 "무(無)로부터 끌어내진 영혼이 그것의 기원을 발견하고 싶어하고, 재창조되기를 요청하며, 차츰 영혼의 요소들을 정화함으로써 다시 만들어지기를 요청한다는 것도 그만큼 분명하다." Paul Evdokimov, *The Struggle with God*, trans. Sister Gertrude, O.P.(Glen Rock: Paulist Press, 1966), pp. 100, 101. Evdokimov가 그의 교과서 초반부에서 말하듯이 커다란 위험은 "내적 삶에 대해 완전히 무지한 사람의 감수성이다. 그는 고독이나 고통의 순간에 그를 보호하거나 그의 영혼 안에서 그 갈등들을 해결할 어떤 사회적 처방법도 가지고 있지 않는다"(p. 45). 기도에서 시작되는 이 비워냄에 대한 커다란 소망은 우리가 자신과 자신의 근원을 발견하며 다시는 상처를 쉽게 받지 않을 것이라는 것이다.

[5] 멜라니 클라인은 "자아는 처음부터 기능을 하며 그것의 첫 활동들 중에는 불안에 대한 방어기제와 투입과 투사 과정들의 사용이 있다"고 했다. "자아와 본

실체가 가지고 있는 타자성을 다르게 경험하고 그것에 대한 다른 이미지들을 만들어 낸다.[6] 맨 처음 우리가 하나님께 나아갈 때 그 하나님은 우리가 필요로 하는 하나님이다.[7] 아주 서서히 많은 기도의 경험을 통해서만 하나님께서 우리에게 오시는 것을 허락할 수 있다. 그때, 즉 우리의 투입과 투사의 정체가 무엇인지 조사하고 인식한 후에야 우리는 자신의 소리와는 다른 또 하나의 음성을 들을 수 있다.

기도하는 데 있어서 해야 할 첫 번째 일은 이러한 과정을 열린 마음으로 맞이하고, 하나님에 대해 우리가 가지고 있는 이미지가 무엇인지를 인식하고 그것들을 의식 속으로 받아들이는 것이다. 어떤 소망과 두려움과 희망과 욕구가 우리로 하여금 하나님을 향하도록 촉구하는가를 발견하는 것

능의 발전에 있어서의 상호 영향," in *Envy and Gratitude*, p. 57.

6) "그 복잡한 뿌리들로부터 완전히 억압되거나 방어적으로 고립되지 않는다면, 하나님의 모습은 다른 것처럼 삶을 통하여 재형성되고 정화되고 수정된다. 나이가 들어감에 따라 하나님의 존재에 대한 질문이 직면하거나 피해야 할 개인적인 문제가 된다. 대부분의 사람들에게 있어서 그들의 하나님에 대한 마지막 모습을 결정하게 되는 경우는 그들 자신의 임박한 죽음을 묵상할 때 찾아온다." Anna-Maria Rizzuto, *The Birth of the Living God*, p. 8.

7) 우리가 창조자를 묵상하도록 이끌릴지라도, 성 빅톨의 휴(Hugh of Saint-Victor)가 주장하듯이 우리는 "피조물에 대한 고려"와 더불어 그것을 시작해야 한다. 처음에 하나님은 우리가 주는 옷, 즉 우리의 이미지들과 욕구와 투사로 장식된다. 이것은 휴가 말하듯이 "무지와 지식 사이에서 진행되는 일종의 레슬링 시합이며, 어쨌든 오류의 어둠 속에서 진리의 빛이 깜박이고 있는 것이다." 마침내 진리의 빛이 분명히 타오르며 "연기들이 사라지고 어둠이 쫓겨난다…." "바라보는 영혼의 세 가지 방법," Hugh of Saint-Victor, *Selected Spiritual Writings*, trans. by a Religious of C.S.M.V(London: Faber,1962), p. 184. 우리는 밝은 빛이 타오르는 순간까지 연기와 불꽃이 함께 가야 한다는 사실, 그리고 우리가 욕구들을 가지고 있다는 사실에 놀라서는 안 된다.

은 이러한 특별하고 친밀한 신적 존재와의 관계를 세워 가는 과정에 속한다. 프로이드가 유치하고 자기기만적이라고 진단한 우리 안에 있는 욕구를 자기 비난 없이 긍정적으로 인식할 때 우리는 신에 대한 자신의 이미지들을 새로운 이해의 관점에서 볼 수 있다. 우선 우리가 이 타자성의 화신을 무엇이라 부르기 원하는지를 알아보기 위해 자신의 내면을 주의 깊게 살펴볼 수 있다.[8] 하나님에 대한 우리bb의 이미지들은 우리가 지은 하나님의

---

[8] 사람들은 타자와의 이러한 만남을 개인적인 방법으로 묘사한다. 예를 들어 융은 영혼의 객관성이라고 말하면서 그것에 대해 쓰고 있다: "하나님에 대한 이상은…살아 있는 실체와 절대적인 영혼의 객관성에 대한 경험이다. …당신이 영혼을 구성하고 있는 내용들을 객관적인 것으로 경험할 수 있는 지점까지 훈련할 수 있다면, 그때 당신은 영혼의 실체를 느낄 수 있다. 왜냐하면 그때 당신은 영혼을 구성하고 있는 실체들이 당신이 만들어 낸 것들이 아니라는 것을 알기 때문이다. 그것들은 자연스럽게 일어나는 것들이다. 따라서 당신은 영혼의 세상에 홀로 있는 것이 아니다. …이 객관적인 사실에 대한 경험은 매우 중요하다. 왜냐하면 그것은 내가 아닌 영혼의 실체를 함축하고 있기 때문이다. 그런 경험은 하나님을 경험하는 절정에 이를 수 있다. 그러한 종류의 경험은 가장 작은 것일지라도 신비적인 특성, 또는 신적인 특성을 가지고 있다. 그것은 매력적이다. 조금 더 깊이 경험하면 그것은 생명의 수여자인 완전한 신에 대한 경험이 된다. 그것은 결정적인 경험이다…." C. G. Jung, *The Visions Seminars*(Zürich: Spring Publications, 1976), I, pp. 72-73. 16세기의 신비주의자인 야콥 뵈메(Jacob Boehme)는 그를 바라보는 눈의 관점에서 타자성에 대한 이미지를 묘사한다. 이 이미지는 그가 양은 접시에 반사된 자신의 모습을 보고 그 안에서 그를 바라보고 있는 **그 자신의** 눈을 보았을 때 처음으로 갖게 된 것이다. 이 눈은 내면에 있는 타자의 상이 되었는데, 이 상은 하나님이 그러시는 것처럼 그를 바라다보는 영혼이요 또한 그 자신의 얼굴을 비추어주는 영혼이다. 이처럼 영혼은 하나님과 자아를 연결해준다. 같은 이미지를 신을 비쳐주는 거울로서의 소피아에 대한 그의 묘사 속에서 발견할 수 있다. Jacob Boehme, *The Way to Christ*, trans. Peter Erb(New York: Paulist Press, 1978), p. 6.

첫 이름들로서 이것들은 타자가 가지고 있는 속성들을 필요로 할 때 우리가 그 타자를 찾아가기 위해 필요한 주소 같은 것이다.

우리의 원초적 언어는 여기에서 우리를 놀라게 할 것이다. 왜냐하면 기독교 전통에서 취하는바 하나님에 대해 우리가 의식하고 있는 명칭들은 우리가 하나님에 대한 무의식적인 이미지들에 개방되고 그것들을 환영할 때 표면에 떠오를 이미지들과 첨예하게 대조될 것이고, 심지어 정반대가 될 것이기 때문이다.[9] 우리는 주일학교에서 배운 대로 자비하신 하나님을 부르며 기도를 시작할 수 있다. 그리고는 이어지는 기도 속에서 지워지지 않는 잉크로 우리의 모든 잘못을 계산하시는 하나님의 모습을 발견하고 놀랄 수도 있을 것이다. 우리는 작은 염려들을 하나님께 가져가서는 안 된다는 생각을 가지고 기도를 시작할 수도 있을 것이다. 그리고는 놀랍게도 자신이 하나님을 가방을 활짝 열어놓고 원했던 선물들을 주시는 산타클로스 같은 신으로 간주하고 있음을 발견할 것이다. 우리가 하나님을 지고한 선으로 생각하고 기도를 시작하여 내면 깊은 곳에 있는 두려움들을 꺼내려 할 때 하나님을 이질적인 힘이나 엄청난 사기꾼, 심지어 마녀와 같은 존재로 생각하고 두려워할 수도 있을 것이다.

매우 고귀하며 인간들의 염려를 초월한다고 생각했던 신에 대한 느낌이

---

[9] "하나님은 사랑이라고 말할 때 우리는 그것이 하나의 심리적 보상이라는 것을 확신할 수 있다; 우리는 그것이 사실이 아니라는 것을 알고 있다. 우리는 충분히 사랑하지 않고 너무 많이 미워한다는 사실을 보충하기 위해서 그것을 말한다. 우리가 너무도 분리되어 있기 때문에 우리의 이상은 사랑이다. 사람들은 공동체와 관계를 유지하지 않기 때문에 그것들에 대해서 말한다; 그들은 항상 그들이 소유하고 있지 않은 것에 대해서 말한다. …그들이 하나님을 정의하는 방법은 매우 독특하다." C. G. Jung, *The Visions Seminars*, I, p. 72.

어렸을 때 오랜 동안 함께 가지고 놀았으며 우리의 우울한 기분을 달래주었던 동물 인형과 신기하게도 닮은 부분이 있음을 발견할 수도 있을 것이다.[10] 그것은 우리의 짓궂은 장난을 한결같이 견뎌냈으며 항상 사랑받을 준비가 되어 있었기에 고약한 냄새가 나거나 더러워도 그것조차 우리는 사랑했었다. 어린 시절의 인형과 같은 하나님과의 이러한 관계는 위대한 성인들의 삶 속에도 있다. 성녀 테레사의 황제폐하His Majesty, 로렌스 수사의 자비하신 주Benafactor, 언제나 함께 하는 연인Ever Present Lover, 왕King, 노리지의 줄리안의 어머니 예수Mother Jesus 등 하나님에 대한 이름들은 기도 속에서 만들어졌다. 이러한 이름들은 성인들이 신의 신비와 만났을 때 우리가 경험한 경외와 힘을 포함하기까지 미쳤던 초기의 확신에 대한 신뢰를 구체적으로 표현한 것이다.[11]

---

10) 이러한 중요한 토템 대상은 유아와 어머니 사이의 특별한 공간과, 성숙된 자아와 그렇지 못한 자아 사이의 특별한 공간에 존재한다. 정신분석가인 D. W. Winnicott는 이 "과도기적인 공간"(transitional space)의 탐험으로 유명하다. 그는 이렇게 썼다: "외부의 실체에 속하는가 혹은 내부의 실체에 속하는가 하는 면에서는 도전을 받지 않는 중재적인 이 영역은 유아기 경험의 엄청난 부분을 구성하고 있으며, 인생을 통하여 예술과 종교와 상상력이 풍부한 삶과 창조적이고 과학적인 일에 속하는 강렬한 경험 속에서 존속된다." D.W. Winnicott, *Playing and Reality*(London: Tavistock, 1971), p. 14.

11) 기도에 관한 한 위대한 사도들의 시들은 거의 그들 자신이 지어낸 것들이고, 그들 시대의 문화, 그들 문화의 풍습, 그들 자신의 기질에 따라 변형된 것이다. 에릭 콜리지(Eric Colledge)가 루이스브렉을 해석한 그의 서문에서 상기시키듯이 루이스브렉과 십자가의 요한은 어둠의 이미지를 가지고 "의심이나 절망 혹은 시련…"을 전달하려고 했던 것이 아니다. 그것은 하나님에 대한 위대한 지식은 감각이나 사고로부터 오는 것이 아니라는 것을 지시하는 비교할 수 없는 방법이다. "우리는 하나님의 신비들을 이해하려고 노력해서는 안 된다: 그것들은 이해를 통해서가 아니라 믿음을 통해서 받아들여져야 한다…."

우리는 각자 경험한 이러한 신비한 만남에서 하나님의 이름을 발견하거나 형성할 필요가 있다. 우리의 언어나 이미지 속에서 우리가 형성한 이름이 그 만남의 종류, 신비를 이해하는 깊이, 심지어 그 이름이나 이미지 자체를 시간의 변화와 함께 변화시킬 수도 있다는 것을 인식하게 된다. 우리는 하나님에 대한 철학적인 이름으로서 "완전한 이성"이나 "존재 자체," 정치적인 이름으로서의 "해방자," 더 친근하고 인간적인 맛이 나는 "엄마," "아빠" "애인," 또는 "친구" 등 신학 체계의 커다란 범주를 알고 있다. 하나님을 무엇이라 부르든 간에 우리가 부르는 하나님의 이름은 우리가 기도하고 자신의 인간적인 모습을 신적인 존재에게 털어놓는 친밀한 과정을 시작할 때 우리의 타자성을 양도하는 방법이다.

이 단순한 신뢰를 위협하는 것이 두 가지 있다. 첫째는 억압이다. 우리는 사고, 질병, 폭력 등에 직면할 때 자신에게서 나오는 하나님에 대한 원초적 언어를 의식에서 몰아내려 한다. 그러한 첫 이름들은 우리가 이미 뛰어넘었어야 할 유치한 것이라고 생각하기 때문에 그러한 것들이 존재한다는 것을 부인한다. 그것들은 여전히 우리 안에 존재하지만 받아들여지지 않고 있다가 다른 경로를 통해서 우리의 행동과 감정으로 되돌아온다. 예를 들어 아이들에게 하나님을 "무한한 사랑을 가진 분"이라고 가르치려 할 때 부지불식간에 하나님을 경계해야 할 존재로 전달할 수도 있다. 우리는 자신 안에 불신을 위한 공간을 전혀 남겨놓지 않았기 때문에 다른 이들에게 신뢰할 것을 촉구하면서도 정작 자신은 신뢰성이 없는 의사소통을 하고 있을 수 있다. 이처럼 유치한 것 같지만 용납할 만하고 적당한, 알려지지 않

Ruysbroeck, *The Spiritual Espousals*(New York: Harper, n.d.),pp. 33,35.

은 존재를 향한 서투른 모색이 우리 안에 있음을 부인하게 되면 우리는 그 서투른 모색이 발전할 여지를 주지 않거나 우리의 성장, 삶 속에서 축적된 조절 능력, 교육, 그리고 다른 사람들과 그들의 생각에 영향을 받을 여지를 주지 않았기 때문에 그것에 고착된 채 남아있게 된다.

두 번째 위험은 우상숭배이다. 우리는 이러한 이미지들을 의식 안에 받아들인 후에 그것들이 하나님에 대한 충분하고도 분명한 실체를 반영하는 것으로 여기고 그것들에 붙들려서 움직이려 하지 않는다. 우리는 자신의 경험만을 주장한다. 우리는 모든 것에 우선하여 자신의 길을 선택하고 하나님 앞에서 하나님에 대한 우리의 이미지를 고수한다. 하나님은 우리가 기대한 대로의 하나님이 되고 말 것이다. 우리는 하나님으로부터 스스로를 차단시키며, 다른 사람들에게 우리가 보는 대로 하나님을 보아야 한다고 위협하면서 그들 위에 군림하려 할 것이다. 우리는 약자를 괴롭히는 사람, 즉 거룩한 공포를 일으키는 자들이 된다.

우상숭배에 있어서 우리는 하나님의 참 이미지를 택하는 대신 우리가 하나님에 대해서 참되다고 생각하는 이미지들을 선택한다.[12] 그것은 우리가

---

12) 이미지들과 상징들의 본질에 대한 현대의 탐구는 모든 인본주의적 학문의 분야를 섭렵하여 우리의 본질에 대해서 상징을 만들고 이미지를 받아들이는 피조물이라고 부른다. 이러한 탐구는 학문의 어떤 부분에서는 언어가 현대적이고 상대적으로 오래되지 않은 학문임에도 불구하고 새로운 탐구가 아니다. 어거스틴은 *De Doctrina Christiana*에서 스쳐가는 연기들이 그 근원으로서 불을 가지고 있듯이 모든 표시들이나 상징들이 하나의 기원으로 거슬러 올라간다는 것을 주장했던 수사학을 연구하고 있었다. 그 이전에는 바울, 키케로, 플라톤, 아리스토텔레스 등의 탐구들이 있었다. 그러한 사고는 필연적으로 결과로부터 원인으로 거슬러 올라가는 목적론적인 것이었다. 결과를 본질적인 목적, 즉 원인 없는 결과로 받아들이지 않는다면 우리는 원인 없는 진정한

하나의 풍경화를 보면서 그것이 시골이라고 말하는 것과 같다. 그것은 똑같은 말을 계속 반복할 뿐 그것들에 주의를 기울이지 않으며, 그것들이 무엇을 말하며 어떤 반응들이 주어지고 있는가에 주의를 기울이지 않는 것과 같다. 우리는 스스로에게 꼬리표를 붙여서 내적 자아와 외적 타자를 의지적으로 잊어버리는 셈이 된다.

우리의 가장 깊은 자아로부터 도망가려는 것은 하나님에 대한 우리의 이미지들을 우리 안에 내재하는 실제 이미지, 즉 우리의 의식적인 소리를 결합시켜야 하는 이미지들로 인정하는 것이다. 우리가 하나님에 대해 사용하는 모든 호칭을 기도 안으로 끌어들여야 한다. 심지어 우리의 의심과 마음에 들지 않는 것과 자기 비난까지도 기도 안에 가져와야 한다. 이것을 환상이라고 할 수 있는가? 이것을 단순히 주관적인 중얼거림이라 할 수 있는가? 그 이미지들은 자신에 대해서 자신에게 말하는 일방 통행적인 환상일 뿐인가? 아니면 하나님께로 가는 길, 그리고 하나님으로부터 오는 길을 만드는 상호교환인가?

하나님에 대한 이러한 이미지들이 우리 안에 받아들여질 때, 이것들은 야곱의 환상처럼 상승과 하강의 사다리가 될 수 있다. 거기에서 우리는 만나 주시는 하나님과 만나게 된다.[13] 하나님은 우리를 이미지를 만드는 피

원인에 도달할 신앙적으로 좋은 기회를 갖게 될 것이다.
13) 성 빅톨의 리처드는 이렇게 말한다: "인간들이 상상 속에서 어느 때나 어떤 종류의 것이든 그것의 모양을 다시 만들어 내는 것, 그리고 선재하는(pre-existing) 것에 관계없이, 즉 무로부터 우리가 원하는 만큼 자주 원초적 피조물을 만들어 내는 것이 얼마나 쉬운지 고려해보라." 이러한 생각으로부터 리처드는 하나님께서 "혼자서 사물의 진리를 간직한 채 어떤 때에라도 사물들의 이미지를 형성할 힘을 그의 이미지에 어떻게 부여했는지를 이해할 수 있

조물로 창조하셨다. 우리는 살아가면서 조금씩 이 세상의 부분들을 받아들이고 자신의 부분들을 내어놓으면서 현실을 동화해 나간다. 호흡이 신체와 관련된 것처럼, 이러한 투입과 투사의 심리적 과정은 마음과 관련이 있다. 칼 바르트는 우리의 이미지들이 하나님의 투사물인 것처럼, 하나님에 대한 우리의 이미지는 하나님의 실체에 대한 반영이라고 말한다. 하나님은 이미지들 안에 자신을 나타내시면서—예를 들어 우리의 기를 꺾지 않는 모습으로 오시기 위해서 자신을 비우시며, 우리에게 상처를 주지 않고 우리를 도

다고 제안한다…." In *Selected Writings on Contemplation*, trans. Clare Kirchberger(New York: Harper, n.d.), pp. 172-173. 우리는 표시나 상징에서 사물에 이르는 방법을 가지고 독특하게 이미지들을 읽는 기도하는 사람들의 도움으로 야곱의 사다리와 같은 확실하고 독특한 이미지를 통하여 "사물들의 진리"에 도달한다. 예를 들면 프랑소아 드 살은 야곱의 사다리의 각 층을 덕에서 덕으로 진보하게 해주는 사랑의 다양한 단계로 본다. 또 사다리 위의 천사들을 "천사의 마음을 가지고 있는 인간들 혹은 인간의 몸을 가지고 있는 천사들로 본다. …그들은 거룩한 기도로 하나님께 올라갈 수 있는 날개를 가지고 있을 뿐 아니라 거룩하고 교훈적인 삶의 방식으로 인간들과 함께 걸을 수 있는 발들도 가지고 있다." *Introduction to the Devout Life*, p.5. 프랑소아 드 살보다 몇 세기 전의 인물인 피코 델라 미란돌라(Pico della Mirandola)의 경우에 그 사다리는 거룩한 신비를 얻는 묵상 속에서 철학의 상승과 하강을 이해할 수 있는 최고의 형상이었다: "사다리의 계단들을 통하여 철학을 사용하고—이것은 자연스러운 것이다—중심에서 중심을 통과하여 모든 사물을 꿰뚫어 보면, 우리는 오시리스(Osiris: 이집트의 主神 중의 하나)처럼 통일체를 여러 부분들로 나누는 거대한 힘을 가지고 내려가기도 하고, 때로는 사다리 위에 계시는 아버지의 품 속에서 편히 쉴 때까지 오시리스의 사지(limbs)와 같은 부분들을 하나의 통일체로 모으는 Phoebus(태양신)의 거대한 힘을 가지고 올라가기도 하는데, 거기에서 신학의 적절한 도움을 통하여 완벽해질 것이다." Giovanni Pico della Mirandola, "Oration on the Dignity of Man", trans. E. L. Forbes, in Ernst Cassirer et al., *The Renaissance Philosophy of Man*(Chicago: Phoenix Books, 1948[1945]), p. 230.

망가게 만들지 않는 방법으로 다가오시며, 우리를 압도하지 않는 전능한 종의 모습으로 오신다—우리의 이미지 만들기를 하나님의 이미지 창조와 동등하게 여기신다.

키에르케고르의 이야기는 우리 쪽에서 하나님 쪽으로 다리를 세우려는 시도이다. 어떤 이야기에서 하나님은 가난한 하녀를 사랑하시는 황제로 나타난다. 황제는 하녀가 두려워서 도망가지 않도록, 그리고 그녀가 조롱당하고 있다고 생각하지 않도록, 사랑받고 있다는 것을 받아들일 수 있도록 하면서 그녀에게 다가갈 방법을 걱정하고 또 걱정하신다.[14] 왕이신 하나님이 우리의 초라함에 맞추어서 자신의 위대함을 조절하신 것이다. 하나님은 예수 그리스도 안에 있는 인간적인 모습에 맞추어서 자신의 이미지를 창조하신다. 우리의 인간으로서의 성장 과정에 대한 확신과 어린 시절 토템에서 만들어 낸 투사들과 함께 살며 또 함께 성장하려는 의지를 가지고 그 이미지를 들여다보면, 그것이 예수 그리스도에 대한 인간의 투사들 속에 담겨진 신적인 그리스도와 관련이 있음을 발견할 것이다.

하나님은 루이스브렉Ruysbroeck이 신적 근거에 대해 어둠이요 불확실한 방법이라고 불렀던 것을 밝게 비춤으로써 우리의 이미지들에 응답하신다. 그분은 우리가 원초적 언어와 이미지들로 모든 존재들이 가라앉는 깊은 곳에 접근할 수 있게 하신다.[15] 원한다면 우리는 모든 활동을 잠식시키는 비조건적이고 어두운 불확신, 그리고 모든 것들이 하나님께로 녹아들어가서

---

14) Søren Kierkegaard, *Philosophical Fragments*, trans. David F. Swenson(Princeton: Princeton University Press, 1936), pp. 19-21 in particular.

15) Ruysbroeck, *The Spiritual Espousals*, pp. 179-181.

다시 진리의 거울 안에서 우리에게 비쳐지는 존재의 특별한 단계를 직면할 수 있다. 그 거울은 하나님께서 그 자신을 보시고 우리가 하나님을 바라보는 인간 예수의 빛이다. 하나님에 대한 우리의 이미지들과 하나님에 대한 우리의 호칭들은 하나님께서 스스로에 대해서 부여하는 이미지들에 의해서 충족되는 것이다. 그 주요한 이미지로서의 예수님에게 그러한 설득력이 있는 것은 하나님 자신이 그 이미지 안에서 역사 속의 진정한 인간, 즉 이미지를 사용해서 우리에게 말씀하시는 한 인간이 되셨다는 사실 때문이다.[16]

이미지에 대한 이러한 두 개의 뿌리, 즉 인간과 신을 만날 때 우리는 이미지들을 끄집어내고 부수고 버리고 변형시키는 과정인 정화를 경험하게 되는데, 그 안에서 우리는 실체 자체를 직면하도록 인도되고, 그 실체를 자신 안에 받아들일 만큼 유연해진다. 마지막으로 성경과 전통, 그리고 기도를

---

[16] 예수님의 비유들에 열심인 크고 독특한 학문이 있다. 하지만 그것이 모든 다른 것들 사이에서 피상적이라고 고발하는 것에 대항해서 그가 "허구의 베일"이라고 부르는 것을 옹호하는 14세기 보카치오의 지혜를 훨씬 능가할 수 있겠는가? 그에게 있어서 소설은 "발명을 가장하여 하나의 아이디어를 설명하거나 증명하는 것이다." 그는 "하나님이신 예수님"의 비유들을 버질(Virgil)과 호머(Homer)의 작품과 연관시키는데, 그들은 "역사를 쓰고 있는 것과 같지만" 그것의 "숨겨진 의미는 표면에 나타나는 것과는 훨씬 다르다." 그는 또한 즐거운 시를 쓰는 Terence와 Plautus를 연상하는데, 그들은 싯구들을 단지 문자적인 의미로 방향을 잡는 것 같지만 "다양한 인간의 성품이나 대화를 그려내고 있으며, 우연하게 독자를 가르치고 그를 경계시킨다. 그들이 묘사하는 사건들이 실제로 일어나지 않았다 할지라도 그것들은 일상적인 것이므로 일어날 수 있었거나 언젠가 일어날 수도 있는 것들이다." *Boccaccio on Poetry*, trans. Charles G. Osgood(Indianapolis: Bobbs-Merrill, 1956[1930]), pp. 48-49.

성공적으로 해왔던 사람들의 경험이 말해주듯이, 우리는 하나님의 이미지로 변형되어야 한다. 추상적으로 또는 이미 존재하는 방식으로 변형되어서는 안 된다. 우리는 오직 하나의 사상이나 구체화되지 않은 이론, 일반적인 감정으로 통합되는 모호한 사고를 추구해서는 안 된다. 하나님에 대한 여러 특별한 이미지, 소망, 욕구, 호칭을 나름대로 가지고 있는 우리는 이 땅에서건, 혹은 절대적인 존재의 세계에서건 육적인 존재로서의 우리 안에서 일하시는 성령의 변형시키시는 일을 알아야 한다.

  투사와 기도에 대한 논제는 이런 식으로 해결책을 찾는다. 하나님에 대한 우리의 모든 심상들을 가장 귀중한 헌물들처럼, 그리고 우리가 하나님께 선사하고 하나님과 대면하여 이야기하는 것처럼 우리의 기도 안에 끌어들여야 한다. 그러면 우리를 속박한 이미지들이나 이름들이 느슨해질 것이다. 대화를 가로막는 것들이 걸러질 것이다. 우리 자신, 그리고 우리와 이야기를 하는 하나님을 무색하게 하면서 끊임없이 중심에 자리를 잡으려는 것들이 깨질 것이다. 우리가 투사한 것들을 의식적으로, 지혜롭고 신뢰성 있게 기도 안으로 옮길 때 우리의 원초적 자아를 하나님의 현존 앞으로 인도하게 된다. 그것들을 신뢰하기 때문에 그것들을 위임할 수 있다.

제4장

환상과 기도

환상들은 우리 삶의 모든 영역에 침투하듯이 우리의 기도에도 침투한다. 그것들은 "그것이 좋지 않겠는가?", 또는 "그것이 나쁘지 않겠는가?"와 같은 전형적인 형태로 기도 속에서 표류한다. 우리가 기도에 집중하려고 노력할 때 그것들은 해야 할 일들과 즐겨야 할 유희에 대한 기억과 함께 떠오르기 시작한다. 우리는 머릿속으로 벌써 저녁 요리를 준비했고 방을 청소했으며 책도 읽었다. 그러는 동안 기도는 사라져버렸다. 환상들은 어떤 구상을 오랫동안 질질 끌거나, 우리가 주인공이 된 드라마를 공상하는 것처럼 우리에게 다가온다. 환상들은 우리가 어디에서나 동시에 존재할 수 있는 꿈에서 남겨진 이미지들—우리의 동기들에 대해 집요하게 질문하는 사람, 혹은 강한 성적인 반응을 일으킨 사람—로부터 일어날 수도 있다. 그것들은 초대장을 필요로 하지 않는다.

기도의 길잡이가 되는 오래된 책들은 환상들의 침입에 대해 강하게 경고한다.[1] 그 책들의 저자들은 그것들을 차단하라고 조언하며, 그것들을 억압

---

1) 비교적 온건한 영적 지도자인 18세기의 예수회 신부 그루도 이 영역에서는 조

하는 훈련을 제안하기도 한다. 자발적인 것이든지 비자발적이든지 환상이 주는 이미지들은 우리가 기도할 때에 피해야 하는 분심들이다. 현대의 작가들은 마음에 떠오르는 것을 마구 받아들이는 정신 상태인 자유 연상의 과정을 많은 집중을 요하는 기도의 작업과 혼동하는 위험을 지적한다. 병리적인 자기 중심self-preoccupation, 즉 일종의 자기도취적인 반추를 기도의 교통communings과 혼동해서는 안 된다. 또한 예배의 기도문을 만들 때 다른 사람들의 도움을 얻는다고 해서 이 혼동에서 보호될 것이라고 여겨서도 안 될 것이다. 왜냐하면 공동의 허황한 공상은 자신을 충족시키려는 노력만큼이나 자기 중심적이기 때문이다. 집단으로서 우리는 자신이 가장 즐겨 사용하는 공공 기도 안에 들어온 정치적·윤리적 경구들을 가지고 있는데, 그것들은 그 기도를 듣는 이들로 하여금 실천을 위한 기도를 저버리게 하는 것들이다.[2]

금도 도움이 되지 않는다. 그 주제는 하나님 "으로부터"와 하나님에 "대하여"와 같이 즉각적으로 정의될 수 없는 모든 것을 거부하는 것이다: "나는 하나님만을 위하여 만들어졌습니다." 우리는 "순수한 의도"를 찾아 발견해야 하고, "하나님만을 위한 것이 아닌 모든 것을 거부해야 한다." 다행히 그루는 동시에 성경의 말씀을 기억한다: "그분은 당신들이 감당할 수 없는 시험을 당하지 않도록 하실 것이다." J. N. Grou, *Manual for Interior Souls*(London: Burns Oates, 1952 [1892]), pp. 159, 227ff., 260, 171-172.

2) Nedoncelle은 세상뿐만 아니라 환상에서 벗어난 내면의 연상에서 기도가 시작된다고 말한다: "세상에서 벗어나는 것과 우리 자신의 환상들로부터 벗어나는 것은 두 방향의 거부를 통해서 자연 세계의 마력에서 우리 스스로를 자유롭게 하고, 내면에 집중할 수 있도록 준비시키고 마음을 움직이는 것이다. …우리는 무엇에 집중하도록 되어 있는가? 우리 자신에게? 자아라는 것이 애매한 것이기 때문에 해결책을 제시하기보다는 문제를 제기한다는 것을 이제 막 보았다. 기도는 이것에 만족할 수 없다. 그것은 침묵을 요구하지만 자아 도취적인 연상이 아니다." Nedoncelle, *The Nature and Use of Prayer*, p. 89. 많은

우리는 기계적으로 이어지는 일련의 구절과 순서로 된 기도문에 안주함으로써 토마스 머튼이 "자기만족을 통한 무의식적 편안함"—여기에서는 어떤 진리도 우리를 자유롭게 하기 위해서 들어올 수 없다—이라고 부르는 것에 빠져들 수 있다.[3] 우리는 하나님에 대한 긴급한 욕구를 느끼지 않는다. 마음을 통한 기도가 공상으로 전락한다. 진정한 기도에 의해서 촉진되는 진정한 욕구는 우리가 하나님의 사랑과 자비에 얼마나 전적으로 의존하고 있는가 하는 충격적인 사실을 피할 수 없게 함으로써 우리의 마음을 하나님께 열도록 한다. 우리가 자신의 욕구를 의식하고 있으면 절대 빈곤의 존재임을 회피할 수 없게 된다. 생명이 우리에게 주어졌으나 죽음이 우리를 데리고 갈 것이기에 우리에게는 아무것도 없다.

기도에 있어서 환상을 비평하는 사람들은 환상들이 우리의 욕구와 빈곤에 대해 의식하지 못하도록 방해한다고 생각하는 경향이 있다. 환상들은 기만적인 연막처럼 작용하므로, 우리가 하나님의 음성을 듣거나 그에게 응답하는 대신에 그 안에 빠져버린다는 것이다. 우리는 환상에 대한 매우 다른 견해를 가지고 있다. 환상이 의식 안에 충분히 받아들여지며 현실을 대치하거나 유일한 현실로 받아들여지는 대신에 현실의 한 부분으로 받아들여진다면, 우리는 환상이 우리라는 존재를 드러내는 수단이 된다고 여긴

동시대 사람들의 경우 기도의 초기 과정인 연상을 하는 데 있어서 환상적인 요소를 제거하게 하는 것은 기도하려는 노력을 중지시키는 죄의식과 낙담을 양성하는 것과 같다. 우리는 환상을 포함하되 거기에서 멈추지 않는 또 다른 방법을 제안한다. 이 방법을 택하는 많은 사람들이 경험하는 안도감은 이 방법의 지혜로움을 나타내 준다.

3) Thomas Merton, *The Climate of Monastic Prayer*(Spencer: Cistercian Publications, 1969), p. 20.

다. 중요한 것은 환상을 지워버리는 것이 아니다. 환상을 지워버리는 것은 인식의 영역 아래 수준에서 계속 나타나는 환상들을 스스로 의식하지 못하도록 하는 결과를 초래하게 된다. 중요한 것은 우리의 환상들을 의식하는 것이며, 그것들로부터 스스로를 탈동일시disidentification하는 것이다.

환상은 우리 존재의 여러 영역들을 개방시키고 우리가 무시하고 세상이 고의적으로 피하는 주변의 삶에 대한 통찰력을 준다. 예를 들어 우리가 환상에서 얻을 수 있는 것—위안, 건강, 부, 갈채, 승리—을 위해 기도하는 경향을 주목해 보면, 우리는 자기의 변명, 자아의 과대 포장, 그리고 거의 유용하지 않은 공격 성향과 욕구에 직면하게 된다. 환상은 우리의 거짓 자아를 드러내 준다. 또 단순한 자아충족과 일상적인 일이 어떻게 주위 사람들에게 진정한 존재가 되는 것같이 중요한 일보다 우선시되는가를 보면서 환상을 통해 우리가 만든 탈출구와 직면하게 된다. 마술사 같은 인물이 어떤 방법으로든지 선물로 줄 것이라는 엉뚱한 기대 때문에 우리가 스스로에게 허락하기만 한다면 게으름이나 어리석음, 혹은 힘든 경험에서 배우거나 얻을 수 있는 것을 배우지 않으려는 태도를 어떻게 합리화하는지 보게 될 것이다.

환상은 그늘 안에 존재하는 것을 밖으로 끌어낸다. 때로 환상을 통해 끌어내어진 것이 우리가 알지 못해서 피하려고 했던 더 좋은 자아이거나 소홀히 해왔던 실질적 능력이거나 실패와 경제적·정서적 안정에 대한 두려움 때문에 꺼렸던 가치 있는 일에 헌신하고자 하는 소망일 때도 있다. 우리는 자신이 충분히 보이고 사용될 수 있도록, 그리고 우리라는 존재가 하나로 통합될 수 있도록 밖으로 나와야 하는데도 불구하고 문 앞에 서서 망설이는 자아를 환상 속에서 볼 수 있다.

용기를 가지고 정직하게 환상을 들여다보면 환상 자체가 혼란스럽다기보다는 우리 자신이 혼란스러움을 볼 수 있을 것이다. 세상이 정말로 중요한 것에서 우리를 벗어나도록 하기 위해 주는 많은 방법들을 볼 수 있을 것이다. 분주함, 경쟁, 많이 소유하기 위한 걱정, 의복이나 아이디어 혹은 삶의 방식에 대해 다른 사람들의 인정을 받기 위해 지나치게 마음을 두는 허영심, 얻거나 쓰고자 하는 것에 대한 스트레스, 다른 사람을 눌러 승리함으로써 성취하려는 그릇된 방법 등 모든 세상적인 압박이 우리가 자신의 환상들에 충분히 주의를 기울이면서 기도할 때 분명하게 드러난다. 이렇게 주목된 환상은 우리의 하나님으로부터 스스로를 멀어지게 하기보다는 우리 존재의 각 부분들을 관찰할 수 있도록 드러내 준다.

우리는 빛을 향해 나아가기 위해 몸부림치는 방법들뿐만 아니라 그것을 살짝 피하는 방법들, 그리고 하나님께 나아가려는 소망뿐만 아니라 그분의 호출에서 벗어나는 탈출구를 보게 된다. 환상은 정말 필요로 할 때 우리의 육체(肉體)와 심체(心體)의 구석구석, 우리의 모든 특징들, 그리고 작업 환경과 우리 가족과 신앙 공동체와 사회를 구성하고 있는 모든 부분에 주의를 기울이도록 해준다. 이 모든 다른 부분들은 서로 전쟁을 하고 있다. 각각은 그 자체를 위해서 보이고 들릴 필요가 있으며 그 매력적인 복합체 속에서 자신의 고유한 자리를 발견할 필요가 있다. 환상들에 주목할 때 우리는 이 커다란 세상과 차단되는 것이 아니라 더 깊은 주의와 더불어 그곳으로 인도된다.

이러한 예리한 인식은 우리가 보고 이해하기 위해서 의식 안에 끌어들일 필요가 있는 초점이 없고 거의 의식하지 못하는 영상들이나 잘 잊히기 쉬운 꿈의 이미지에 가까운 환상들과 같은 우리의 맹인영역blind area에서 특히 필요하다.[4] 그것은 우리가 보통 보지 못하거나 보기를 원하지 않는 것—다른 사람에게 행해진 의도적인 것이 아닌 부주의로 인한 잔인함, 무정하게도 우리를 그릇된 결론으로 인도하는 그릇된 전제, 스스로를 항상 희생자라고 느끼고 자신의 욕구가 먼저 채워져야 하며 옳은 결과는 다른 사람들에게 달려있는 것이 아니라 나에게 달려있다고 느끼는 확신 등—을 희미하게 묘사한다. 우리의 맹인영역은 치료가 필요하며 개선되어서 드러날 기회를 필요로 하는 영역이다. 계시적 환상revealing fantasy 속에서 감상적인 믿음은 살아 남거나 살아 남을 가치가 있을 만큼 강하지 않으며 가짜로 드러난다. 우리를 직물에 비유할 때 그 위에 나타나는 여러 결함들은 우리가 다른 사람들이 말하는 것을 어디에서 왜곡하고 그들의 논리를 어떻게 얽히게 하는지를 보여 주면서 드러난다. 상처받고 있다는 지나친 민감함도 드러난다. 이것은 우리의 섬세한 성품에 의해서 느껴지는 것이 아니라 우리의 공격성을 사용하지 않기 때문에 일어나는 것이며, 그렇기 때문에 그 공격성이 우리에 대한 작은 비난을 우리를 쓰러뜨릴 만큼 전면적인 공격으로 부풀리면서 스스로에게 대항하도록 하는 역할을 한다. 우리는 스스로 사용해 보지 않은 공격성을 다른 사람들에게 부여한다.

---

4) 고해신부나 영적인 인도자와 함께 하는 것이 우리의 맹인 영역들을 다루는 데 특별히 도움이 되는데, 그 이유는 다른 사람이 그것들을 보는 것이 훨씬 쉽기 때문이다. 어쨌든 덕과 배움은 영적인 조언을 하는 사람 안에서 똑같이 중요하다는 성 테레사의 경고도 기억되어야 한다. 둘 중의 어떠한 것도 다른 한쪽 없이는 그리 좋지 못하다. *The Life of St. Teresa in The Collected Works*, I, pp. 80-82.

집중하여 드리는 기도 속에서 받은 환상들은 전통적인 종교 언어로 "죄"라고 불리는 내면의 실패inner failure가 근원적으로 스며들어 있음을 우리에게 드러낸다. 우리는 자신 안에서, 자신이 알고 사랑하고 함께 일하는 사람들 속에서, 그리고 세상 속에서 그것을 본다. 심층심리학자들은 태어날 때부터 우리 안에 존재했던 시기와 분노와 탐심과 증오의 힘에 대해서 말한다.[5] 내적 자아를 기도 속에 쏟아 놓는 사람들은 그러한 힘들을 알고 있다. 시기와 분노와 탐심과 증오를 둘러싸고 형성되는 환상들은 그것들에 대한 개인적인 경험을 상세히 드러내 준다. 예를 들어 기도할 때 어떤 사람을 향한 분노로 가득 차 있는 자신을 발견할 수 있을 것이다. 우리의 감정을 상하게 하는 타인들의 부주의한 행동을 기억한다. 우리의 자존심을 손상시킨 냉소적인 말을 기억한다. 우리의 마음은 그러한 행동과 말에 어떻게 반응해야 할지에 대한 생각으로 가득 차 있다. 그것을 알기 전에 우리는 분노와 비난으로 가득차게 된다. 고통스러운 작은 사건이 상처받았던 또 다른 사건들의 기억에 의해서 더 큰 고통으로 부풀어오르며, 이로 인해 맹렬한 분노가 우리에게서 나오게 된다. 그 분노는 거의 증오에 가까울 정도로 대단한 것이다. 우리는 다른 사람에 의해서 야기되었다고 분명하게 말할 수 없

---

5) 멜라니 클라인은 아주 어린아이들을 대상으로 한 관찰을 근거로 시기와 탐심은 태어날 때부터 우리 안에 존재하는 것이라고 주장한다. 그녀는 그것들을 다음과 같이 정의한다: "시기는 다른 사람이 바람직한 것을 소유하고 즐기는 데 대한 화난 감정, 즉 그것을 빼앗고 못쓰게 하려는 질투를 일으키는 충동의 실체이다. …탐심은 주체가 필요로 하는 것을 초과하고 객체가 줄 수 있고 기꺼이 주고자하는 것을 초과하는 격렬하고 만족시킬 수 없는 갈망이다." *Envy and Gratitude and Other Works*, 1946-1963, p. 181. 우리는 이러한 감정과 타협해야 한다. 우리는 그것들을 부인하든지 받아들여서 우리의 사랑의 감정과 통합할 수 있다.

는 살인적인 감정으로 가득 차 있는 자신을 보게 된다. 우리는 그 타인에게 상처를 주고 그 사람의 운명을 망쳐놓고 그 사람의 평화스러운 마음을 깨기를 원한다. 우리의 기도를 침범한 환상의 결과를 보라!

　기도하려고 몸부림치는 사람에게 이러한 증오의 힘들은 그것들의 드러냄을 더 고통스럽게 만드는 하나님과의 관계 안에 모아진다. 이제 기도하는 사람은 시기와 증오라는 자율적인 힘들에 의해서 포위되어 있다고 느끼는 대신에 그것들을 하나님과 자신의 내적 자아와의 관계를 파열시키는 것으로서 경험한다. 이것은 이 점에서 덜 일반화된 "악"이지만, 진리가 우리 안에서 드러났는데도 불구하고 그것에 대해 거짓을 말한 것에 대한 겁에 질린 인식, 즉 강한 "죄"의식이다. 이처럼 기도하는 사람은 참 자아를 대신하여 거짓 자아, 즉 살아 계신 하나님 위에 군림한 죽은 우상에 휘말려 들었음을 보고 몸서리친다. 인식awareness은 토마스 머튼이 "깊은 상처"—인간 존재의 깊은 중심까지 파고드는 죄로 인한 균열—라고 부르는 것과 같은 환경 속에서 생겨난다. 우리는 "죄와 의심과 드러나지 않은 증오 때문에 하나님에게서 분리된 인간의 가장 깊은 곳에 자리잡고 있는 고통"을 맛보게 된다.[6]

　비록 고통스럽고 혼란스러운 것이라도 기도할 때 떠오르는 환상들과 싸워서는 안 된다. 왜냐하면 환상들은 우리가 태어나서부터 죽을 때까지 존재하는 삶의 본질적인 부분이기 때문이다. 그것은 나무의 나이테처럼 우리와 함께 자라며 영속하는 자아의 일부를 형성한다. 우리가 기도에서 환상을 쫓아내려고 노력한다면, 그것들을 부인하려는 우리의 시도에 의해서

---

6) Merton, *op. cit.*, p. 144.

약해진 것이 아니라 더 강해진 환상이 우리에게서 날아가기 때문에 우리는 결국 덤불에 붙어 끊임없이 타는 불과 싸우는 셈이 된다. 그러면 우리는 정신없이 혼란스러워져서 전혀 기도할 수 없게 될 것이다. 만약 그렇게 된다면 우리는 존재의 중심에서 스스로를 제거하게 될 것이며, 잠재의식을 통해 경험해야 하고 말없이 의사소통이 가능한 자신과 우리 세상의 어떤 영역과의 접촉을 잃게 될 것이다. 그리고 원초적 언어의 가장 중요한 영역 중 한 부분에서 스스로를 분리시키게 될 것이다.

우리의 관점에서 보면 원초적인 본능에 의해서 압도되었다고 보이는 이전 시대에는 환상을 억제하는 방법이 필요했거나 효과적이었을 것이다. 그들은 무의식이라는 엄청난 조류에 대한 피난처로서 안전한 자아ego를 위한 경계를 구분해야 했을지도 모른다. 그러나 우리 시대의 문제는 정반대이다. 우리는 너무 안전한 동시에 절망적일 만큼 무미건조하고 단절되어 있으며 충분한 기초를 가지고 있지 않다. 우리는 자신의 뿌리 밑까지 자라 내려가야 할 필요가 있다. 존재의 주인이 되시는 분은 위에 계실 뿐 아니라 아래에도 계시고, 안에 계실 뿐 아니라 밖에도 계시다. 몸의 모든 지체들이 결집되어서 기도 안에 들어와야 한다. 인위적으로 생명을 단절시킬 때는 하나님과 자아와 다른 사람을 향해서도 사랑을 품을 수 없다.

환상은 우리가 자신의 존재를 기도하도록 노력하게 만들 수 있는 일종의 언어이다. 예술이 여기에서 도움이 된다. 그림, 시, 조각, 건축 등의 이미지는 우리의 둔한 영역, 심지어 죽은 영역을 일깨워 주고 그것들이 생명력을 얻도록 자극한다.[7] 바른 소리나 움직임에는 부활이 있다.

---

7) 상상과 이미지에 대한 가장 대담한 주장은 *Biographia Literaria*에 나오는 콜

바른 신호에 반응하는 기계 해머처럼 우리 존재의 리듬은 우리에게 무엇인가를 말해주는 예술에 의해서 생명력을 받는다. 우리는 단순히 보고 듣는 것 뿐만 아니라 환상 속에 존재하는 생명력있는 근본적인 것에도 즐거워한다. 우리는 다른 것이 없더라도 예술 작품(반드시 위대한 작품일 필요는 없으며 우리가 특별한 만족을 느끼며 이해할 수 있는 것이면 된다)을 통해 환상들이 우리 세상에서 감당해야 할 합당하고 중요한 역할을 가지고 있음을 확신할 수 있다. 그것들이 하나님께 도달하려 노력하는 시인들을 풍요롭게 해준다. 그 풍요로움이라는 것이 조지 허버트George Herbert가 말하는 초라한 것일 수도 있고, 제랄드 맨리 홉킨스Gerard Manley Hopkins가 말하

리지(Coleridge)의 주장일 것이다. 거기에서 상상은 기본적인 것이거나 부차적인 것으로 여겨진다: "기본적인 상상은 살아 있는 힘이며 모든 인간적 지각 작용의 주된 행위자이며, 스스로 계신 무한자 안에서 일어나는 영원한 창조 행위가 유한자 안에서 반복되는 행위로서 여겨진다. 부차적인 상상은 의식적인 의지와 함께 존재하면서 첫째가는 나의 메아리로 간주되지만, 대리 행위라는 점에서는 기본적인 상상과 일치하며 단지 정도의 차이와 작동의 형태에 있어서 다를 뿐이다. 그것은 재창조하기 위해서 희미해지고 분산되며 사라진다; 이 과정이 불가능한 것으로 여겨지는 곳에서도 어쨌든 그것은 이상화하고 통합하려고 노력한다. 그것은 심지어 모든 객체들이 본질상 고착되고 죽는다고 할지라도 본질적으로 생명력이 있는 것이다." Samuel Taylor Coleridge, *Biographia Literaria*, ed. George Watson(London: Everyman, 1965), p. 167. 콜리지는 다른 곳(The Statesman's Manual의 부록)에서 말하듯이 상상을 "조정하고 중재하는 힘"으로 본다. 그리고 "감각의 이미지들 안으로 이성을 통합시키는 것은 상징들의 체계를 낳는 것인데…상징들은 그것들 자체로 조화를 이루며, 그것들이 나타낸다고 하는 진리들과 함께 실재한다." 예술의 이미지들은 우리를 우리 실체의 중심부에 데려다 줄 수 있다. 조정하고 중재하는 힘이 없는 기도는 그것이 가져다주는 은혜와 의미의 많은 부분들을 잃는 셈이다(이 책의 부록에는 예술작품들이 기도에 도움이 되고 지지가 되고 열린 문이 되는 것으로서 제공할 수 있는 실례들이 수록되어 있다).

는 어린 소녀나 대장장이처럼 초라한 사람들일 수도 있다. 그런 시인들이 선택한 객체들이나 사람들을 중심으로 엮은 환상들은 기도를 장식하는 것이 아니다. 그 환상들은 그들 세계의 모든 영역들을 통합하는 기도 자체이다.[8] 때가 되면 우리는 예술이 상상에 일종의 조화를 가져온다는 것을 인식하게 될 것이다. 상상 없이는 우리가 기도에서 지향하는 조명이 거의 불가능할 것이다.

우리 대부분은 시인이 아니지만 삶에서 근본적으로 다른 영역들을 아주 단순하게 자동적으로 결합시키는 것처럼 보이는 이미지를 기도에서 만난다. 우리는 감정이나 사고의 영역이 어떤 질서를 유지하는 것을 알게 되며, 따라서 새로운 태도가 우리에게 가능해 보이기 시작한다. 우리는 다른 사람들과의 관계를 망쳐놓는 오해들에 관해 생각한다. 우리가 이러한 생각들을 하나님 앞에 내려놓을 때 마음 안에서 그들과 나의 말들이 뒤죽박죽된다. 그 상태에서 그들의 감정들, 우리의 감정, 과거의 연상, 그리고 하나님의 뜻을 찾으려는 우리의 노력들이 함께 떠오른다. 말로 표현하기는 어

---

8) 그러한 종류의 많은 시들이 17세기 영국의 형이상학적 시인들의 대표적인 시집에서 발견된다. Herbert, Cranshaw, Marvell, Vaughan, 그리고 트레헌의 대표적인 시들과 함께 *George Herbert and the Seventeenth-Century Religious Poets*, ed. Mario A. Di Cesare(New York: Norton, 1978)을 보라. 시인들의 활동 기간이나 수에 있어서 이것들을 훨씬 능가하는 것을 포함하는 시집들 안에서 누군가 발견하는 여러 시들은 아무리 훌륭하다 할지라도 조정하고 중재하는 상상의 실례들과 동등할 만큼 설득력을 가지고 있지 않다. 그것들 중 가장 훌륭한 것은 홉킨스, 허버트, 그리고 트레헌과 같은 시인들의 잘 편집되고 상세한 주석이 달린 편집 본들이다. 그러한 작품들의 어려운 본문을 상술하는 데 있어서 지나가는 일시적 논평도 우리를 묵상으로 직접 이끌 수 있다.

렵지만 뿔뿔이 흩어진 수많은 색들과 같은 이러한 조각들이 구조를 가지고 있는 설계대로 맞추어져서 우리에게 의미를 준다. 이것들이 "느껴진 의미"에 대한 이미지이다. 그리고 조각그림 맞추기에서 오랫동안 맞추지 못했던 조각을 발견할 때 느끼는 놀라움과 기쁨처럼 우리는 다른 사람을 향한 용서라는 맞추지 못했던 조각을 이미 받았다고 느낄 수도 있을 것이다. 이제 이 사건에 대한 완전의식이 우리에게 찾아온다. 예술은 우리 내면의 삶 속에 있는 그러한 설계도를 인식하는 능력을 키워준다.

우리는 존재와 창조에 대해서 무엇을 이해하든지 그것들을 은유를 통해 이해한다. 예를 들어 모짜르트의 피아노 협주곡, 뒤러Durer의 초상화, 또는 완전한 조화를 이룬 르네상스식 건물과 같은 것들의 중재 없이는 어떤 것이든지 그것들의 강렬함이나 웅장함을 직면할 수 없다. 그러한 작품 속에 나타난 많은 상상의 날개가 없으면 우리 주변의 실체를 이해할 수 없는 일방적인 의사소통으로 전락하게 된다. 우리의 지각 너머에 있는 세계는 더욱 이해할 수 없게 된다.[9] 예술의 중재와 더불어 실체는 적어도 두 얼굴,

---

9) 트레헌은 "Insatiableness"(만족시킬 수 없음)에서 그것을 잘 말해준다:
    그것은 유일한 하나의 세상을 갈망하는
        포부를 뜻한다:
    또 하나 위에 다른 하나가 매달려 있기는 하지만,
        나는 많은 세상을 열망한다:
    그것들이 아주 제한적이라면,
        그것들 모두일지라도
        나의 마음을 기쁘게 하지 못할 것이다.
기도의 심미감은 자연주의에서 말하는 것과 같지 않다. 시인 Wallace Stevens의 적절한 구절을 빌리면, 그것의 실제는 "가장 위엄 있는 상상"이다.

즉 표면과 내면으로 우리에게 다가온다. 예를 들어 표면은 연극의 등장 인물 또는 캔버스 위의 모습, 건물의 모습, 음악의 소리와 같은 것들이다. 그러나 우리는 내면에서 그 실체의 의미를 발견한다. 우리가 긴 선율과 바하나 헨델의 대위법적인 구조를 통해 연속성과 완전성에 대해 충분히 이해했다면 바로크 시대의 작곡가가 의도했던 것을 충분히 이해할 수 있든 할 수 없든 그것은 그리 중요하지 않다. 우리는 에라스무스나 조이스 또는 세르반테스의 역설적인 담화들에 의해 우리의 내면이 얼마나 다양한가를 끊임없이 느끼게 된다. 우리는 루벤스Rubens 때문에 뚱뚱한 여인들을 새롭게 이해하며, 자코메티Giacometti 때문에 마른 남자들을 더 높이 평가한다. 칸트가 "비목적적 합목적성" purposiveness without purpose이라고 부르는 예술의 조화에 대해 오랫동안 바라보고 깊이 묵상하면 우리는 마티스Matisse가 왜 성 도미니크의 얼굴을 빈 공간으로 남겨두어야 했고, "방스에 있는 로사리오 교회" Chapel of the Rosary at Vence라는 그의 작품에서 십자가의 길Stations of the Cross을 인간적인 상술 없이 내버려두었어야 한 이유를 이해할 수 있게 될 것이다. 마크 로스고Mark Rothko는 말로 표현할 수 없는 것을 전달하기 위해 어두운 필치를 사용했는데, 우리는 그가 휴스턴 예배당에 있는 세 장의 연속되는 검은 그림에 알맞는 피륙texture을 만드는 데 아홉 달이나 걸린 이유를 이해할 수 있다.[10] 노자의 『도덕경』 제21장 "수양의 표황홀하기 그지없지만

---

10) 로스코는 베리 울라노프와 대화를 할 때 그의 그림들의 아주 캄캄한 부분을 만들어 내는 끊임없는 내부의 구성들 안에서 배운 것들에 놀랐고, 스펙트럼의 빨강-보라-갈색 사이의 어딘가에 있는 색깔—그 색깔은 검은 부분을 위해 테두리를 칠한 색이다—에 대해서도 놀랐다. 그가 이렇게 놀라워했지만 그 그림들이 아주 잘 "말해주는" 것을 설명하거나 발전시킬 단어들을 발견하려 하지 않았다.

그 안에"에 명시된 말은 예술에서 느껴질 수 있는 직관이 우리의 이해를 돕는다는 것을 암시해 준다. 그가 도道라고 말하는 것에서 우리는 "존재", "신성", "하나님"을 말할 수 있다. 그가 말하고자 하는 것이 곧 우리가 의미하는 것이다. 우리는 이런 종류의 예술에서 같은 진리를 발견한다.

> 위대한 덕의 모습은 오로지 도를 따르는 데서 나옵니다.
> 도라고 하는 것은 황홀할 뿐입니다.
> 황홀하기 그지없지만 그 안에 형상이 있습니다.
> 황홀하기 그지없지만 그 안에 질료가 있습니다.
> 그윽하고 어둡지만 그 안에 알맹이가 있습니다.
> 알맹이는 지극히 참된 것으로서 그 안에는 미쁨이 있습니다.
> 예부터 지금까지 그 이름 없는 적이 없습니다….[11]

기도할 때 우리는 끊임없이 은유를 사용하게 되는데, 특히 하나님께 첫 마디를 말한 후 침묵이 이어질 때에 더욱 그렇다. 예술 작품들처럼 기도도 두 얼굴을 가지고 있다. 첫째는 표면적인 말들과 신체적인 반응을 동반하는 느낌이며, 둘째는 우리를 위한 기도의 숨겨진 의미이다. 기도할 때 우리는 다른 사람이 가까이 와서 우리에게 다다르는 것을 경험한다. 심지어

---

11) Chang Chungyuan, *Creativity and Taoism*(New York: Harper Cloophon Books, 1970 [1963]), pp. 104-105. 장 교수는 동양의 통찰력을 과대평가하지 않으며 서양의 통찰력을 과소평가하지도 않는다. 그는 "non-ego-like-self"에 대한 융의 이해를 사용하고 있다(p. 121-122). 그리고 그의 책 끝 부분에 나오는 화이트헤드(Whitehead; 영국 태생의 미국 철학자)로부터 그가 따온 인용을 지지하는 도교로부터 풍부한 통찰력을 끌어낸다: "최고 경지에서의 예술은 상대성 위에 절대성을 서로 잘 섞는 형이상학적인 이론을 본보기로 보여준다"(p. 237; *Adventures in Ideas*에서 인용됨). 이것은 이 책에서 추천할 만한 것으로 우리가 바라는 하나의 이론이다.

우리가 "하나님의 받으시는 팔, 하나님의 감지하시는 눈길, 하나님의 타는 듯한 만지심" 등의 말을 사용할 때도 우리는 은유를 사용하고 있는 것이다. 기도에서 가장 효과적인 은유들은 그것들을 통해서 우리가 기도의 의미와 진실, 그리고 기도하는 대상의 실재를 느끼기 때문에 효과적이라 할 수 있다. 우리의 가장 효과적인 은유를 위한 자료들이 발견되는 곳은 환상 속에서이다.

우리가 환상을 설명하는 태도, 그리고 기도할 때 성령의 도우심으로 망상이 벗어지고 부드러워지고 유연하게 되는 태도에 모든 것이 달려 있다. 기도할 때 드러나는 환상을 통해 우리 자신과 자신의 세계의 다른 영역들에 우리를 개방시켜 주는 것이 성령의 주요한 일들 중 하나일 수 있다.[12] 성경이 계속 말하듯이 하나님은 인간의 제사를 원하시는 것이 아니라 관계와 풍성한 삶을 원하신다. 하나님은 아브라함의 첫 순종을 원하셨다. 하나님은 아브라함의 진정한 충성을 원하신 것이지 이삭의 죽음을 원하신 것이 아니다. 기도할 때 환상을 죽이거나 상처를 입히는 것은 기도의 작업이 아니다. 분심을 일으키는 분이 성령일 수도 있다. 성령은 기도 속에서 모든

---

12) "우리가 고수하고 있는 말(혹은 하나님을 향한 순수한 의도에 대한 우리의 의식)이 사라지는 순간이 끼어들 수 있는데, 그때 우리는 멍해지거나 전에 비자발적인 이탈이라고 묘사했던 상태가 된다. 주목해야 할 점은 우리가 그것을 있는 그대로 인식할 수 있는 때는 그러한 순간에서 빠져 나올 때라는 것이다. 우리가 하나님 아닌 다른 것에 마음이 빼앗긴 것을 발견할 때 두려워할 필요가 없으며, 우리의 기도가 잘못되었다고 생각할 필요가 없으며, 오히려 그것을 성령의 역사로 받아들여야 한다." Robert Llewelyn, *The Positive Role of Distraction in Prayer*(Oxford: Sisters of the Love of God Press, 1977), p. 3. Llewelyn은 이 비자발적인 이탈을 너무 쫓음으로써 자발적인 것으로 바꾸지 말라고 독자들에게 경고한다.

것이 드러나게 준비시키려는 듯 환상으로 기도를 휘젓고 이미지들이나 동기들을 일깨우기도 하신다.

이러한 사실들을 통해서 모든 사람들은 하나님의 자리를 환상으로 대치하는 대신에, 그리고 자신도 잃고 하나님도 잃는 그러한 환상 같은 삶을 사는 대신 하나님께로 환상을 가져가기 위해 돌아서야 함을 배운다. 이제 우리는 환상의 도움을 입어 기도의 정화로 들어간다. 여기에서 우리는 하나님께로 나아가는 독특한 방법이라 할 수 있는 이미지들을 벗어버리는데, 이것은 시각적인 것들에 대한 의존을 중단하는 것을 의미한다. 우리는 이제 기꺼이 어둠 속에 남아 있으려 하며 사막에, 그리고 우리 마음의 모든 텅 빈 공간에 머무르려 한다. 하나님 대신에 우리가 동일시하거나 하나님의 존재와 동등한 것으로 여기는 이미지들은 모두 제거될 것이다. 그것들은 용해되어 풀려날 것이며, 붙잡기에는 너무 약한 소망이나 두려움으로 드러날 것이다. 그러한 이미지들, 그리고 그것들과 동일시하는 것이 사라질 것이다. 우리가 기도 안에 들어서면(어느 단계에서 우리 모두는 이렇게 시작한다) 하나님에 대한 우리의 이미지들과 하나님과 관련된 자아의 이미지들에 사로잡혀서 그것들과 하나가 되는데, 이러한 이미지들은 제거되어야 한다. 그것 또한 성령의 일이다. 먼저 우리 환상의 이미지들을 휘저어서 우리의 자아와 세계를 하나님께 가져갈 수 있게 한 다음에 우리를 그것들로부터 분리시켜야 하는데, 이것은 환상을 없애려는 것이 아니라 우리 자신을 그것들로부터 구별하기 위함이다.[13]

---

13) 우리 이미지들과의 동일시로부터 탈동일시로의 움직임은 T. S. Eliot의 *Four Quartets* 중 2번째인 「이스트 코커 East Coker」에서 완벽하게 이해되었다.
　야생의 백리향과 산딸기,

기도에서 정화의 과정은 심리학에서의 탈동일시 과정과 같다. 우리는 성적 환상을 보고 그것을 경험하지만, 그 안에 우리의 혼을 빼앗기지는 않는다. 우리는 반복해서 고통스러운 어린 시절의 이별을 느끼지만, 그것에 또는 그것 안에 우리의 넋을 빼앗기지는 않는다. 우리는 현존과 분리될 수 없다. 우리는 최고의 판매를 기록하거나 완벽한 책을 쓰거나 먼지 하나 없이 집을 깨끗하게 청소하려는 등의 목표를 성취하려는 강한 충동을 가지고 있음을 인식할 수 있겠지만 거센 야망의 조류에 휩쓸리지 않는다. 우리는 환상들을 억누르는 대신 그것들을 허용한다. 그러나 우리는 환상의 관점에서 자신의 존재를 정의하지 않는다. 그것들이 우리를 소유하지 않는 한 우리는 그것들을 버리지 않으며, 한 마리 귀신을 쫓아냈으나 일곱 귀신들이 돌아왔다는 성경의 이야기에서처럼 지나친 열심으로 영혼의 문을 지키는 자의 전철을 밟지는 않을 것이다. 우리는 한편으로는 환상들을 가지고 있으

정원 안에 메아리치는 황홀경,
즉 웃음이 있다.
십자가의 요한은 이것을 다음과 같이 쉽게 풀었다.
거기에 도달하기 위해서,
당신이 있는 곳에 도착하기 위해서, 당신이 있지 않는 곳으로부터 도착하기 위해서,
당신은 황홀경이 없는 길로 가야 한다.
당신이 알지 못하는 곳에 도착하기 위해서
당신은 무지의 길로 가야 한다.
당신이 소유하고 있지 않은 것을 소유하기 위해서
당신은 비소유의 길로 가야 한다.
이러한 모든 것은 엘리오트에게 성 금요일(Good Friday)을 떠올려 주고, 십자가 위에 달리신 예수님을 나타내는 "상처 입은 외과의사"의 모습을 떠올리게 한다.

면서 한편으로는 가지고 있지 않다. 우리는 그것들에 둘러싸이는 것이 아니라 그것들을 둘러싸고 있다. 그것은 어렵고 고통스러운 일이지만 필요하고 충분히 보상받을 만한 일이다.[14]

기도는 이러한 일을 하기에 가장 효과적인 방법의 하나이다. 왜냐하면 예를 들어 우리의 원수를 위해 기도할 때 우리는 모든 상처, 분노와 그 사람과 관련된 모든 고통들을 다시 경험하기 때문이다. 그러나 우리는 하나님의 선하신 뜻이 그 상황과 그 사람에게 일어나기를 기도한다. 그래서 우리는 고통을 느끼지만 그것에서 분리되는 것이다. 우리는 계속 고통 속에 있을 수 없다. 그러나 복수하고자 하는 충동에서조차도 하나님의 자비로운 현존을 붙잡기 위해 고통스럽지만 노력할 수 있다. 성적인 환상 속에서 우리는 성적 에너지를 하나님께 드려서 하나님의 뜻을 위해 사용되도록 할 수 있다. 그러면 우리는 고통을 느끼기는 하지만 더 이상 그 결과를 우리 마음대로 할 수 없게 된다. 우리는 결과를 신뢰하고 하나님께 맡겨야 한다. 그러면 우리는 언젠가 그것을 보거나 이해하게 될 것이다. 죽음으로 가는

---

14) 포함된 것은 내부에서 일어나는 오랜 대화인데, 우리의 환상들 속에서 선하고 자유스러운 것이 그 대화 안에서 시인되고, 환상들 속에서 지나치게 소유욕이 강했던 것들도 시인된다. 우리는 소유되기 위해서가 아니라 소유하기 위해서 움직이며, 하일러(Heiler)에게 있어서 "종교적인 분위기"를 규정하는 "우리 영혼의 가장 깊은 부분 안에서, 그리고 우리 마음의 고요 속에서 일어나는 신적 출현"에 대한 의식을 가지고 움직인다. 왜냐하면 그가 말하기를 "그것이 순수한 기도 경험의 핵심이라 할 수 있는 하나님의 생생한 실재에 대한 존경스럽고 신뢰 가는 의식이기 때문이다." 이것은 기도 안에서, 기도를 통해서만 이룰 수 있는 경험이다. Friedrich Heiler, *Prayer*, trans. and ed. Samuel McComb and H. E. Park(New York: Oxford University Press, 1932), p. 356.

여정에서 우리는 고통과 미지에 대한 두려움을 느낄 수 있으나 하나님의 현존을 그 두려움 속으로 불러서 우리와 함께 하시게 할 수 있다. 생명이나 사망, 하나님에 대한 우리의 최고의 이미지들이나 신적 존재와의 관계를 위한 가장 멋진 희망 등 그 무엇도 하나님의 사랑이나 성령에서 우리를 분리시킬 수 없다.

유혹은 분명하고 악한 모습이 아닌 매우 미묘한 방법으로 강하게 다가온다. 우리가 가장 귀중하게 여기는 가치들은 우리의 기도생활과 하나님과의 친밀한 관계를 위협하는 것들이다. 성령께서 우리 안에서 자극하시는 삶으로서 현재 우리의 삶보다 화려하고 전망이 있어 보이는 삶조차도 하나님보다 우선시되어서는 안 된다.[15] 우리는 기도에서 그것을 하나님께로 가져가야 하며, 그러한 것들을 벗어버리는 작업을 통해서 하나님께서 우리를 앞으로 인도하시도록 해야 한다. 이것이 우리 자신의 이러한 영역들을 탈동일시화하고 그 자리에 종종 우리 세상에서 최고의 것들로 인정되는 가치들을 놓을 수 있도록 우리가 기도 안으로 들어가는 방법이다. 그러나 그것들의 자리가 좋다고 하더라도 그것은 우리의 자리도 하나님의 자리도 아니다. 그 가치들은 목적이 아니라 수단이다. 하나님은 목적이시며, 거기에서

---

15) "고양된 영혼의 상태로 영원토록 머무는 것은 불가능하다. 하나님은 우리에게서 더 높이 올라가고자 하는 용기를 빼앗는 것을 원하지 않으시고, 우리를 타락할 교만으로 채우시기를 원하지 않기 때문에 우리의 열정을 가끔씩 식게 하신다. 기도의 정수는 단지 기도에 동반되는 즐거운 감정들에 있는 것이 아니다. 사랑스러운 기도는 그러한 감정들 없이도 존재할 수 있다; 영적인 즐거움을 빼앗기면 기도의 목표는 오직 하나님이므로 이때 기도는 좀 더 정화되고 덜 흥미로운 것이 된다." Alexander Elchaninov, *The Diary of a Russian Priest*, trans. Helen Iswolsky(London: Faber, 1967), p. 171.

우리는 굴절이나 투사된 존재를 만나는 것이 아니라 하나님을 만나는 것이다.

제5장

환상과 더불어 사는 삶

우리의 삶에서 기도 안에 충분히 받아들여진 환상은 자신과의 만남으로 이끌어주는 규칙적인 운동이 된다. 여기에서 음악이 기도하는 사람에게 길잡이가 될 수 있고 방향을 제시할 수도 있다. 음악에서 접하는 소리와 침묵의 변화, 아주 강함부터 아주 여림에 이르는 역동적이며 다양한 변화, 그리고 모든 종류의 빠르기와 고저의 변화는 원초적 언어의 리듬을 불러내거나 지지해 줄 수 있다. 우리는 이미지들과 욕구들로 가득 차서 참 자아를 향해 갑자기 나아가기 시작한다. 우리는 완전히 침묵 속에 빠져서 초시간적인 순간으로 들어가며 빈 항아리처럼 고요해진다. 우리는 환상에 사로잡히지만 곧 벗어난다. 그러나 그 이미지들은 되돌아오는데, 새로운 이미지들이나 변화된 형태의 오랜 이미지들이 되돌아온다. 성령은 우리를 부풀려서 팽창시키고 무게를 가볍게 해주는 이미지들로 우리 안에서 작용한다. 그런 다음에 성령이 우리 안에 구멍을 만들면 환상들이 뜨거워진 공기처럼 우리 안에서 빠져나가게 된다. 성령은 우리를 끊임없이 두드려서 우리 밖에 기원을 두고 있는 모양인 창조된 이미지에 맞도록 주조한다. 우리는 어떤 것보다 더 튼튼하고 커다란 이미지의 규격에 맞도록 만들어진다. 그때 우리는 다시 절정에 이를 수 있다. 기도는 성장의 과정이다.

원초적 언어의 세계에서 중요한 단계는 환상을 소유하고 그것들로부터 초연할 수 있는 방법을 배우는 것이다. 이 명백히 모순된 자세는 영적인 삶에 수반되는 모든 활동 속에서 본질적인 것이다. 환상을 받아들이면서 동시에 버릴 때 우리는 영적인 삶—영적인 삶에서의 확언affirmation은 거부denial의 형태로 다가오며 후퇴는 전진을 위한 유일한 방법일지도 모른다—의 역설들과 모순들을 예행 연습하는 것이다. 우리는 기본적인 움직임을 배우고 반복하고 그것들에 의존하고 가장 복잡하고도 세련된 몸의 움직임으로 그것들을 발전시켜 가며, 그 다음에 새로운 움직임의 자세를 배워야 할 때는 이전의 모든 움직임들에 관한 것을 잊을 수 있는—그것들을 잊는 것이 아니라 완전한 의식에서 멀어지는 것이다—무용가와 같다.[1] 그와 같이 우리는 오랫동안 가장 좋은 환상들을 받아들이고 의식 속에 간직하며 그것들을 발전시켜 가지만 내몰지는 않는다. 그러나 때가 되면 우리는 그

---

[1] 일류 무용가의 춤과 발레 및 현대무용의 재즈 댄스에 이르는 춤에서 자기가 의식하는(self-conscious) 연습에서 무의식적이고 자유스러운 움직임, 심지어 주의를 기울여서 안무가 되었을 때에도 자유스러운 움직임을 본다. 동일한 괄목할 만한 발전—우리가 원초적 언어의 세계에서 만들고 그것에 의해서 동기부여가 된 진전과 흡사한 것을 말한다—이 한 안무가의 성장 속에서 발견될 수 있다. 그러한 종류의 발전에서 훌륭한 본보기가 되는 Jose Limon은 미국 무용계의 도리스 험프리(Doris Humphrey)—그녀는 자신이 추구하는 댄스의 독특한 표현형식이 고안되어야 한다는 것을 알고 있었다—의 작품을 묘사할 때 그것에 대해서 잘 말하고 있다. 도리스 험프리는 그것을 창조해 내는 것은 내면의 자아 안으로의 어렵고도 긴 탐험 여행이 될 것도 알고 있었다. Jose Limon, "An *American Accent*," in *The Modern Dance*, ed. S. H. Cohen(Middletown: Wesleyan University Press, 1969), pp. 21-23.

것들을 포기할 수 있고 의식에서 완전히 사라지게 할 수 있다.[2] 성령은 이런 방법을 우리에게 깨우쳐주고 우리를 든든하게 세워준다. 우리는 성장해서 융통성과 끊임없는 기도생활의 기복을 극복할 능력을 갖추게 되며, 극단적인 것들 사이에서 튀어오르는 현재의 삶에서 유연할 뿐 아니라 견뎌내기도 한다.

실제로 이것이 무엇을 의미하는가? 그것은 우리가 환상들을 신중하게 받아들이는 것을 뜻한다. 그것은 그것들을 하나님께 드리는 것을 뜻한다. 우리는 그것들을 가지고 있으면서 동시에 가지고 있지 않다. 우리는 부유한 동시에 가난하고, 배고픈 동시에서 만족하고, 가득 채워져 있으면서 텅 비어 있다. 살인자이면서 희생자이고, 심한 고통을 느끼면서도 죽어 가는 사람들을 치료하는 자이고, 승리자이면서 패배자인 이러한 환상들이 우리에게 남아 있다. 우리는 온 세계를 가로질러 사람들의 모든 상황 속으로 뻗어가며, 살아 있는 인격체들 속에서처럼 그들과 연결되어 있다. 우리는 점점 커지고 더 광범위해지고 명확해지며, 우리의 작고 답답한 정체성에서 벗어나게 된다. 환상들은 성령이 우리 위와 안에서 일하시는 것을 볼 수 있

---

[2] 환상과의 이러한 관계는 그것을 억압하는 것과 매우 다르다. 억압할 때 우리는 그 환상과의 접촉을 완전히 잃는다; 그것은 전혀 존재하지 않았던 것처럼 보인다; 우리는 그것에 대해서 전혀 알지 못한다; 그것은 무의식적이다. 여기에서 우리는 환상에 대해서 알게 된다; 그것은 의식과 관련되어 있다; 우리가 그것을 알 필요가 있거나 알려고 하면 알게 된다. 우리는 마음속에서 그것을 계속적으로 떠올리라는 강요를 느끼지만 그것에 사로잡히지는 않는다. 우리는 그것을 존재의 일부로 받아들인 채 다른 곳으로 주의를 돌림으로써 그것을 무시할 수도 있다. 이런 식으로 우리는 환상과 탈동일시된다. "탈동일시"(disidentification)에 대해서 더 알려면 Ann and Barry Ulanov, *Religion and the Unconscious*, pp. 188-190를 보라.

는 렌즈가 된다. 우리는 환상을 통해서 보기 때문에 이제 그것들에게 속지 않는다.[3]

우리의 크기가 증가하고 우리의 명백함이 드러나는 가운데 우리의 정체성은 더욱 활기를 띠고 안정을 찾는다. 그것은 분명히 우리의 것이 된다. 그것은 우리에게 속하지만 생명력 없는 소유물과 같은 것으로서가 아니며, 따라서 전에는 할 수 없었던 식으로 그것을 받아들일 수 있다. 우리가 환상들로부터 초연할 수 있기 때문에 더 자유롭게 된다. 기도 안에서 게임이 시작된다. 우리는 원초적 언어의 단어와 이미지 속에서 유머 감각을 발견한다. 우리의 밝은 영혼 속에서 하나님의 짓궂은 모습을 보고 즐길 수 있을 만큼 충분히 다가간다. 우리는 기도할 때 웃는다. 하나님은 또 다른 슬픈 찬송가나 따분한 묵상, 엄숙한 약속, 고통스러움에 대한 화려한 고백—이 고백에서 우리의 죄는 교만과 관련된 것이다—을 갈망하시기보다 우스운 이야기를 갈망셔야 한다고 생각한다. 종교에 대한 가장 치명적인 왜곡 중의 하나는 그것을 끊임없이 무섭고 지겹고 기쁨이 없는 것이라고 여기는 것이다. 결국 우리의 영적인 삶의 목표는 무엇인가? 우리 자신을 작고 초

---

3) 플로티누스는 이렇게 말한다: "우리는 항상 일자(一者)의 주위를 돌고 있지만 항상 그것을 응시하지는 않는다: 우리는 지휘자의 주위에 서 있지만 주의를 다른 곳에 빼앗겨서 지휘자가 원하는 때에 노래하지 못하는 합창단과 같다; 지휘자를 볼 때 그들은 노래를 잘하고 정말로 그와 함께 있는 것이다. 마찬가지로 우리는 항상 일자(一者)의 주변에서 움직이고 있다; 그렇지 않다면 우리는 희미해져서 더 이상 존재하지 않아야 한다; 그러나 우리는 그분을 항상 바라보는 것은 아니다. 바라볼 때에 우리는 존재의 목적을 얻고 쉼을 얻으며 더 이상 음율에 틀리게 노래하지 않으며, 그의 주위에서 신성한 합창단을 형성하게 된다." W. R. Inge, *The Philosophy of Plotinus*(London: Longmans, Green, 1948), pp. 138-139.

라하고 허풍 떠는 사람으로 보이는 것인가? 아니면 하나님을 영화롭게 하는 것인가? 몰트만이 일깨워주듯이 "하나님의 영광"은 존재의 기쁨을 나타내는 데 있다.[4]

하나님께 이야기하는 것을 즐기는가? 모든 이미지들이 우리를 떠나갈 때 크게 느끼는가? 우리는 그것들이 변화된 모습, 즉 함께 있는 것이 자유스럽고 만족스럽고 즐거우며 더 이상 고집을 부리지 않고 의무적인 반응을 요구하지 않는 모습으로 돌아올 때 기뻐하는가? 우리를 지루하게 만드는 기도는 무한한 인내를 요구한다.

환상을 불러내고 벗어버리는 데 동의하는 것은 우리의 기도의 범위를 넓히는 것이다. 그것의 확실한 증거는 이 새로운 유쾌함이다. 어린아이들이 집짓기 장난감을 가지고 재미있게 노는 것처럼 우리는 자신에게 오는 환상을 재미있게 사용할 수 있다. 우리는 우화 같은 탑을 세우고 부수면서 두껍게 색깔이 입혀 있고 여러 선들로 가득 찬 이미지, 즉 그 자체로 독특한 상상 속의 궁전을 관찰한다. 아이들이 들에서 발견한 꽃의 생김새에 호기심을 갖듯이 우리는 꽃의 복잡한 구조를 궁금해 한다. 그 후 우리는 그 꽃이 시들어가는 것을 보는데, 그 모습이 이 꽃을 처음 보았을 때처럼 매력적임을 알게 된다. 우리는 기도하는 다른 방법들, 기도에 다가가는 다른 방법들, 그리고 기도와 함께 살아가는 다른 방법들을 실험해보고 이제는 하나의 방법만 있는 것이 아니고, 규정된 방법만 있는 것이 아니며 그럴 수도 없다는 것을 확실히 알게 된다.[5] 우리는 영원한 존재가 나타나는 순간마다

---

4) Jürgen Moltman, *Theology of Play*(New York: Harper & Row, 1972), p. 21.
5) 인도의 베단타 철학자인 **Swami Prabhavananda**는 특별한 종교의 수련방법을

응답하는 법을 배운다.

  기도할 때 우리의 대화를 깊이 있게 할 수 있는 실험들 중의 하나는 우리의 투사들을 관찰하면서 발견한 것을 하나님과 나란히 두는 것이다. 거기에서 우리는 자신이 하나님에 대해서 붙인 이름들을 발견했었다. 이제는 환상들을 소유하고 유지하되 그것들에 초연하면서 우리가 하나님과의 관계 속에서 어떻게 스스로의 이름을 붙이는지를 볼 수 있다. 많은 기도 경험을 쌓은 후에는 심지어 우리를 위한 하나님의 이름을 알 수도 있게 된다. 기도의 초기 단계에서는 하나님과의 관계 속에서 스스로를 어떻게 보는지 알게 되며, 기도라는 원초적인 언어가 어떤 소리로 우리를 하나님과 스스로에게 나타내는지 알게 된다. 예를 들어 야콥 뵈메Jacob Boehme는 자신이 "양돈가"와 "위증자"일 뿐이라고 고백하며 자기의 "마음과 영혼"을 "강타해 달라고" 하나님께 간청한다. 로렌스 수사는 자신을 하나님께서 조각하시는 돌로 표현한다. 그는 기도하면서 자기의 영혼 안에 하나님의 형상이 완전해지도록 간구한다. 어떤 때에는 전혀 노력하지 않았지만 높이 올

편들며 논쟁하지만, 모든 종교에 대하여 매우 잘 파악하고 있다: "즉 무한하신 하나님에게는 매우 많은 면들이 있다. 그는 사랑을 받을 수 있고, 예배를 받을 수 있고, 이러한 다양한 면들을 통해서 묵상될 수 있다. …그는 형체를 가지고 있으며 동시에 형체가 없다; 그는 인격적이시며 동시에 비인격적이시고 초월적이다; 그는 절대적 존재이며, 절대적 지식이며, 절대적 축복이다; 그리고 그는 정의할 수도 없고 표현할 수도 없는 실체이다.…힌두교에는 다음과 같은 기도문이 있다: '그들은 당신을 아주 많은 이름으로 부릅니다; 그들은 당신을 다른 이름들로 분리합니다. 그러나 이렇게 나누어진 각각의 이름들 안에서 당신의 전능하심이 발견될 수 있습니다. 우리는 이 어떤 것을 통해서도 당신에게 갈 수 있습니다.'" Swami Prabhavananda, *Religion in Practice*(Hollywood: Vedanta Press, 1968), p. 164.

려져서 쉴 만한 물가에서 하나님에 의해 지지되고 보호되고 있는 듯이 표현한다.[6] 그는 자신의 신비한 삶 속에서 우리의 "실제의 삶"을 "억제된 불"과 같다고 말한다; 어떤 사람에게 있어서는 큰 돌 속에 갇힌 불과 같다고 말한다. 우리는 기도 안에서 하나님께로 "정직하고 진지하게 돌아서서" 그 불을 다시 타오르게 한다. 하나님을 향해 서는 것은 우리로 하여금 "하나님의 불"로 타오르게 할 수 있도록 해준다.[7]

우리가 하나님 앞에 나아가 자신의 환상들을 꿰뚫는 중심 가닥들을 발견할 때 우리 자신이 누구이며 어떤 사람인가를 발견하는 방법이 드러난다. 환상 속의 이미지들과 언어를 통해서 우리 삶의 주위를 맴돌았던 하나님에 대한 질문, 요구, 희망, 두려움, 욕구 등을 볼 수 있다. 이것은 또한 우리가 하나님께 말을 건다는 기초 하에서 스스로를 명명하는 방법이다. 하나님에 대한 이러한 중심 질문은 우리가 가장 직접적으로 하나님께 도달하는 방법들 중의 하나이다.[8] 그것은 하나님께로 나아가는 길이요 하나님 안

---

6) Jacob Boehme, *The Way to Christ*, pp. 29, 68, 83; Brother Lawrence, *The Practice of the Presence of God*, pp. 31-32.

7) J. J. Stoudt, *Jacob Boehme: His Life and Thought*(New York: Seabury, 1968 [1957]), p. 119.

8) 중병에 걸린 플레너리 오코너(Flannery O'Connor)는 자신에게 주어진 물리적인 지시와 지형적인 장소가 자신을 제한하기에는 불가능한 것으로 느껴졌다. 그녀는 전력을 다해서 그녀에게 요구하신 남쪽으로의 귀환에 질문을 던졌다. 그때 그녀는 하나님과 대면하게 되었다: "오코너는 영적인 죽음의 선고문으로서 나머지 삶을 남쪽에 있는 그녀의 고향에서 보내야 한다는 소리를 듣게 된다.…그러나 남쪽을 그녀가 살았던 장소가 아니라 그녀가 살기로 되어 있는 곳으로 간주하면서 그 소리에 대한 조그마한 의심의 여지없이 남쪽으로 완전히 돌아섰다." Ralph C. Wood, "Talent Increased and Returned to God: Flannery O'Conner's Letters," *Anglican Theological Review*, Vol. LXII,

에서 쉴 장소이다. 그것이 우리가 하나님께 나아가는 기초이다.

예를 들어 우리의 중심 질문이 하나님이 존재하느냐 존재하지 않느냐에 관한 것인가?[9] 하나님이 존재하신다면 우리가 어떻게 살아야 하는가에 대해서 질문을 하고 있는가? 혹은 다음과 같은 질문인가: 우리와 같은 수많은 사람들이 최선의 자아를 붙잡기보다는 그것으로부터 멀어지도록 만드는 것이 무엇인가? 우리가 가장 사랑하는 사람들을 어떻게 하나님의 섭리에 맡길 수 있는가? 공포와 다가온 고난에 대한 혼란스러움에 대한 질문인가? 어떻게 선의 세계에 고통과 비참함, 그리고 불의와 많은 악들이 있을 수 있는가? 어떤 질문이든지 간에 우리의 못 박힘과 부활을 만나게 되는 것은 바로 그러한 질문 속에서이다. 우리는 그 속에서 자신이 누구인지를 알게 되며 자유롭게 될 것이며 연단되며 탈동일시라는 많은 죽음을 통해 전

No. 2, April 1980, p. 163.

9) 버나드 로너건(Bernard Lonergan)이 말하듯이 중요한 것은 대답이 아니라 질문이다: "종교적이거나 비종교적인 대답들이 다르고 그 대답들이 명백하게 제기하는 질문들이 다를지라도 그것들의 뿌리에는 질문하고, 제한 없이 질문하고, 그 자체의 질문들의 중요성에 질문하고 그래서 하나님에 대한 질문에 이르는 것과 같은 영혼의 초월적 성향이 있다. …인간들의 마음 지평 안에는 신적 존재를 위한 장소, 즉 절대적 거룩을 위한 성소가 있다. 그것은 무시될 수 없다. 무신론자는 그것이 텅 비어 있다고 말할지도 모른다. 불가지론자는 그의 조사가 결론에 이를 수 없는 것임을 발견했다고 주장할지도 모른다. 현대의 인본주의자들은 그 질문이 제기되는 것을 허락하지 않을 것이다. 그러나 그들의 부정은 우리의 하찮은 흙덩어리에 불꽃이 튀는 것, 즉 신적 존재를 향해 우리가 본질적으로 방향 지어져 있음을 전제하고 있다." Bernard J. F. Lonergan, S. J., *Method in Theology*(New York: Herder and Herder, 1972), p. 103.

혀 새로운 생명을 회복할 것이다.[10] 그 새 생명은 우리가 가장 귀하게 여기거나 두렵게 여기던 것을 하나님께 맡겼을 때 우리 및 우리의 참 자아를 위해 완전히 고쳐지고 만들어진 것을 얻는다는 것을 발견함으로써 우리에게 주어진다.

자아에게 주어진 이 선물은 우리 스스로에게 뿐만 아니라 주위 세상에도 유익을 준다. 어둠 속에서 방황하고 있다는 느낌과 이전의 이미지들을 잃으면 새로운 이미지들이 끊임없이 다가오는 당혹스러운 모순에도 불구하고 계속 기도하는 사람들에게 우리 모두는 아주 큰 빚을 지고 있다. 그들이 하고 있는 것은 우리의 집단무의식적인 삶이라는 땅을 끊임없이 갈아엎어서 우리를 새로운 영적 삶의 풍요로움에 준비시키고 있는데, 좀 더 일찍 했더라면 그들은 그들의 공허함과 황폐함으로 우리에게 상처를 주었을지도 모른다. 그들은 우리가 공유하고 있는 땅을 새로운 상징들—이 상징들은 몇몇에게만 의미가 통하는 개인적인 것이 아니며, 또한 개인적인 원초적 언어의 강한 어조를 빠뜨릴 만큼 공적인 것도 아니다—이 성장할 수 있

---

10) 탈동일시의 과정은 우리가 가장 귀하게 여기는 것, 그리고 절대적으로 우리에게 필요하다고 느끼는 것에 대한 지나친 집착을 하나씩 푸는 것으로서 경험된다. 그것을 풀어줄 때 그것을 잃는 것이 아니라 그것에 대한 우리의 관계가 근본적으로 바뀐다. 그것은 우리 정체성의 중심에 있는 우리와 동등하게 여겨지지 않는다. 그것은 이제 진정한 우리 모습의 한 부분이며, 더 이상 우리가 누구이었는가에 대한 정의가 아니다. 심리학적인 용어로 그것은 자아 분화(ego-differentiation)의 과정이며, 종교적인 용어로는 초연함을 얻는 과정이다. 한 예로 자식을 자신의 일부분으로서 자신과 일치시키는 데서부터 아기를 자신이 아닌 다른 존재로 인식하는 것으로 변화하는, 아기에 대한 어머니의 사랑을 생각해볼 수 있다. 그녀는 아기를 무척 사랑한다. 하지만 탈동일시 후에는 그 아기를 소유할 필요가 없다.

도록 비옥하게 만든다. 우르스 폰 발타사르Urs von Balthasar는 기도의 사회적 영향력에 대해서 이렇게 지적한다: "묵상기도는 기대하지 않은 장소에서 이따금씩 솟구치는 샘물이 되거나 지하에서 물을 먹는 식물들에 의해서만 그 존재를 나타내는 지하로 흐르는 강물과 같은 것이다."[11] 우리는 묵상에 잠겨있는 지하에서의 이러한 갑작스런 폭발에 의해서 물에 젖는다. 우리의 환상들이 암시를 주는 것 이상이었음에도 불구하고 우리는 기대하지 못했던 상징적 풍요로움을 맛보게 된다. 이 훌륭한 음식에 의해 우리의 영적인 상상력은 살찌는 것이다.

우리는 하나님의 신비 안으로 단계적으로 이끌어주는 신적 존재에 대한 상징들을 받아들이는 수용력을 기도 속에서 키워나간다.[12] 우리는 안전한 다이빙 보드에서 바닥이 보이지 않는 물속으로 뛰어내릴 때처럼 종종 기도 속에서 버려졌다고 느끼기도 한다. 그러나 확실한 발판을 가진 채 잃어버린 이것은 잃어버린 이미지들의 존속이라는 신비 안으로 인도할 것이다. 우리가 하나님께 도달하는 데 실패해서 절망할 때에만 하나님이 우리에게

---

11) Hans Urs von Balthasar, *Prayer*, trans. A. V. Littledale(New York: Sheed & Ward, 1961), p.73. pp. 20, 30, 68-72.

12) 하나님의 신비로 다가가고자 하는 강렬함이 과소평가되어서는 안 된다. 융은 "긍정적이든지 부정적이든지 종교는 가장 최고 혹은 가장 강한 가치와의 관계이다"라고 말한다. "무의식적으로 소유되는 가치를 의식적으로" 받아들이는 종교적인 경험을 가지고 있었던 사람들은 "자신에게 돌아올 수 있게 되었고, 그들 자신을 받아들일 수 있었으며, 이것에 의하여 불리한 환경들과 사건들에 중재될 수 있었다. 이것은 전에 표현되었던 것과 매우 흡사하다: 그는 하나님과 화평을 이루셨고, 그의 의지를 희생시키셨고, 하나님의 뜻에 그 자신을 맡기셨다." C. G. Jung, *Psychology and Religion*(New Haven: Yale University Press, 1938), pp. 98-99.

다가오심을 알 수 있다. 이미지들과 환상들은 필수적이지만 서로 관련되어 있지는 않다. 확실한 길처럼 보이는 것은 이미지들이 나타났다가 사라지는 현실이다. 밝음과 성취의 순간들이 우리의 발전과 이해에 중요하듯이, 장기적으로 볼 때 어둠과 메마름의 시간들이 그 길에 필수적인 것처럼 보일 수 있다. 그것들은 후회되어야 할 것이 아니라 포용되어야 할 것들이다.

메마르고 어두운 시기에 대한 성인들의 묘사를 볼 때 그들을 오해하기 쉬우며, 따라서 기도하려는 노력들이 견뎌내기에는 큰 고통이 될 것이라고 미리 겁을 먹고 낙담한다. 성인들은 전에 일어났던 모든 것들을 좀 더 그늘지고 위협적인 빛 아래서 보는 완성과 목적과 투명성의 관점, 즉 아직 일어나지 않은 미래의 관점에서 메마른 시간들을 말하는 것일지도 모른다.[13]

하나님은 기도의 각 단계에 알맞게 우리가 필요로 하는 모든 것을 주신다. 어둠이 충분히 밝다는 것은 사실이다. 여기에서 우리의 환상들을 가지

---

13) 그러한 메마른 시기 동안에 위협적으로 보였던 것이 하나님의 편에서는 포기가 아닌 친밀한 대화 중에 귀중한 것으로 여겨지는 일시적 중지, 즉 풍요로운 침묵이었을지도 모른다. 여기에서 키에르케고르의 이해는 광범위하다: "오! 사람이 당신의 소리를 듣지 못해서 버려지고 홀로 남아있는 침묵의 시간에, 그에게는 의심할 나위 없이 그 분리가 영원히 지속될 것처럼 보입니다. 당신의 소리를 듣지 못하는 사막에서 기진맥진한 침묵의 시간에 당신의 목소리는 그에게 완전히 사라진 것처럼 보입니다. 하늘에 계신 아버지! 그것은 친밀한 대화 중의 한 순간의 침묵일 뿐입니다. 인간에게 하시는 당신의 말로써 이 침묵을 축복해 주십시오; 당신은 침묵하고 계실 때에도 말씀하고 계심을 그가 잊지 말게 해주십시오; 그가 당신을 기다린다면 당신은 사랑을 통하여 침묵하시며, 따라서 당신의 말 안에서처럼 침묵 속에서도 당신은 같은 아버지이시며, 당신이 음성으로 인도하는 것과 침묵으로 교훈하시는 것은 똑같은 부모의 사랑이라는 이 위로를 그에게 주십시오." *The Prayers of Kierkegaard*, ed. P. D. LeFevre(Chicago: University of Chicago Press, 1956), 64, "Thy Silence," p. 76.

고 프란시스 드 살Francis de Sales의 "아무것도 요구하지 말고 아무것도 거절하지 말라"를 따라야 한다.[14] 회고해보면 갈등을 일으키는 환상들로 구성된 자유연상으로서 시작된 것들이 사실상 모든 자유연상의 부분들과 우리의 모든 지체들을 끌어 당겨서 하나님께로 초점을 맞추도록 하는 것이었음을 발견한다. 필요할 때에 이러한 환상들을 지지하고 받아들이며 또 필요할 때 자유롭게 포기한다면, 그것들이 힘들이지 않고도 실체를 볼 수 있는 묵상기도의 성취를 이루도록 우리를 인도해줄 수 있다.

---

14) *The Spiritual Life: A Summary of the Instructions on the Virtues and on Prayer Given by Saint Hame Frances Fremyot de Chantal*(St. Louis: Herder, 1928), p. 104. "그는 이 말 속에 모든 것이 응축되어 있다고 리옹의 자매들에게 말했다. 그는 마지막 3년의 삶 동안에 그 말을 끊임없이 반복했다…."

제6장

두려움과 기도

두려움은 우리를 자신의 중심으로 이끌 수 있다. 두려움은 우리로 하여금 식은 땀을 흘리게 하고 오싹하게 만들 수도 있다. 두려움은 위장을 상하게 할 수 있고 심장박동을 빠르게 할 수도 있다. 두려움 자체는 무서운 것이 아니다. 우리가 두려움을 인정하지 않고 준비되어 있지 않을 때 그것은 더 무서운 것이 된다. 두려움이 낳을 수 있는 가장 파괴적인 결과는 두려움에 대한 우리의 두려움이다. 기도는 두려움이 가야 할 장소를 만들어 주고, 그것을 제자리에 위치하게 한다.

기도는 우리로 하여금 신속하게 두려움을 직면하게 해준다. 기도할 때 제일 먼저 맞이해야 하는 두려움은 침묵에 대한 두려움이다. 기도는 요동치는 매일의 삶에 침묵을 준다.[1] 조용히 앉아 있거나 누워 있거나 내면의

---

1) 웨인 오츠(Wayne Oates)는 침묵이 우리에게 쉽게 오지 않는다고 말한다: "침묵은 본래 나의 세상에 속한 것이 아니다. 당신의 세계에서도 침묵은 예상하는 것보다 더 낯선 것이다. 만약에 당신과 내가 소란스러운 마음속에 침묵을 가질 수 있다면, 그것을 계속 가꾸어 나가야 할 것이다.…아직 우리의 말이 아닌 성장을 위한 침묵의 용어로 그렇게 해야 할 것이다." Wayne Oates, *Nurturing Silence in a Noisy Heart*(Garden City: Doubleday, 1979), p. 3. 정신분석가

침묵을 유지하려 할 때 우리는 끊임없이 소리에 노출되는데, 마치 내면에서 라디오나 축음기가 끊임없이 연주하고 있는 것 같다. 때로 우리는 그 시끄러운 소리들이 존재하지 않는 척할 수도 있지만 기도 속에서는 그렇게 할 수 없다. 기도는 우리로 하여금 자신의 모든 소리를 듣게 해준다. 처음에 그것은 참신한 것일 수도 있다. 우리는 그 소리에 주목하고 그것과 약간의 거리를 유지할 수 있다. 그때 우리는 정말로 말하고 있는 소리들을 주의 깊게 들을 수 있고, 그것들이 무엇을 의미하는지 주목할 수 있다. 기도하는 사람에게 원초적 언어는 중대한 것이다. 원초적 언어는 기도할 때 우리 안에 존재하는 소망, 희망, 두려움, 그리고 자신의 작은 지체들에까지 주의를 기울이게 한다. 우리는 그 소리를 들어야 한다. 그것은 내면에 있는 것들을 정돈시키며, 그 결과로 우리에게 자유를 누리게 해준다.

우리의 작지만 많은 소리들이 모이기 시작하고 기도의 전형적인 첫 단계로 다시 모아질 때 우리는 하나님의 소리에 귀기울이기 시작한다. 그때 침묵이 찾아오고 우리는 소리나 하나님의 현존이 없음을 두려워하기 시작한다. 우리는 응답이 없을 것이라고 생각하고서 두려워한다. 모든 기도의 "통찰들"이 스스로 만들어낸 은밀한 노력인 것처럼 보인다. 그 통찰들은 객관적으로 볼 때 사실이 아니다. 더욱이 계속 기도를 해나갈 때 우리의 자

마수드 칸(Masud Khan)은 어느 환자가 자신의 문제들을 전달하기 위해서 침묵을 사용한 사건을 묘사했다: "그의 침묵의 기본적인 기능은 전이와 분석 과정을 통해 정체성의 분열을 가져다준 어머니와의 혼란스러웠던 어린 시절의 관계를 전달하는 것이었다.…계속되는 침묵은 밖으로 표출하는 행동의 유형이었고, 어린 시절 어머니와의 병적인 관계를 연상하고 통합하고 알아내는 기능들에 도움이 되었다…." M. Masud Khan, *The Privacy of the Self*(New York: International Universities Press, 1974), pp. 168-169.

비롭고 신실한 이미지들과 환상들이 메마르거나 멈출 수도 있다. 그래서 부족함이나 상처나 특별히 고통스러운 문제들에 대해 보상해줄 수 있는 평온한 소리도 들리지 않는다.

곧 우리는 기도하면서 하나님께 나아가기 위해 말하거나 행할 것이 전혀 없음을 두려워하기 시작한다. 그 무엇도 존속할 수 없다. 이미지들이 희미해져 버린다. 환상들은 엷어진다. 우리는 성경이나 기도에 관한 책을 묵상하며 읽는 데 집중할 수 없다. 우리는 두려움 때문에 한밤중에 깨고 그것에 의해 완전히 사로잡혔음을 느낀다.[2] 도움이 되는 말이나 용기를 주는 이상, 평온한 통찰, 행동 계획도 없다. 우리는 스스로 만든 피조물이 아니다; 우리는 아주 기본적인 두려움에도 놀란다. 더 심한 경우 우리는 그러한 것에 심하게 놀라는 것을 두려워한다. 이러한 상태에서 우리는 사람들이 우리를 좋아하지 않으며 만나기를 원하지도 않을 것이라고 여기며 두려워한다. 우리는 자신이 말을 하거나 하지 않을 때 다른 사람들이 어떻게 반응할지 두려워한다. 우리는 그들의 분노와 무관심과 판단을 두려워한다. 또 신선한 느낌을 만들어 낼 감성이나 새로운 아이디어를 생각해 내지 못할 것

---

2) 우리는 잠을 깨우는 시계소리들에 집착해서 밤과 잠—프랑스의 시인 찰스 페기(Péguy, Charles)는 이것을 "하나님의 가장 아름다운 창조물"이라고 불렀다—을 쫓아버리면서 불안에 싸여 밤을 지새운다. 우리 인간들은 페기가 말하듯이 불안으로 가득 차고, 불안을 품어내는 우물—"모든 피조물들 보다" 본질적으로 더 불안하다고 그는 말한다—과 같이 되는 순간들이 있음을 부인할 수 없다. "Sleep," in Charles Péguy, *Basic Verities, trans.* Anne and Julian Green(New York: Pantheon, 1943), pp. 208-215, and "Night" in Charles Péguy, *Men and Saints,* trans. Anne and Julian Green(New York: Pantheon, 1944), pp. 272-299. 이러한 책들 안의 모든 것들처럼 두 시는 영어와 프랑스어로 쓰여 있다.

을 두려워한다. 우리가 하는 일이 어떤 수준에 이르지 못하게 될 것을 두려워한다. 또 할 일이 없거나 해야 할 일을 잘 하지 못해서 직업을 잃거나 재취업하지 못할 것을 두려워한다. 결혼을 하지 못하거나 친구나 애인으로서 부족할지도 모른다는 생각 때문에 두려워한다. 배우자를 잃을 것이라고 생각하거나 사람들과 맺고 있는 관계들이 피상적이라고 생각하고 두려워하기도 한다. 우리가 지배권을 행사하고 있는 사람들에게 받아들여지지 않고 실패자가 되어 추방될까 두려워한다. 고독과 끊임없는 상처들과 무능함을 두려워한다. 육체적인 고통과 늙음과 죽음을 두려워한다. 내면에 있는 불안과 우울의 영향력을 두려워한다. 우리는 눈에 띄는 선한 일을 하지 못한 채 침체되는 것을 두려워한다.

기도는 우리를 이러한 두려움의 한복판에 세우고 끊임없이 흐르는 두려움이라는 작은 시내를 빠르게 흐르는 큰 시냇물로 연결해 준다. 이는 기도 속에서 우리의 두려움을 잠재우기 위한 초기의 노력들이 오히려 그것을 강화했기 때문이다. 우리는 정해진 익숙한 구절이나 시편, 찬송가를 조용히 암송하거나 부르는 등 여러 가지 노력을 한다. 수자를 세거나 호흡을 조절하기도 하지만 여전히 두려움은 남아 있고, 긴장완화 방법, 진정제, 알코올, 마약 등도 도움이 되지 않는다. 두려움은 쥐처럼 우리를 갉아서 약하게 만들고, 우리의 집을 붕괴시키려 한다.

우리가 하나님께 부르짖지만 아무것도 돌아오지 않는다. 우리를 신적인 존재에게 데려다 주어 하나님이 얼마나 우리 가까이 계신지를 볼 수 있도록 도와주었던 희망, 환상, 이미지 등을 잃게 되어서 우리는 고독과 절망 속에 빠진다. 하나님과의 멀어진 관계를 연결해 주었던 이미지들이 이제는 쓸모없어졌다. 우리의 거짓 신들이 버려진 크리스마스 선물의 포장지처럼 나타난다. 그러나 그중에서도 우리는 하나님의 현존을 발견하지 못하며, 공허함과 침묵이 우리를 위협한다. 우리가 한때 하나님께 가기 위해 이용했었고 우리의 우상들과는 다른 자아를 찾기 위해 이용했던 온갖 방법들로부터 벗어나서 거의 절망에 이르게 되었다.

여기에서 기도는 두려움의 장소가 된다. 우리를 둘러싸고 있는 엄청난 침묵에 놀라 정신적으로 침체되어 있고 희망이 거의 없는 것 같은 상황에서 우리는 깊은 생각의 힘을 발견한다. 일찍이 우리를 따라다녔던 소리들에 대한 분별력이 생기기 시작한다: 혹시 그것이 직장에서의 무능력, 사회생활에서 인기가 없는 것, 또는 사랑하거나 사랑받을 수 없는 데 대한 두려움일까? 두려움의 대상들 중에 정말로 우리의 것은 무엇인가? 그것들 모두 나와는 상관없는 것인가, 아니면 모두 나의 것인가? 이러한 질문들에 답할 수 있고 그것들을 다룰 수 있도록 도와주는 문학 작품이 있다.

예를 들어 우리의 두려움은 프란츠 카프카Franz Kafka가 말한 "오래 지속된 저항할 수 없는 불만"과 같은 종류의 것인가? 카프카는 그의 일기에서 스스로가 느끼는 불행이 긴장으로 인한 잡음에 의해 만들어지는 불협화음에서부터 사람들이 아무것도 할 수 없는 고뇌의 불안과 반향적인 침묵으로 점진적으로 옮겨가는 과정을 보여준다. 그의 작품 계획과는 거리가 있지만 마침내 『심판』The Trial과 『성』The Castle이라는 그의 소설의 몇몇 훌륭한 구절들의 핵심 단어들을 거기에서 조합한다. 그는 기도를 통해 두려움을 위한 장소를 만드는 이런 종류의 일들이 무엇에 도달하는가를 보여준다.

그는 자신의 위대한 소설들 중의 하나를 완성하기 전인 1912년의 일기에서 많은 마귀들의 공격을 묵상한다. 그가 "무엇인가를 할 수 있다면 미신적인 예방책 없이" 할 수 있다는 것을 인식한다. 이러한 사실이 우리가 마귀에 대해 상상할 때 사용하는 것에게로 그를 이끌었다.

우리가 마귀에게 사로잡혔다면 하나의 마귀에 의해 그렇게 될 수는 없다. 왜냐하면 그렇다면 우리는 하나님과 함께 사는 것처럼 일치 속에서 모순 없이 반향 없이 항상 배후에 있는 그 사람을 확신하면서 조용히 이 세상에서 살아야 하기 때문이다. 그의 얼굴은 우리를 두렵게 하지 않을 것이다. 왜냐하면 우리가 시각에 민감한 사람이라면 한 손으로 그의 얼굴을 가릴 수 있기 때문이다. 우리의 전체적인 성향에 대해 평온한 견해를 가지고 있으며 언제든 우리를 처리할 수 있는 자유를 가지고 있는 하나의 마귀에게 사로잡혀 있다면, 그 마귀는 우리 안에 있는 하나님의 영을 넘어서 우리가 사는 날 동안 우리를 붙잡을 뿐 아니라 심지어 뒤흔들 수 있는 충분한 힘도 가지고 있을 것이다. 따라서 우리는 그것의 희미한 모습도 보아서는 안 되며 그것에 의해 고통을 받아서도 안 된다.

그러한 영리한 추론은 우리가 고안해 낸 그 마귀가 우리에게 어려움을 주는 유일한 악의 화신일 수는 없다고 결론을 내리도록 이끌었다.

마귀들만이 이 땅에서 우리가 세상에서 겪는 불행을 설명할 수 있다. 왜 그들은 하나만 남을 때까지 서로를 죽이지 않는가? 왜 그들은 하나의 위대한 마귀에게 복종하지 않는가? 둘 중 어떤 것도 완전히 우리를 속이려는 악한 원리와 일치할 것이다. 통일성이 없다면 모든 마귀들이 우리에게 취하는 철저한 주의가 무슨 소용이 있겠는가? 인간의 머리카락이 빠지는 것은—마귀는 그

머리카락을 잃어버리고 하나님은 그렇지 않기 때문에—하나님 보다는 마귀에게 문제가 된다고 말하는 것이 당연하다.[3]

이런 종류의 반향은 위안을 위한 것이다. 안팎에서 우리를 절망하고 낙담하게 만드는 것은 악마인데, 이 악마는 우리 자신이나 다른 사람이 만들어낸 힘있는 단 하나뿐인 존재일 수가 없다. 한 악마가 우리의 모든 고난을 설명할 수 없다. 한 악마는 우리로 하여금 두려움의 특별한 근원에만 집중하게 한다. 그것은 단순히 우리가 사랑할 수 없거나 사랑받을 수 없거나, 직장에서나 사람들과의 관계 속에서 잘하느냐 못하느냐가 아니다. 그것은 우리 위에 유일하고 강렬하게 머물러 있었던 일반적인 비효율성도 아니다. 우리는 영혼에 행해지는 단일한 요구를 어떤 것이라도 간단히 처리할 수 있다. 왜냐하면 그것은 우리 개개인의 마귀들이 우리를 공격하는 그러한 방법이 아니기 때문이다.

토스토에프스키는 현대 세계의 특징에 대한 그 명석한 예후와 진단을 내린 『악령들』 The Devils에서 고통을 극화했다. 그가 보여 주었듯이 우리는 화물차 한 대에 가득 찬 작은 마귀들에게 사로잡혀 있다. 예수님에 의하여 치유받은 귀신 들린 사람처럼 우리 안에 있는 마귀들은 거라사 지방의 돼지 떼와 같은 곳으로 쫓겨나야 한다. 카프카는 "많은 귀신들이 우리 안에 머무는 동안" 우리는 "어떤 좋은 상태에 아직 도달하지 못했다"라고 결론을 맺었다.[4]

---

3) *The Diaries of Franz Kafka* 1910-1913, ed. Max Brod(New York: Schocken Books, 1948), pp. 264-265.
4) 이 인용문은 도스토예프스키의 위대한 예언적 소설 『악령들』 안에 있다. 우리가 더 잘 알려진 제목과 더불어 마귀에서 사로잡힌 사람들에 집중하기 위해서 정

침묵기도에서 확실히 알아야 할 것은 카프카가 "머리카락의 빠짐"이라는 예를 통해서 훌륭하게 표현한 확신이다. 이것을 하나의 은유로 여겨 무시할 수도 있다. 그것이 마귀의 한계와 하나님의 전능하심 사이의 차이를 지적하는 방법이라고 생각할 수도 있고, 인습적인 생각일 뿐이라고 말할 수도 있을 것이다. 그러나 그 차이를 아는 사람들에게 그것은 문자 그대로 위대한 진실이다. 마귀 또는 "모든" 마귀들은 발견할 수 있는 극소수의 머리카락이라도 모으기를 기대하면서 이리저리 돌아다녀야 한다. 반면에 하나님은 영적인 것뿐만 아니라 육적인 모든 것을 지키시는 분이다. 하나님은 어떤 것도 잃지 않으신다. 그래서 제럴드 맨리 홉킨스는 모든 것을 하나님께서 보관하시도록 지금 큰 것이나 작은 것, 슬픔이나 기쁨, 영광이나 아름다움이나 모두 맡겨드리라고 말했다.

> 죽기 전에 빨리 그것을 드리십시오. 아름다움 자체이시고 아름다움을 주신 분이신 하나님께 아름다움을 돌려드리십시오. 보십시오; 머리카락, 눈썹, 가장 적은 눈썹 하나도 잃지 않으십니다. 하나님은 우리의 모든 머리카락도 세실 수 있습니다.

홉킨스는 실패에 대한 염려, 모든 종류의 부적절성에 대한 걱정, 그리고 우리가 가지고 있는 엄청난 두려움에 대해서 말한다. 우리가 가지고 있는 모든 것, 우리가 행하거나 행할 수 없는 모든 것, 그리고 우리가 성취할 수 있거나 할 수 없는 모든 것이 이해되고 돌보아지고 있는데 왜 그렇게 걱정

작 마귀들로부터 멀어지면 그 책에 나타난 기도의 힘과 의미들을 놓칠 것이다. 그 출처는 마태복음 8장 28-33절에 나오는 거라사 돼지떼의 이야기이다. 그것은 카프카가 말하듯이 우리 안에 "많은 마귀들"이 있는 한 행복이 없음을 일깨워 준다.

해야 하는가?

> 오! 그러면 우리가 왜 그렇게 힘겹게 걸어야 하는가? 자유롭게 박탈당하는 것이 우리가 보존할 수 있는 것보다 더 잘 돌봄을 받고 있는데, 왜 그렇게 마음이 초췌하고 걱정으로 얽매여 있고, 염려 때문에 죽을 것 같으며, 지쳐있으며 괴로움을 당하고 있는가?
>
> 그러면 그 박탈당한 것은 어디에 보관되어 있는가?
>
> 어디에 보관되어 있는가? 어디에 있는지 보여만 주소서. 어디에—저 너머에—거기는 얼마나 높은지! 우리는 지금 따라가고 있다. 저 너머로. 저 너머로.[5]

이것은 우리 대부분이 해낼 수 있는 쉬운 확신은 아니다. "미를 되돌려 받기 위해서는" 수많은 작은 악마들의 공격과 깊은 침묵, 그리고 그 침묵 속에서 불안해 하며 떨고 있는 우리를 인도해줄 기도에 이르는 묵상이 필요하다. 그것을 위해서는 그만큼의 고통을 끝내야 하며, 하나님과의 서면 계약서나 빠진 머리카락이 보관되어 있는 창고에 가볼 필요는 없다. 카프카는 약혼녀 펠리스 바우어Felice Bauer에게 "어떤 혼잡한 상황에서" 그가 겪고 있는 어려움들에 대해 다음과 같이 주장한다.

> 당신은 자신과 이렇게 먼 깊이와 높이와의—가능하다면 무한정한 깊이와 높이라면 좋겠는데—끊임없는 관계를 알고 있습니까? 이것이 가장 중요한 것입니다. 끊임없이 이것을 느끼는 사람은

---

[5] "The Leaden Echo and the Golden Echo," in *The Poems of Gerard Manley Hopkins*, ed. W. H. Gardner and N. H. Mackenzie(New York: Oxford University Press, 1967), pp. 91-93.

길 잃은 개처럼 애원하는 눈빛으로 이리저리 배회할 필요가 없고, 추운 겨울밤에 따뜻한 침낭 같고 생명을 줄 것 같은 무덤 안에 들어가기를 갈망할 필요가 없습니다. 그의 사무실까지 내려오는 계단에서, 그가 계단 통로를 기울이고 비틀거리며, 계단에서 넘어져서 몸을 비틀고 있고, 아픔을 참지 못해 머리를 떨고 있다고 상상할 필요가 없습니다.[6]

 하나님을 홉킨스가 말하는 빠진 머리카락을 보관하시는 분으로, 또는 카프카가 말하는 저 멀리 높은 곳에 혹은 깊은 곳에 계신 분으로 인정한다 할지라도 우리는 완전한 고요와 끊임없는 평안을 얻지 못할 것이다. 홉킨스나 카프카는 두려움이나 불확실성에서 일시적 소강상태를 발견하지 못했지만, 좀 더 나은 것을 발견했다. 그들은 두려움에 대한 비유, 그리고 믿음이 있을 때 일어나는 두려움의 완화에 대한 특별한 비유에 대한 자료들을 발견했다. 그들이 우리에게 제공하는 것은 그들과 우리의 불확실한 실체와 일치하는 흔들리는 믿음이다. 카프카의 하나님은 우리 위의 높은 곳에 멀리 떨어져 있는 『성』에 계시며, 홉킨스가 항상 말하듯이 저 너머에 머무신다. 그러나 조셉Joseph K.이 『시련』Trial에서 그랬듯이 우리는 항상 자신을 비난할 필요가 없고 비난해서도 안 되며, 끊임없는 자기학대 속에서 우리를 소유하도록 허락한 비열한 마귀들에게 스스로를 희생시키고 있음을 분명히 알아야 한다. 우리는 두려움을 위해 기도가 만든 장소로 자신을 인도할 수 있으며, 호소력 있는 침묵기도 속에서 스스로를 직면하려는 자신을 발

---

6) Franz Kafka, *Letters to Felice*, ed. Erich Heller and Jüngen Born, trans. James Stern and Elizabeth Duckworth(New York: Schocken Books, 1973), pp. 185-186.

견할 수 있다.[7]

그리고 거기에서 우리는 침묵을 지킨 채 앉거나 무릎 꿇거나 걸어야 한다. 우리는 자신의 이미지에 따라 하나님을 만들기 위해 발견했던 여러 가지 방법들을 부끄러워하게 된다. 우리의 기도의 노력들이 얼마나 엉망이었는가를 알고 불안해한다. 예를 들어 우리의 기도를 위한 노력들은 특권을 얻으려는 것, 호의를 얻으려 하며 호의를 얻는 것이 당연한 것처럼 보이게 하려는 것, 엄마의 자궁처럼 편안한 곳에 남아 있으려는 것, 책임을 회피하려는 것, 그리고 세상으로부터 회피하려는 것이었다.

기도가 드러내주는 침묵이 우리를 꾸중할지도 모른다. 종교적인 순결의 서약이 우리의 작은 신들에 의해 버려져서 마귀들에게 넘어간 것 같지만, 이제 그것은 우리에게 새로운 의미를 준다. 여기에서 순결은 우리의 수많은 불완전한 사랑과는 탈동일시된 완전한 사랑에 우리의 자아를 내어 줄

---

[7] 바론 폰 휘겔(Baron von Hügel)은 지옥에 대한 토론 중에 "그 대답은 확실히 아직도 장막의 이쪽에 있는 우리는 하나님의 은혜와 자비가 작동하는 방법—이 생명 안에서 뿐일지라도—에 대한 직접적이고 실제적인 지식을 가지고 있다"라고 말한다. "우리는 하나님의 관대함과 은사들 중 주요한 몇몇 개요들을 대충 따를 수 있다." 우리는 불순하고 진실되지 못하고 잔인한 말들, 사고들, 그리고 행동들과 "우리 자신이 가지고 있는 최고의 통찰력과 특별한 은총으로부터 비겁하게 움츠러드는 것이 우리의 성향과 습관들과 행동 양식…을 어떻게 완화시키거나 긴장시키는지, 혹은 어떻게 굳게 하거나 비켜나가게 하는지를 알 수 있다"라고 휘겔은 말한다. 우리는 또한 회개를 발견할 수 있는데, 이것은 "어느 정도의 깊이가 있건 간에 예수님을 통한 하나님의 은혜일 것이다…." 그러나 우리가 가장 필요로 하는 것은 "순수한 사랑"의 행위이고, 여기에서 휘겔은 우리가 어려운 순간에 처해 있을 때의 위대한 동맹자인 예수님 옆에서 십자가에 못 박힌 선한 도둑을 떠올린다. Baron Friederich von Hügel, *Essays and Addresses on the Philosophy of Religion*(London: Dent, 1963 [1921]), I, pp. 202-203.

수 있다는 이 엄청난 주장에 집중할 준비가 되어 있어서 다른 경쟁적인 주장들을 벗어버리는 것을 의미한다. 이제 모든 것이 한 방향으로 나아간다. 우리는 사람들이 우리를 인정하지 않을 것이라는 두려움을 하나님께 양도한다. 마찬가지로 사람들의 인정을 바라는 소망도 하나님께 드린다. 우리의 모든 작은 신들도 하나님께 드린다. 키에르케고르는 순결이란 한 가지를 바라는 것이라고 했다.[8] 침묵기도는 하찮은 모든 것들이 오직 한 가지, 즉 하나님의 원초적 소리로 들어가는 문을 통과하도록 정리한다.

그 소리는 막스 피카드Max Picard가 "침묵의 벽"이라고 부르는 것을 따라 움직인다. 막스는 침묵은 사람의 말 이상을 의미한다고 분명히 말한다. 침묵은 하나님과 인간이 의사 소통할 수 있는 원초적인 언어이다.

> 하나님은 인간을 위하여 인간이 되셨다.…침묵의 층이 이 사건과 인간 사이에 있고, 이 침묵 속에서 인간은 하나님 자신을 둘러싸고 있는 침묵으로 다가간다….
>
> 한 층의 침묵에 의해 하나의 신비가 인간에게서 항상 분리되는 것이 하나님 사랑의 표시이다. 그것은 인간이 그 신비로 다가가기 위해서 침묵을 유지해야 한다는 것을 깨우쳐 준다.

우리의 침묵과는 달리 하나님의 침묵은 그의 말과 다를 바 없다; "말과 침묵은 하나님 안에서는 하나이다." 하나님의 침묵은 우리 안에 쏟아 부어

---

[8] 키에르케고르는 고독한 사람에게 말한 책 *Purity of Heart Is To Will One Thing*(순결이란 한 가지를 바라는 것이다)에서 "영원한 것만이 항상 합당하고 항상 존재하며 항상 진실된 것이기 때문에" 하나님을 직면하라고 명령한다. *Purity of Heart*, trans. Douglas V. Steere(New York: Harpers, 1938), p. 3.

지는 "자기 자신을 주시는 침묵이다."[9] 이렇게 기도할 때 우리가 두려워하는 침묵은 기도의 주요한 부분이 된다. 고요함은 우리를 정결하게 한다. 고요함은 우리를 명료하게 한다. 침묵 안에서 하나님은 시끄러운 소리들을 다른 모든 것으로부터 가장 중요한 것, 즉 하나님을 바라보는 것을 구분할 때 나오는 고요함 안에 끌어 모으시기 위해 우리 안에 들어오신다.[10]

처음에는 하나님을 바라볼수록 두려움이 더욱 깊어진다. 우리가 얼마나 가난한지를 깨닫게 된다. 종교적인 가난의 서원이 이제 새 힘을 갖게 된다. 우리는 자신에게 주어진 것들—생명 자체, 우리를 낳고 기르신 부모님의 인성, 우리의 문화적 주체성을 형성할 역사를 확인하는 문제들과 가능성들과 더불어 스스로를 발견하는 역사 속의 시간—을 전적으로 의존하게 된다. 우리는 자신의 재능과 한계, 그리고 우리가 계발하거나 소홀히 하는 바 자신 안에 있는 장점이나 약점들을 의존한다. 그러나 결국 어떤 것도 우

---

9) Max Picard, *The World of Silence,* trans. Stanley Godman(Chicago: Regnery, 1952), p. 219, 227, 220-230.

10) 하나님을 바라보는 신비한 침묵의 경험은 Hermann Broch의 소설 *The Death of Virgil*(trans. Jean Starr Untermeyer[New York: Pantheon, 1945])의 마지막 부분에 기묘하게 표현되어 있다. 이것들은 말할 수 없는 것들을 표현하는 거의 말하는 것에 가까운 것들 중의 일부이다: "아무것도 공허함을 채우지 못했고, 그 공허함이 우주가 되었다.…그 말은 표현할 수 있는 것과 표현할 수 없는 것을 초월해 떠다니면서 그 우주, 즉 무(nothing) 위에서 맴돌았다.…그가 홍수처럼 넘치는 소리를 통과하고 그것에 의해서 통과될수록 그 말은 더욱 얻어질 수 없고 더욱 위대해졌고 더욱 의미심장해졌고 더욱 알기 어려운 것이 되었다.…그것은 언어를 뛰어넘는 말이었다"(pp. 481-482). Ludwig Wittgenstein은 *Tractatus Logico-Philosophicus*의 종결부분에서 "우리는 뭐라고 말할 수 없는 것을 침묵에 위탁해야 한다"라고 말한다(translation by D. F. Pears and B. F. McGuinness[London: Routledge, 1961], p. 151).

리에게 속하지 않는다; 우리 안에 있는 어떤 것도 자율적이지 못하다. 모든 것이 사람들과의 관계, 그리고 존재의 신비적인 근원과의 관계에 달려 있다. 우리가 무엇을 가지고 있든지, 우리는 자신이 자기보다 탁월하며 자신의 통제력을 넘어서는 사람들과 대화하고 있고 우연한 만남을 가지고 있으며 관계를 맺고 있다는 것을 알아야 한다. 심지어 우리 안에 있는 사랑스러운 것도 사람들이 그것을 인식하여 공개적으로 밝히지 않으면 소용이 없다.

   종교적으로 우리가 가난에 대한 단순한 감정을 넘어서 자신의 빈곤함에 대한 내적 확신에 이를 때 다시 두려움이 생긴다. 우리는 이 가난을 거절하는 것이 죄임을 분명히 안다. 우리를 유혹하는 죄의 주요 통로는 기독교 교리에서 "지식의 결핍"이라고 부르는 마음의 어리석음이다. 우리는 자신의 기분과 의지가 날씨, 먹은 음식, 수면 시간 등에 얼마나 많이 의존하는지를 말해주는 감각들의 증거를 무시한다. 우리는 자기의 선한 의지가 사람들이 우리에 대해 어떻게 말하는지에 얼마나 의존하고, 사람들이 우리를 무시하고 있다고 느낄 때 얼마나 쉽게 방어하며, 그들이 우리를 무시할 때 얼마나 빨리 반격하는지 등을 말해주는 감정의 증거를 무시한다. 이런 격렬한 경험의 반대편에서 사람들이 우리에게 친절과 사랑과 존경의 태도로 말하면 우리가 얼마나 쉽게 더 선한 자아로 발전하겠는가! 우리는 자신이 알고 있는 것에 대한 증거를 무시한다. 우리는 기발한 통찰이 사람들과 책과 전통과의 대화에서 얻어진다는 것을 잊는다.[11] 우리는 그 대화 속에서 통찰을

---

11) 이것을 옮기는 다른 방법은 많은 알파와 베타와 감마가 모든 오메가 포인트(테이아르 드 샤르뎅의 생생한 은유를 사용함), 즉 모든 거대한 수렴점 앞에 와야 함을 스스로에게 상기시키는 것이다. 현재뿐만 아니라 과거와의 대화

이해하고 발견하기 위해 열심을 냈을지도 모른다. 열심을 내는 것이 필요하다. 그러나 새로운 이해가 도달하고 그 통찰이 자리를 잡을 때 우리는 그것이 우리가 창조해낸 것이 아니라 단순히 받은 것임을 알게 된다.

우리는 무지 속에서 참 십자가 대신에 거짓 십자가를 선택하고, 우리를 부드럽게 해주고 근본적으로 치료해주는 진정한 고난 대신 아프기만 하고 치료해주지 못하는 거짓 고난을 선택하도록 유혹을 받는다. 어거스틴과 뵈메는 이 세상에서의 모든 불안이 그런 잘못된 선택에서 기인한다고 말한다.[12] 잘못된 십자가는 항상 부에 대한 약속으로 우리를 유혹한다. 우리는

속에서, 그리고 새로운 것뿐만 아니라 전통과의 만남 속에서 우리가 현재 있는 곳에 도달할 수 있고 목적 있는 거대한 연속선 상에 있다는 것을 알게 되면, 말로 하건 침묵으로 하건 우리의 기도는 은혜를 입을 것이다. 왜냐하면 우리는 은혜를 알았던 사람들과 접촉하게 될 것이기 때문이다.

12) 기독교인의 생활에 대한 소논문에서 어거스틴은 종교인들의 행동에서 반영되어 보일 수 있는 분명한 죄로부터 분명한 덕들까지, 쉬운 윤리적 삶에서 고통받는 삶까지에 이르는 이러한 종류의 경험에 대하여 단호한 태도를 보여준다. 모든 잘못된 것이 드러날 것이다. "하나님의 사람은 그렇게 드러날 것이며, 그를 보기를 바라지 않거나, 그의 말을 듣기를 원하지 않거나, 그를 보았음에도 불구하고 그가 하나님의 아들이라고 믿지 않을 사람은 아무도 없는 것처럼 처신해야 한다…." *The Christian Life*, trans. Sister Mary Sarah Muldowney, S. S. J., in St. Augustine, *Treatises on Various Subjects*, ed. R. J. Deferrari(New York: Father of the Church, 1952), p. 26. 뵈메에게 있어서 참된 고통은 고통스럽기는 하지만 항상 맛있는 열매를 맺는다. 그는 "질적으로 고통스러운 것이 그 나무를 흔들리게 하거나 활발하게 만들어서 싹을 내고 푸르게 자라 가지와 입과 열매를 맺는다"라고 *The Aurora*의 비유적인 언어로 말한다. 뵈메의 마음에는 인간의 타락에 대한 의심이 전혀 없다; 그는 인간을 "반은 죽은 것"으로, 그리고 적어도 이 땅에서는 완전함이 불가능한 것으로 본다. 그러나 그는 또한 "성령에 의해서, 그리고 질적으로 고통스러운 것들이 가지고 있는 힘과 추진력을 통하여 발산되는 성장의 '열'에 의해서 인간이 교화되고 밝게 빛나는 것을 본다." *The Aurora*, trans. John

스스로 통제할 수 있고 책임질 수 있다고 생각한다. 우리는 지시하고 독립적이고 자존하고 자율적이고 의존적이지 않은 사람이 될 수 있다. 우리는 성장하지 않으려 하며 부모님의 확실한 지지뿐만 아니라 인내와 호의의 모든 자원을 고갈시키는 어린 자식 때문에 고통하는 부모와 같다. 그러나 보통 자식들을 구속하고 그들의 자유를 막는 것은 부모이다. 그런 부모는 자녀들이 독립하려 하고 감사할 줄 모르는 데 대해서 불평하면서도 자신만이 자녀들이 필요로 하는 것을 제공할 수 있다고 주장한다. 그러나 더 심한 부모은 전혀 공급하지 않음으로써 자식들이 자유롭게 되는 것을 막아 버린다. 따라서 그들의 자녀들은 필요로 하는 것을 자신 안에서 찾고 현실과 자신과 관계를 발견한다. 그러한 부모의 잘못되고 불필요한 고통은 그들과 자녀들 사이에 적개심을 키우고 양자 사이의 좋은 요소들을 파괴한다.

부모이 자녀에게 신뢰할 만한 자긍심을 심어주는 데 있어서의 실패를 직면하고 자책감을 느끼는 것이 진정한 고통이다. 진정한 고통은 자녀들이 자립할 수 없을지도 모른다는 두려움을 느껴도 그대로 놔두는 것이다. 왜냐하면 그들은 부모가 생각하는 것보다 훨씬 많은 것에 도달할 수 있기 때문이다. 어쩌면 다른 사람들이 부모가 제공할 수 없는 도움을 줄 수 있을 것이다. 여기에서 진정한 고통은 통제를 포기하고 내면의 빈곤을 받아들이는 것이다. 즉 좋은 것이든 나쁜 것이든 줄 수 있는 것을 자녀들에게 주며, 자기들이 자녀들에게 필요한 것들을 제공할 수 있는 유일한 존재가 아님을

Sparrow(London: Clarke, 1960), pp. 199-201를 보라. 거짓 십자가와 구별되는 참 십자가는 사랑을 만들고, 모든 이들이 인식할 수 있는 근심이 아닌 사랑스러운 모습을 세워 준다. 그것은 어떤 약속도 하지 않지만 열매를 맺는다.

알고 받아들이는 것이다.[13]

어린아이들은 종교에 대한 첫 의식적 경험을 하는 데 있어서 부모가 이해하지 못할 때에도 이것을 이해한다. 그들은 호기심을 가지고 선한 행동과 악한 행동 사이를 오가는 가운데 자기들이 처한 윤리적 상황에서 의존할 수 없는 것을 인식하게 된다. 그들 스스로의 행동을 충분히 통제할 수 없는 동안은 그들의 부모도 마찬가지이다. 이것은 단지 자녀들이 권위, 특히 부모의 권위를 거부해야 한다고 느끼기 때문이 아니다. 사춘기 직전에서부터 사춘기 직후의 어린이들은 가치의 양면성을 다시 발견한다. 엄마의 젖이 잘 나올 때에 어머니가 완전히 좋은 것이 아니며, 젖이 멈출 때에 어머니가 아주 나쁜 것이 아니라는 인식에 이르는—멜라니 클라인은 이것을 "배상의 위치"라고 한다—유아와는 달리 이 사춘기 자녀는 삶을 위한 전반적인 부양책의 구조가 믿을 수 없고 불완전하고 불안정하다는 것을 발견한다.[14] 똑같은 환경이 기쁨과 절망을 일으킬 수 있다. 부모와 교사와 사

---

13) 내면의 가난은 믿음을 정의하는 특징들 중 하나이다. 그것은 말로 표현할 수는 없는 것이지만 산뜻하게 만족을 주는 모든 것들—적어도 자기 만족은 아니다—에 대한 주관적 확실성과 객관적 확신에 도달할 수 없음을 의미하지는 않는다. 자기 만족은 랍비의 간단한 진술에 잘 요약되어 있다: "엘리야는 '하나님께서 이스라엘에게 줄 좋은 것들을 찾아보다가 가난보다 더 좋은 것을 찾을 수 없었다'라고 말한다. 그래서 사람들은 '빨간 재갈이 하얀 말에 어울리듯이 가난이 이스라엘에게 어울린다'라고 말한다"(*Hagigah* 9b). C. G. Montefoore and H. Loewe, *A Rabbinic Anthology* (New York: Meridian, 1960 [1938]), pp. 445-446을 보라.

14) 멜라니 클라인은 "배상"(reparition)의 개념을 한 인간의 발전 과정에서 가장 독특한 성취라고 규정지었다. 그녀는 그것을 이렇게 묘사한다: "유아가 자기의 파괴적인 충동이나 환영이 그의 사랑을 받는 대상인 완전한 사람에 대항해서 일어나고 있음을 느낄 때 죄의식이 강력하게 일어나며, 그것과 함께 배

랑하는 친구들은 안아주고 키스를 하다가도 돌아서서 일격을 가할 수 있을 것이다. 전체적으로 연속되는 반응들의 일부만 드러나는 것은 대단히 당혹스러운 것이다. 그러나 더욱 당혹스러운 것은 그 아이에게 있어서 그 모든 것이 별로 다르지 않은 행동들에 의해서 야기된 것처럼 보인다는 것이다. 그러나 보다 더 당혹스러운 것은 그 아이가 볼 수 있는 한에서 그의 행동은 모든 경우에 기쁨을 초래하고 따뜻하고 사랑스러운 반응을 얻어내기 위한 것이었거나 그렇게 고안되었다는 점이다.

    그런 상황에 있는 어린이들이 자기들을 죄인처럼 가두어 놓고 있는 듯한 무시무시한 이중 구속을 생각할 때, 그들은 우리 모두가 그 안에 산다고 생각하는 복잡한 형이상학적 자유만을 붙들기 시작한다. 한 어린아이 덕분에 그 어린이들은 그 복잡함을 단순하게 생각할 수 있다. 같은 상황이 다른 사람들 안에서 뿐만 아니라 그들 자신 안에서도 선한 감정이나 악한 감정을 낳을 수 있다. 좋은 행동을 위해 고안된 것으로 인해 비난을 받을 수 있고, 나쁜 행동을 위해 고안된 것으로 인해 칭찬을 받을 수도 있다. 우리는 자신에 관한 이러한 모순들, 그리고 우울하고 당혹스럽고 난처한 상황에 있는 윤리적 세상을 직면할 수 있다. 혹은 거의 해결될 수 없을 것같이 보이는 모순들 속에서 더 큰 통제력을 지닌 존재를 발견할 수도 있다. 쉽게 설명할 수 없지만 이 놀라운 역설들을 이런 식으로 이해하는 사람들에게 더 좋은 것이 있다. 황폐함이 희망이 되고 모순이 조화가 될 수 있다. 내적인 삶이

상하고자 하는 최우선적인 충동이 사랑받는 상처받은 대상을 보존하고 생성하게 하며…배상하려는 마음은 전적으로 생의 본능(life instinct)에서 기원한다…." Melanie Klein, *Envy and Gratitude and Other Works*, 1946-1963, p. 74.

시작되는 것이다.

19세기 중반 러시아의 작가 콘스탄틴 레온티예프Konstantin Leontiev의 소설에 이러한 내면화의 과정을 반영해주는 구절이 있다. 그의 해설가는 "슬픈 고독 속에서" 살아 있는 자들 사이에 무덤 너머에서 벌받으리라는 두려움과 유효한 구원을 발견하리라는 희망이 혼재하던 어린 시절의 종교적 경험을 이야기한다. 그는 숙모의 성화가 준 기쁨과 그 위에 비춘 빛을 기억한다. 또한 그는 너무 일찍 교회를 떠나거나 성찬용 빵을 떨어뜨렸을 때 느꼈던 불행을 기억한다: "나는 자신을 순결하고 순한 것을 욕되게 한 사람으로 보았다." 구약성경의 마지막 장을 읽을 때 "거의 들을 수 없고 볼 수 없는 달콤한 기대가 생겼다.…더 나은 새벽 같은 새로운 삶이 온 세상을 기다리고 있는 것 같았다. 아직 빛은 없었지만 슬픔과 안도감을 동시에 느낄 수 있었다." 예수께서 이 땅에 오셨다가 승천하셨을 때의 반응과 비슷하다. 엠마오로 가는 제자들에게 예수님이 나타나신 후에 모든 것이 버림받은 것 같았다. 레온티예프는 하나님을 만나기 위한 첫 번째 중요한 묵상에 동반되는 일종의 당혹스러움과 평온함을 멋지게 반영해 주는 어린이의 반응을 묘사했다. 돌아올 것을 약속해 주는 이별 혹은 부재로 이끌 현존 중 우리를 위로해주고 자유롭게 해주고, 우리의 두려움을 이용해서 우리를 고요하게 해주는 것이 어떤 것인가? 예수님은 오셨다가 떠나셨다.

얼마나 황량하게 보이는가! 한낮의 더위가 사라진 저녁 식사 후 당신이 아무도 사용하지 않고 나무 그림자들이 점점 더 크게 드리운 크고 푸른 정원에 들어갔을 때처럼. 가까웠던 사람이 원하기만 했다면 그 안에서 한가하게 산보를 했을 그 집과 정원을 그가 떠났을 때처럼. 어떤 새로운 것이 막 시작하려 하다가 사라지려 하고…그러나 그것이 무엇이었는가? 그 때에도 나는 그것을 설명할 수 없었고 지금도 역시 그렇다.[15]

하나님은 우리를 사랑하시고 우리에게 주는 동시에 우리가 수단과 반응들을 발견할 수 있는 자유를 주시는 부모님처럼 행하신다. 우리가 두려워하는 가난은 내면의 부유함으로 인도해주는 출입문과 같다: 우리는 아무것도 소유하고 있지 않고, 누구도 소유하고 있지 않다. 심지어 우리를 철저하게 의존하고 있는 자녀들조차도 우리의 것이 아니다. 이러한 식으로 가난을 받아들이면 우리는 매일 주어지는 풍부함을 맛볼 수 있게 된다. 우리는 쉽게 숨쉬고 잘 먹으며, 친구들이 우리에게 말을 하고, 우리는 사랑받는다고 생각한다. 그것들의 무한한 가치를 알기 위해서는 위의 것들 중 하나에서 평안함을 잃어보면 된다. 마음이 가난한 사람은 정말로 가득 채워진다. 우리가 가지고 있는 모든 것은 주어진 것이며, 넉넉히 주어진 것이다.

우리의 풍부함을 인식하는 이 시점에서 우리의 두려움은 전보다 훨씬 심해질 것이다. 우리는 사랑하는 사람들과 가치를 두고 있는 것에 대한 두려움을 발견할 것이다. 우리는 고통스러운 질병이나 늙어서 죽는 것처럼 우리의 실존이 서서히 사라져 가는 것을 두려워한다. 우리는 자녀들이 질병 속에서, 사고 속에서, 다른 사람들 및 바깥 세계와 갈등을 겪고 있는 내면의 자아들과 불가피한 충돌 속에서 겪는 고통을 훨씬 두려워한다. 자기 자신, 친구들 또는 사랑하는 사람들을 공격하는 절망에 대한 두려움이 우

---

15) Konstantin Leontiev, *Against The Current: Selected Writings*, ed. George Ivask, trans. George Reavey(New York: Weybright & Tally, 1969), pp. 22-23.

리를 병들게 한다. 우리는 자살을 향해 가는 절망을 인식한다. 가까운 사람들이 실패하고 세상에서 나아갈 방향을 잃고 정신을 잃었을 때 그들을 도울 수 없다는 것은 얼마나 두려운 일인가! 해결책이 없을지도 모른다. 전쟁이 또다시 이 세상을 뒤집어 놓을 수도 있다; 젊은 세대 전체가 절름발이가 되어 고통받으며 치유될 수 없는 망상에 빠질지도 모른다. 우리는 얼마나 많은 사람들이 배고픔으로 고통받으며, 얼마나 많은 상상이 차단되고 있으며, 세상을 파괴하며 세상의 풍부한 것들을 남용하며 세상의 아름다움을 추하게 만들고 미지의 신비스러운 피조물들을 소멸하는 체제의 빈곤과 권력의 남용에 의해서 얼마나 많은 고통이 야기되는지 쉽게 알 수 있다.

우리를 개인적으로 괴롭히는 고통들보다 크고 광범위하게 고통을 야기시키는 것들이 있다. 우리는 가치관의 파괴를 두려워하고, 가치에 대한 개념이 왜곡되어서 많은 사람들이 이해하지 못하게 될까 두려워한다. 우리는 세상 속에서, 그리고 자신 안에서 악을 통제할 수 없음을 두려워한다. 세상의 "완벽한 해결책"이라는 것들이 그 문제들의 원인보다 더 심각한 문제임이 드러난다. 대규모의 혁명뿐만 아니라 작은 규모의 개혁도 재앙을 야기한다. 모든 것을 해결하려고 하는 우리의 충동은—아마 하나님이나 그의 재판소장이 아니라 단지 그의 바로 밑에 있는 신하를 놀리려는 것인데—거의 우리를 파멸로 이끈다. 그것이 대대로 선악과를 선택하라고 계속 우리를 유혹하는 형태이다. 우리는 그 선악과를 원한다. 그것을 따먹느냐의 여부는 우리에게 달려있다. 선악과의 나무는 항상 현실에 대한 우리의 해석, 시기에 대한 우리의 감각, 우리의 목표 선정, 고통과 그것의 완화에 대한 우리의 이해 등에서부터 성장한다. 우리는 품위와 관심, 끊임없는 힘을 가

지고 선회하여 나아간다.[16]

우리는 이제 십자가가 쓸모 없게 되었다고 결정했다. 누가 그것을 필요로 하는가? 행복한 삶과 죽음에 대한 우리의 해석은 얼마나 우리를 유혹하는 선택사항인가? 결국 우리는 두려움과 불확실함 속에서 만나주시는 하나님과의 만남을 상실한다.

하나님은 우리의 두려움을 모두 제거하시지는 않는다. 그분은 그 안에서 우리와 합류하신다. 그분은 우리가 두려워하는 곳에 계시다. 그것이 십자가, 즉 생명나무의 방법이다. 그것이 죽음 앞에 있는 우리의 삶 속에 들어오시는 하나님의 방법이다. 그것이 종교에서 순종을 서원하는 방법이다. 그것이 두려워하는 우리의 마음에 스며든다. 그것은 죽기까지 우리의 사랑에 복종하라고 말한다. 그것은 우리 존재가 맞이하는 피할 수 없는 사실을 피하지 말라고 가르쳐준다. 우리는 사랑하는 사람들이 고통받는 것을 막을 수 없다. 우리가 계속 온전할 것인지도 확신할 수 없다. 또한 평화나 선한 의지를 이 땅에 보장할 수 없다. 이와 같은 큰 두려움들에 대한 확실한 해답이 없다. 그것들에 대한 유일한 해결책은 그것들을 하나님의 손에 맡기는 것이다. 우리는 가능한 모든 것을 행하되 그것들을 하나님의 돌보심에 맡겨야 한다. 우리의 두려움은 단순히 우리의 의지가 아닌 하나님의 의지

---

16) 도스토예프스키는 무시무시한 재판소장을 시켜 예수님께 말하도록 한다; "내가 당신을 두려워하지 않는다는 것을 아시오. …나는 또한 당신이 인간에게 축복으로 주신 자유를 귀중히 여기고 있소. 그리고 당신이 선택한 사람들 사이에 서 있으려고 발버둥을 치고 있소.…그러나 나는 광신적으로 예배하지 않을 것이오. 나는 돌아서서 당신이 하신 일을 수정했던 사람들의 반열에 합류했소." Fyodor Dostoevsky, *The Brothers Karamazov*, trans. Constance Garnett(New York: New American Library, 1957), p. 240.

에 복종한다는 사실을 받아들일 수 있는 곳으로 우리를 인도한다. 우리는 자신의 의지로 많은 것들을 할 수 있다. 가장 좋은 것은 기도할 때 우리의 의지를 하나님의 의지를 향해 옮기는 것이다.

　이때 우리의 두려움을 완전히 바꾸어 놓는 변화가 일어난다. 우리는 지금 아무도 대답하지 않고 아무도 없을 것이라는 것을 결코 두려워하지 않으면서 하나님이 가까이 계시며 대답하실 것임을 두려움 속에서 인식하고 있다. 밤중에 근처에 짐승이 있다는 것을 느낄 때 우리 촉각의 안테나가 곤두서듯이, 우리는 기도 속에서 또 하나의 존재를 느낀다. 두려움이 우리를 그 존재에게로 인도한다. 그 다음에 우리는 그 두려움에 대해서도 하나님께 감사한다.

제7장

기도와 공격성

기도는 우리로 하여금 공격할 수 있게 해준다.[1] 우리는 하나님을 향해 양면적 감정을 가지고 있으며 하나님의 본성과 우리의 본성에 관한 불확실한 개념을 가지고 있음을 발견한다. 우리는 기도하기를 원하기도 하고 원하지 않기도 한다. 우리는 기도해야 한다고 생각하기도 하고 하지 않기를 바라기도 한다. 우리는 기도하기를 갈망하는 동시에 두려워한다. 우리는 은혜의 하나님을 생각하지만 저주의 하나님을 기억하기도 한다. 천국이 약속되어 있지만 지옥 또한 우리를 위협하고 있다. 하나님은 자비로우시지만 질투도 하신다. 무릎을 꿇고 기도하는 마룻바닥에 커다란 균열이 생겨서 점점 크게 벌어진다.

기도는 공격을 피하지 못하게 한다. 우리가 얼마나 성미가 급하고 기뻐하기 어려우며 쉽게 불만을 가지며 불안해하며 싸우기를 좋아하는지 알 수

---

[1] 공격에 대한 뛰어난 일반적인 소개를 Anthony Storr, *Human Aggression* (New York: Atheneum, 1968)에서 볼 수 있다. 또 Erich Fromm, *The Anatomy of Human Destructiveness*(New York: Holt, Rinehart and Winston, 1973)를 보라.

있다. 우리는 방향 없는 불안한 에너지로 가득 차 있다. 엄청난 감정의 폭발에 직면하지만 그것이 어디에서 어떻게 왔는지 모른다. 결정하기 힘든 사항들과 극단적인 해결책들이 기도 속에서 터져 나오는데, 마치 야생마들이 집에서 나가려고 발버둥치는 것 같다.

공격은 우리 자신을 위한 열렬한 탄원과 함께 기도 안에 들어온다. 우리는 자기의 욕구에 대하여 이야기한다. 바라는 것들을 큰 소리로 외친다. 자신의 약점들과 실패와 귀신들리는 환영들에 대해 변명한다.[2] 스스로 올바르다고 생각하고 있기에 우리는 사람들이 그러한 모습을 보지 못하고 우리가 바르지 않다고 여기는 것을 싫어한다. 혹 우리가 스스로 옳지 못하다고 생각하고 있다면 자신이 사람들과 하나님에 의해 가혹하게 판단되지 않기로 결심하는데, 스스로에 대한 판단이 가혹하다면 더욱 그러한 마음을 가지게 된다.

한편 우리의 공격은 정반대의 형태, 즉 산만한 형태로 나타날 수도 있다. 우리는 자신이 무엇을 생각하는지 혹은 무엇을 느끼는지 모른다. 우리는 결정을 내리기를 주저하며 다른 사람들이 문제를 해결해주기를 기대한다. 우리는 스스로 통찰이나 가능성을 가지고 노력하는 대신에 그 문제들을 다른 사람들에게 맡기며 자신의 통찰이나 가능성들에 대해서는 말만 할 뿐이

---

2) *The Divine Judgment*에서 대 그레고리는 "경건의 능력을 고려하고 지키기를 꺼리는 사람들은 자신의 환상이라는 냄새에 속을 것이다"라고 했다. 그것은 중세 신학자의 역할에 대한 신랄한 비판이라기보다는 사실들을 직면하는 것이었다. 끊임없이 우리의 한계들에 대해 변명을 제공하는 일종의 독선은 우리가 접촉하는 사람들에게 어떠한 영향을 주든지 우리들 대부분의 마음을 사로잡는다. 대 그레고리의 *Morals on the Book of Job*(Oxford: Parker, 1850), III, 644를 보라.

다. 우리는 주변 사람들이 비난할 때까지 우유부단하게 결정내리지 못한 채 표류하는 식으로 공격성을 나타낸다.

공격은 보통 기도 속에서 우리를 두렵게 하는데, 이는 그것이 하나님으로부터의 분리와 자아 몰입의 불가능이라는 위협을 가하기 때문이다. 공격은 분노나 퇴행 같은 부정적인 방법으로 표출된다. 우리는 도전적인 자세로 하나님께 다가간다. 또는 타자, 즉 하나님이 우리의 일들을 해결해주시기를 바라는 수동적인 삶을 산다.[3] 우리는 자신이 나아갈 방향으로의 움직임을 거부하고 비난과 자기 연민으로 가득 채운다.

공격성은 갑작스럽게 떠오르는 낙천적인 자아의식처럼 긍정적으로 표출되기도 한다. 우리는 자신이 하나님에 대해 가지고 있는 유치한 이미지로부터 벗어나기를 원하며, 관대한 보호—여기에서 하나님은 우리를 안아주는 어머니 품과 같다—에 의존하던 것에서 벗어나기를 원한다. 우리는 권위—여기에서 하나님은 명령에 의해 항상 억제하고 창의성을 둔화시키는 아버지와 같다—에 대한 두려움을 멈추기를 원한다. 우리가 어렸을 때 근육이 입은 옷을 찢고 나오듯이 우리의 공격적 성향이 기도에서 나온다. 우리는 더 이상 분홍색, 푸른색, 노란색 등 유아들의 부드러운 색깔 속에 계신 하나님을 원하지 않는다. 우리는 진홍색, 푸른 에메랄드빛, 보라색, 금색 등 활기찬 색상들을 원한다. 우리의 공격적인 에너지들은 하나님에 대한 우리의 오랜 이미지들에 의문을 가하여 그것들을 깨뜨리고 사라지도록 한다. 우리는 자신을 가득 채우기를 기대하면서 홀로 나아간다. 우리

---

3) 공격성의 수동적 전개에 대한 충분한 고찰을 위해서 Edrita Fried, *Active/Passive: the Crucial Psychological Dimension*(New York: Grune Stratton, 1970)을 보라.

는 인색하게 비난하고 귀찮도록 계속 고함치며 우리를 구속하시는 하나님이나 지나치게 유연한 하나님이 아닌 넓고 깊고 힘있는 자아를 긍정하시는 하나님을 찾는다.[4] 우리는 로켓처럼 힘차게 이륙하길 원한다.

기도는 우리로 하여금 자신의 공격을 완전히 이해할 수 있도록 해준다. 공격은 최소한 방종을 발휘하는 것이요 치명적으로는 이 세상에 폭력을 가져다 줄 맹목적인 공격이 되지만, 기도 안에서는 자아의 발견과 드러냄을 위한 통로가 된다. 그것은 부정적이면서도 긍정적인 형태를 취한다. 그리고 공격이 기도를 가능하게 하는 힘이 되듯이 기도는 공격을 구분하는 데 도움이 되는 환경을 조성한다.

기도할 때에 부정적인 형태의 공격은 문제를 만들어 낸다. 우리는 기도할 때 마음과 정신을 점유하고 있는 것에 끌리게 되어 있다. 다른 사람을 향한 성냄과 그들의 어리석은 행동 때문에 일어나는 분노가 신속하게 우리 마음속에 파고든다. 기도하려고 노력하는 동안 자신이나 상대방이 다른 것

---

4) 공격의 하나님은 시편 139편의 하나님이시다. 우리는 그 하나님에게 이렇게 말한다: "여호와여 주께서 나를 살펴 보셨으므로 나를 아시나이다 주께서 내가 앉고 일어섬을 아시고 멀리서도 나의 생각을 밝히 아시오며." 우리는 땅 위에서도 하늘에서도 지옥에서도 이러한 하나님을 피할 수 없다. 그분은 우리의 내면과 외면을 형성하셨다; 그분은 우리의 형질이 갖추어지기 전부터 우리를 알고 계시다. 우리의 공격성을 아시는 하나님께 이렇게 말할 수 있다. "하나님이여 주께서 반드시 악인을 죽이시리이다 피 흘리기를 즐기는 자들아 나를 떠날지어다 그들이 주를 대하여 악하게 말하며 주의 원수들이 주의 이름으로 헛되이 맹세하나이다여호와여 내가 주를 미워하는 자들을 미워하지 아니하오며 주를 쳐서 일어나는 자들을 미워하지 아니하나이까." 복수의 외침이 있는 그렇게 소란한 상황 속에서 우리는 이렇게 말할 수 있다; "하나님이여 나를 살피사 내 마음을 아시며 나를 시험하사 내 뜻을 아옵소서 내게 무슨 악한 행위가 있나 보시고 나를 영원한 길로 인도하소서."

을 말했으면 하는 기대와 함께 "우리"가 말한 것과 "상대방"이 말한 것을 상기하는 일에 착수한다. 우리는 과거의 장면들을 떠올리고 새롭고 더 좋은 것들을 상상한다. 우리 안에 상처와 분노가 가득 채워진다. 심장부로부터 뜨거운 용암처럼 분출하는 강력한 분노를 느낄 때 오싹해진다. 그렇게 오싹해진 상황에서도 우리는 적들에게 복수하려는 강한 충동을 느낀다. 그들에게 가하고 싶은 행동에 대한 가학적인 환상들이 우리를 침범한다.[5] 우리는 다른 사람들의 부주의함과 정의롭지 못함을 비난한다. 또 다른 사람들을 향한 그들의 야비함에 분노한다. 우리는 계속 그들을 경멸한다.

이런 부정적인 공격을 느끼는 것은 우리를 기진맥진하게 하는 힘든 일이다. 그런데 기도가 그것으로 우리를 직접 인도한다. 이러한 적의를 의식하고 있으면서도 그것에 압도되지 않지만, 그 격동의 회오리 속에서 벗어나지 못하는 것이 우리의 에너지를 고갈시킨다. 역설적이게도 우리가 공격의 포로가 되지 않으려면 더 많은 공격이 필요하다. 이웃에게 기독교적 용서와 자비를 베풀고 원수를 위해서 기도하는 것은 우리의 한계를 넘어서는

---

[5] 멜라니 클라인은 어린아이들은 성장의 어떤 국면에서 가족들 중 사랑받는 사람들에 대한 가학적인 환영들을 가지고 있다고 주장했다. 심한 스트레스를 받을 때는 성인들도 그러한 가학성을 경험할 수 있다고 한다. 그러나 일반적으로 이러한 가학적 환상들은 무의식적으로 우리 안에 존재하고 간접적으로만 표현된다. 그녀는 이렇게 말한다: "어린아이의 발달 과정의 매우 이른 시기에 일어나는 엄청난 환영들이 결코 의식적으로 일어나는 것이 아니라는 가정은 그 아이가 가학적인 충동들을 희미한 형태로만 실제의 대상들을 향하여 표현하고…나머지는 생명이 없는 것들과 조그마한 동물들 등등을 향하여 표현하는 현상을 설명하는 데 도움이 될 수 있다." Melanie Klein, *The Psychoanalysis of Children*, trans. Alix Strachey(New York: Delacorte/Seymour Lawrence, 1975), p. 151.

일인 듯하다. 우리는 증오를 싫어하고 예수님의 명령을 따르기 원한다. 우리는 사실이라고 아는 진리—폭력은 폭력을 낳고 용서와 사랑은 평화를 가져온다—대로 살아가기를 원한다.

이 시기에 우리는 두 가지 위험에 직면한다. 첫째는 프로이드가 맹렬하게 공격했던 전략으로서 우리의 공격적이고 분노한 감정들을 참고 억누르며 적들에 대한 보복을 하나님께 맡기는 것이다.[6] 그러한 억누름은 믿음을 약화시킨다. 그것은 믿음의 생명력을 앗아가며, 믿음을 달콤하고 선한 것처럼 보이도록 만든다. 더 나쁜 것은 표면적으로는 감상적으로 보이지만 내면적으로는 가학적인 상태로 만든다는 것이다. 그러한 믿음은 오래 지속될 만큼 강하지 못하다. 그런 믿음은 사람들에게 선을 베푸려는 것처럼 보이지만, "당신에게 가장 좋은 것이 무엇인지 안다"는 듯한 태도는 우리의 삶에 강압적이며 심지어 압제적인 분위기를 도입한다. 억눌린 공격은 다시 돌아와서 도움을 준다는 구실로 통제할 수 없는 영향력을 행사한다.

둘째 위험은 우리가 자신의 증오에 압도되고 그것과 동일시되며 용서의 가능성이 전혀 없음을 발견하는 것이다. 바깥에서 대적하고 있는 적에 의해 우리의 내면이 정복당한다. 우리는 그들 때문에 겪어야 했던 상처와 정의롭지 못함과 비열함을 그들에게 돌려주기를 원한다. 우리가 증오하던 모습들이 내 안에 형성된다. 위험은 이제 두 배가 되어 다른 사람에 대한 분노 외에도 스스로에게 강한 증오심을 갖게 된다. 그들이 우리를 실패하게 했고 우리 스스로 자신의 이상들을 이루지 못하게 했다. 우리는 이제 다른

---

6) Sigmund Freud, *Civilization and Its Discontents*, trans. Joan Riviere(London: Hogarty, 1955), pp. 23, 52; Freud, *The Future of an Illusion*, pp. 17, 31-33, 74.

사람들뿐 아니라 자신도 미워한다. 우리는 용서의 사람이 되기를 원하면서도 복수를 추구한다. 우리는 마음을 관통하는 살인적인 생각들과 광포한 이미지들을 비난한다. 우리는 자신의 지키지 못한 결심을 비웃고 위선을 고발하며 자학한다. 우리는 자기의 믿음을 조소하며 스스로를 경멸한다.[7] 우리는 자신의 약점들에 압도되어 현재의 자신의 모습이나 자신이 가지고 있는 대부분의 특성들을 거부한다.

우리의 약한 자아를 혼내주는 좋은 방법은 지나치게 힘든 결심을 하는 것, 우리의 잘못에 대한 벌이나 더 잘하려는 의지의 증거로서 무거운 짐을 지게 하는 것이다. 그러나 이처럼 엄청난 계획을 세우는 것은 우리가 "결정을 내릴 수만 있다면" 무슨 일이라도 하려는 힘을 확고히 함으로써 동일한 공격에 가담하게 만들 뿐이다. 물론 현실은 이러한 계획을 저지한다. 그러면 우리는 훨씬 심한 비난과 비방을 스스로에게 쏟아놓는다.[8] 그런 공격

---

7) 정신분석가인 에스더 미내커(Esther Menaker)는 우리가 자신의 가치를 낮게 여기는 것은 사실 밑에 숨어 있는 더 커다란 고통—사랑받고 있지 못하며 사랑스럽게 보여지지 않는 경험—에 대한 방어적 기능이라는 설득력있는 증거를 보여준다. 우리는 자신의 손실을 직면하기보다는 오히려 자신을 비난한다: "…자기 학대와 같은 자기비하는 어린이의 발전단계 중 구강기에서 시작되며…상처받을 만큼 큰 손실의 결과이기도 하고…이러한 손실과 함께 일어나는 근심과 공격을 경험하는 것에 대한 방어이기도 하다…." Esther Menaker, *Masochism and the Emergent Ego*(New York: Human Sciences Press, 1979), p. 57.

8) Karen Horney가 말한 의미심장한 구절 "당위성의 압제"(tyranny of the shoulds)는 이런 종류의 자기 희생을 잘 요약해 준다. 우리는 진정한 모습을 거부하고 우리가 그래야 된다고 생각하는 것들, 즉 한없는 인내심과 열정적인 자기 주장, 사람들로부터의 끝없는 사랑과 완전한 독립과 같은 얻을 수 없고 모순되는 수많은 이상들을 스스로에게 강요하려 한다. Karen Horney, *Neurosis and Human Growth*(New York: Norton, 1950), p. 64.

은 단지 그 공격을 일으킨 원인인 우리 자신 및 다른 사람들에게 더 큰 증오를 일으키며 상황이 더 악화된다.

기도는 온갖 종류의 부정적인 공격을 가능하게 한다. 우리는 돌이킬 수 없는 사건이나 무분별하고 잔인한 고통을 주며 두려움과 분노를 일으키는 사건에 대해 말할 수 없는 분노를 느낀다. 사랑하는 사람을 잃은 것, 병으로 죽은 자녀, 생명을 앗아가거나 불구로 만드는 갑작스러운 사고 등의 경우에 죽음은 우리에게 공포를 준다. 우리는 생명을 되돌아오게 할 수 없으며 고통을 줄일 수도 없다는 것에 슬퍼하면서 두려워할 뿐이다.

세계적인 사건들은 이런 종류의 개인적인 충격을 확대한다. 유대인 대학살, 캄보디아의 집단 학살, 러시아의 강제노동수용소에 갇힌 수천 명의 사람들은 상상의 범위를 넘어선다. 믿음의 이미지들만이 이러한 무시무시한 사실들을 이해할 수 있게 해준다: 악이 통치한다; 악의 화신인 마귀가 승리한다. 인간사에서 일어날 수 있는 일이기 때문에 이해되어야 하는 사건들도 우리의 이해를 빗나간다. 우리는 가난, 교육의 부재, 잘못된 교육이나 부모의 학대 때문에 정신을 잃은 사람들, 전쟁에서 부상을 당해 병원에서 투병하는 사람들과 불구가 된 사람들, 취업이 가져다주는 위엄과 독립을 거부한 사람들 등이 처한 상황을 받아들일 수 없다. 이러한 사람들은 자신의 고통의 원인을 다른 사람들의 악의나 어리석음, 잔인함이나 부주의, 사회 체제, 그리고 질병과 고통과 죽음을 양성하는 기관들에게로 돌릴 수 있다. 그처럼 끔찍한 삶의 낭비의 배후에 존재하는 사실들은 너무 복잡하고 어려워서 어떻게 이해해야 하며 그들을 위해서 무엇을 행해야 할지 알 수 없다.

일단 우리가 이러한 사실들에 개방되어 있으면 고통이 우리를 짓누를 수도 있다. 기도는 우리가 그것들에 개방되어 있게 해준다. 공격적인 분노는 고통에 대한 인간들의 가장 기본적인 방어이므로 기도를 많이 할수록 초기의 분노가 약화되고 접근할 만해지고 사라질 것을 기대할 수 있다. 우리는 하나님이 이런 고통을 허락하시는 이유를 알기 원한다. 하나님이 사랑이시라면 어떻게 이러한 일이 일어날 수 있을까? 의로우신 하나님이 어떻게 수백만 명의 영과 육이 침범당하는 것을 허락하시는가? 분노가 우리를 삼키려고 한다. 우리의 믿음이 분노에 삼켜질 위기에 처한다. 이러한 공격이 짓누를 때 우리는 쉽게 기도를 중단할 수 있다.[9]

기도할 때 발생하는 공격에 어떻게 대처해야 하는가? 그것을 이용해야 한다. 기도하기 위해서, 그리고 고난 속에서 기도를 쉬지 않기 위해서, 낙심을 극복하기 위해서, 대립되는 느낌들을 넘어서기 위해서, 그리고 우리

---

[9] 그러한 절망적인 경우에도 우리가 바랄 수 있는 최고의 것은 홉킨스(Gerard Manley Hopkins)가 "썩은 고기 위로"(Carrion Comfort)라고 부르는 죽음과 붕괴에 대한 위안이다. 그러나 그러한 반갑지 않은 위로도 나름대로의 보상이 있을 수 있다. 우리는 홉킨스와 함께 생각할 수 있다; 지금처럼 칠흙같이 어두운 그해 그날 밤에 불쌍한 나는 나의 하나님과 씨름하며 누워있었다. 홉킨스의 "고통의 소네트"는 열두 개 각각의 고통스럽지만 위안을 주는 방법으로 같은 주장을 한다. 처음 몇 행들만으로도 그것을 충분히 말해준다:
가장 나쁜 것은 없다. 아무것도 없다. 최고의 슬픔이 과거에 정해졌다….
낯선 사람에게 나의 운명과 삶이 놓여 있는 것 같다.
" 나는 깨어났을 때 낮이 아니라 밤이 온 것을 느낀다.
인내는 어려운 일! 하지만 기도해야 할 어려운 일…
나의 심장이 나에게 더 많은 연민을 가지도록 한다….
내가 다툰다 할지라도…주님 당신은 정말로 의로우십니다. (*The Poems of Gerald Manley Hopkins*, pp. 99-103, 106-107.

의 기도가 의존하는 심상들을 잃지 않기 위해서는 공격적 에너지가 필요하다. 공격은 우리가 응답을 얻지 못할 때나 전혀 결과를 느끼지 못하는 어둠 속에서 견뎌내도록 도와준다. 그것이 우리에게 인내할 수 있는 에너지를 제공해 주기 때문에 우리는 기도를 유쾌한 분위기와 연결하려는 고집에서 벗어날 수 있으며, 하나님이 우리를 위해서 해주실 것을 바라고 그에게 나아가는 것이 아니라 하나님에 대한 우리의 갈망이 있는 어두운 근원지로 뚫고 들어갈 수 있다. 우리는 공격의 에너지 때문에 하나님의 타자성과 위엄 속에서 하나님이 어떤 분인가를 발견하려는 갈망의 훈계와 집중과 강화를 인내할 수 있다.

공격적인 에너지들은 기도를 강하게 하고, 이루어지지 않은 소망과 깨진 투영에서 느끼는 환멸에도 불구하고 기도가 지속될 수 있게 해줄 것이다. 악은 존재하며 앞으로도 존재할 것이다—이러한 사실에 근거하여 고통을 제거해주는 분이라는 하나님의 이미지가 깨진다. 죽음이 우리에게서

사랑하는 사람들을 데려갈 것이다. 어쨌든 그들의 죽음을 막아줄 하나님이라는 이미지는 사라져야 한다. 공격은 인내하며 우리가 모든 것을 하나님의 손에 맡길 수 있도록 도와준다.

우리를 위해 모든 기적들을 행하시며 끝없이 우리의 말을 들어주시는 하나님이라는 이미지들을 잃지 않는다면, 우리는 기도하는 온전한 모험과 그것이 의미하는 것을 잃게 될 것이다. 이 잃음을 직면하여 계속 나아가기 위해서는 공격이 필요하다. 20년 동안 응답받지 못한 채 기도했다는 아빌라의 테레사, 하나의 환상을 이해하기 위해서 15년 동안 기다렸다는 노리지의 줄리안Julian of Norwich을 생각해 보라. 하나의 환상이 신에 대한 모든 개

념을 파괴해 버렸기 때문에 그것을 채색하고 채색한 것을 묵상하는 시도를 통해서 그 환상을 동화시키는 데 수십 년이 걸렸다는 플뤼엘리의 니콜라스 Nicholas of Flüe를 생각해보라.[10] 응답이 없을 때 계속 나아가기 위해서 공격이 필요하다. 이루어질 응답보다 우리가 더 오래 존재하기 위해서는 훨씬 많은 공격이 필요하다. 우리 앞에는 우리의 투영된 이미지들이 하나님에게로 인도하는 계단처럼 뻗어 있는데, 그 계단이 갑자기 끊겨서 목표지점에 도달하지 못한다. 그 계단을 오르거나 내려가기 위해서도 공격이 필요하지만, 하나님이 보여 주시려는 것을 볼 목적으로 그 끝에서 기다리는 데에도 공격이 필요하다.

예를 들어 우리는 분노를 일으키는 상황을 하나님께 가져간다. 우리는 독재정치 하에서 고통받는 수백만 명의 사람들을 보고 견딜 수 없다. 우리는 아시아인이든 쿠바인이든 표류하는 난민들의 사진을 보고 충격을 받는다. 우리는 고야Goya의 표정이 상대적으로 덜 고통스럽고 작은 사건처럼 보이게 하는 전쟁의 재앙에 대한 현대적 이미지들을 어디서나 볼 수 있다.[11] 우리는 분노와 공포를 표현하고 나서 그것을 하나님께 맡긴다. 이상

---

[10] C. G. Jung, *The Archetypes of the Collective Unconscious*, trans. R. F. C. Hull, in *The Collected Works*(New York: Pantheon, 1959), IX: 1, pp. 8-11.

[11] 로마노 가디니(Romano Guardini)의 『현대 세계의 종말』(*The End of the Modern World*)에 나오는 종말론적 언어는 반대의 이미지들을 전달한다: "태고의 모든 심연들이 인간 앞에서 크게 벌어지고, 오래 전에 사라진 숲들의 자연 그대로의 성장이 이 두 번째 광야로부터 힘차게 시작되며, 사막의 악마들은 모두 사라지고, 모든 어둠의 공포가 다시 인간 위에 내려온다. 그는 대부분의 사람들이 보지 않고 자신이 만족하는 방법들로 가기 때문에, 과학적으로 교육을 받은 신사들이 그들의 연설을 어느 곳에서나 여느 때처럼 전달하기 때문에, 기계들이 계획대로 움직이고 있기 때문에, 권력이 보통 때처

의 변화가 일어날 수도 있다. 우리는 적들이 악의 세력의 포로가 되는 것을 본다. 우리는 초대 기독교인들처럼 개인적인 분노로부터 우리를 분리시키는 이미지들, 그리고 악행에 대한 개별적 해석과는 다른 이미지들을 발견한다. 우리를 고문하는 사람들이 포로로 갇혀있는 것 및 그들이 희생시키는 사람들만큼이나 스스로가 희생자임을 본다. 우리는 불친절과 불의를 양성하는 지배자들과 권력을 가진 자들에 의해 이용당하고 있는 자신을 발견한다. 살인적인 증오 가운데서도 우리는 하나님의 선하심이 나타나고 느껴질 수 있도록 기도한다. 선과 진리를 말살시키고 낭비와 악을 양성하는 약탈 속에서도 우리는 하나님이 그 안에 들어오시도록 기도한다. 우리는 분노뿐만 아니라 부러워하는 것까지도 하나님께 맡긴다; 우리가 부러워하는 것들이 존재의 충만 속에 잠기도록 놓는다. 우리의 엄청난 불안이 바느질 구멍들처럼 한 자리에 모이게 하기 위해서 하나님의 손에 맡긴다. 우리는 사람들 위에 군림하려는 권력욕을 하나님의 위대함 속에 묻는다. 우리는 공격으로부터 자신을 탈동일시하지만, 그것이나 그것의 다른 부분을 부인하지 않는다. 우리는 더 이상 공격적인 분노, 충격, 시기 또는 권력욕을 두려워하거나 비난하지 않으며, 그 모든 것들을 하나님의 뜻에 맡겨 자유함

럼 기능하기 때문에 첫 번째보다 더 두려운 혼돈 앞에 서 있다." 가디니가 웅변가이지만 단순히 운명을 말하는 사람이 아님을 아는 것이 중요한다. 그는 사랑이 "공공 세계로부터" 사라지는 것을 보지만, 그 냉혹한 사실과 더불어 "인간이 이 사랑을 다시 경험할 것이고, 그 원형의 통치를 맛볼 것이고, 세계로부터 그것의 독립을 알게 될 것이며, 그것의 마지막 이유(why)의 신비를 느끼게 될 가능성을 보고 있다. 아마 사랑은 오늘날까지 알려지지 않은 친밀함과 조화를 성취할 것이다." Guadini, *The End of the Modern World*, trans. Joseph Theman and Herbert Burke(New York: Sheed & Ward, 1956), pp. 111-112, 132.

을 얻는다. 그때 우리는 분노가 사랑을 표현하기도 하고 대부분 우리의 공격적인 반응들이 여러 방식으로 다른 사람에 대한 관심을 표현하고 있음을 발견하고 놀란다.

때때로 인간이 만든 본성적인 세상의 악에 대한 우리의 분노가 너무 크기 때문에 우리는 하나님이 듣지 않으시고 관심도 없으시며 우리의 기도에 응답하기 위한 노력을 하지 않으신다고 비난할지도 모른다. 그러나 우리가 더 이상 분노와 제휴하지 않고 초연하여 있는 그대로 볼 수 있을 때, 분노는 악에 대한 더 진지한 묵상 및 하나님의 실제적인 반응으로 우리를 이끌 수 있다.

성경에는 악의 면전에서 우리의 고통 속으로 들어오시는 하나님의 방법을 보여주는 예들이 가득하다. 라헬의 자식들이 살육당했을 때 하나님은 그녀와 함께 우셨고 십자가 밑에서 마리아와 함께 우셨다. 하나님은 예수님 안에 있는 유혹적인 공격을 받으셨는데, 그것은 작은 귀신들림이 아니라 우주적인 것—예를 들면 배고픔과 불안전을 없애라는 시험—으로서 하나님께 대한 예배를 잃게 하려는 것이었다. 또 이 세상에 평화를 정착시키라는 시험은 더 이상 하나님을 최고로 생각하지 않게 만든다. 하나님의 신실하심을 보장해주겠다는 시험은 하나님의 다른 거룩한 속성을 인식하지 못하게 한다. 이러한 시험들이 인간의 상상 속에 가장 잘 나타나는 것이며, 인류의 안정에 대한 환상 중에서 가장 집요하게 나타나는 것들이다. 이렇게 그 자체로 명백하고 바람직해 보이는 목표들이 억지 논리로 예수님의 첫 충성을 강요했다.

예수께서는 하나님께 대한 전적인 신뢰 속에서 이러한 공격들을 비난하시지만, 바르트가 말하는 대로 그는 세상에 사시는 동안 악과의 끊임없는 전쟁의 최전방에서 악과 함께 거하셨다. 바리새인들은 예수님께 능력을 증명해 보이라고 시험하였다. 예수님의 어머니는 그와 어머니의 관계를 하나님 사역보다 앞에 놓으라고 시험하였다. 제자들은 예수께서 깨어서 기도하는 동안 졸았고, 예수님의 확증 앞에서 의심하였으며, 고통과 죽음의 순간에 예수님을 거부하고 배신함으로써 그분이 인간적인 연약함으로 인해 절망하도록 시험하였다. 마지막으로 예수님의 불명예와 죽음은 그의 인성 때문에 하나님의 의도를 단념하도록 시험하였다. 여기에서 다시 바르트는 하나님의 선하신 뜻을 당장에는 인류의 악의, 세상, 사탄과 구분할 수 없다고 한다. 예수님은 기꺼이 이러한 시험들 안에 들어가셔서 그것들의 충분한 힘을 느끼신다. 예수님은 하나님을 향해 얼굴을 들고 기꺼이 자신의 운명을 하나님의 손에 맡기시는데, 심지어 겟세마네 동산에서 다른 방향을 추구할 때에도 그렇게 하셨다.[12]

공격의 가장 큰 자원과 목적은 우리가 가장 의식적이고 활기차게 표현되는 모든 반응들을 기도 속에 저장하기 위해서 기꺼이 자신의 운명을 하나님께 맡기는 것이다. 우리는 두려움을 가지고 공격의 모순을 인정해야 한다. 우리의 사랑과 기쁨과 평안을 하나님께 가져가는 것은 우리의 고통과 공허 속에서 그의 현존을 인정하는 것을 뜻하고, 그를 발견한다는 것은 우리의 대담한 활동과 결정과 목적과 열렬한 진리 추구 속에서도 그를 인정하는 것을 뜻한다. 기도는 우리를 사람들이 붐비는 곳과 홀로 있는 외로운

---

[12] Karl Barth, *Church Dogmatics*, trans. G. W. Bromiley(Edinburgh: T. & T. Clark, 1956), volume IV, Part I, pp. 259-272.

곳으로 인도할 것인데, 어느 곳에서도 자신의 좋지 못한 믿음과 절망과 증오의 세력이 우리를 굴복시켜야 한다는 확실성을 깨달을 수 있다. 그러나 강력한 공격의 방법으로 하나님의 현존을 인정할 때 모든 것이 변한다. 기도 안에서 허락된 공격은 우리를 하나님을 위한 바보가 될 수 있게 해주고, 대중 앞에서 우스꽝스럽게 보일 수 있는 용기를 주며, 믿음을 가지고 나아가는 것을 허락해준다. 우리는 여기서 우리를 만지신 하나님께 대담한 충성을 바치는 데 있어서 실패할 용기가 있는 것도 발견한다.[13]

기도는 우리를 자신의 공격과 접촉하게 함으로써 신적인 것에 대한 또 다른 견해를 준다. 우리가 만나는 하나님은 공격적이고 단호하고 무뚝뚝한 분으로 나타난다. 하나님은 이렇게 말씀하신다: "여기에 생명이 있다. 그것을 취하여라. 그 날을 붙잡아라; 너에게 주어진 사랑을 받아들여라." 하나님의 진노는 더 이상 끊임없는 책망으로 위협하지 않는다. 또 우리는 끊임없는 죄책감으로 스스로를 위협하지도 않는다. 하나님의 진노는 감언이나 꼬임이나 뇌물이 없는 삶을 대담하게 드러내는 것이다. 하나님의 진노

---

[13] 실패의 용기를 발견할 때 우리의 태도는 순례자의 책들인 *The Way of a Pilgrim*과 *The Pilgrim Continues His Way*, 혹은 에라스무스에 의하여 반어적 신학으로 잘 번역된 「우신예찬」(愚神禮讚; *In Praise of Folly*)에서 소중히 기억되는 러시아의 거룩한 바보들의 태도일 수도 있다. 그것은 또한 아씨시의 프란시스의 것으로 여겨지는 기도에 나타나는 태도처럼 확신과 의지의 태도이기도 하다. "주님, 저를 당신의 도구로 써 주소서. 미움이 있는 곳에 사랑을, 다툼이 있는 곳에 용서를, 분열이 있는 곳에 일치를, 의혹이 있는 곳에 믿음을, 그릇됨이 있는 곳에 진리를, 절망이 있는 곳에 희망을, 어둠에 빛을, 슬픔이 있는 곳에 기쁨을 가져오는 자 되게 하소서. 위로받기보다는 위로하고, 이해받기보다는 이해하며, 사랑받기보다는 사랑하게 하여 주소서. 우리는 줌으로써 받고, 용서함으로써 용서받으며, 자기를 버리고 죽음으로써 영생을 얻기 때문입니다."

는 우리에게 선택을 강요하거나 우리를 위해 선택하는 것을 거절한다. 우리는 생명을 선택하도록 강요하고 있음을 느낄 수도 있을 것이다. 왜냐하면 어디든 우리가 향하는 곳에 은혜가 있기 때문이다. 그러나 모든 은사들을 고려해 볼 때 최고의 은혜도 거절될 수 있다. 우리는 생명의 중심에 이끌려져 있고, 우리의 공격에 의해 선과 악의 괴롭힘에서 벗어났기 때문에 사랑을 받아들이거나 거절할 선택권을 가지고 있다.

우리가 이끌려간 이 선택의 장소는 잘못된 것일 수 없다. 공격들이 이 사랑과의 만남으로 인도했기 때문에 우리의 감정이 깊이 개입되어 있다. 우리는 불안정하고 불확실한 상황에 있는 것이 아니다. 우리는 한 번에 수많은 방향으로 끌려간다고 느끼지 않는다. 일단 사랑의 힘을 확신하는 열정이 있으면 우리는 자석처럼 끄는 사랑의 매력이 생명의 길임을 알기 때문이다. 우리는 이제 위험이나 좌절을 환영하는 역설적인 기도를 드릴 수 있다. 왜냐하면 그러한 장애물을 통해서 선하심과 사랑이 충분히 파악될 수 있기 때문이다. 이제 우리는 가장 위험하고 좌절감을 주는 장애물인 죽음도 묵상할 수 있고, 저항적인 쾌락주의자들과는 달리 우리가 가지고 있는 것에 감사하면서 자신의 유한성을 받아들일 준비를 한다.[14] 이것이 우리의

---

14) 죽음에 대해 묵상을 할 수 있도록 도울 수 있는 많은 영적 상담자들이 있지만 이탈리아의 시인 Petrarch가 그의 비밀이라고 부른 자기성찰(self-examination)을 행할 때 그의 대화의 상대자로 선택한 성 어거스틴보다 더 재치 있고 지혜로운 자는 거의 없다. 14세기의 시인이며 인본주의자인 그는 세 번의 대화에서 어거스틴의 소리로 자신과 우리에게 조언한다. "미래에 대하여 항상 불확실하여 불안한 상태에서" 사는 것에 불평할 때, 어거스틴(즉 Petrarch)은 자신이 자신에게 대한다. "당신이 변덕스러운 운명 속에 처해 있지만 수백만 명의 인간들 중에 걱정 없는 삶을 살아갈 유일한 사람이 될 것이다!" 그가 그의 실패, 약점들, 많은 흠들에 대하여 생각하는가? 부끄러움은

기도로써 열려진 공격에 의해 가능하게 된 것이다.

이제 우리는 목적지에 도달했다. 이 경험을 한 후의 우리는 전과 같지 않을 것이다. 이제 우리는 결정적 요소인 사랑 안에 살고 있다. 러시아 철학자 프랭크S. L. Frank가 말하듯이 우리는 여기에서 자신의 존재를 소유한다. 이곳은 프랭크가 "내면생활의 완전함과 순전함"을 성취하고 "우리 각자의 특별한 완전함"을 발견하는 곳이다. 그런 상태를 성취하는 데는 특별한 조건들이 수반된다.

> 여기에서는 인간적인 판단이 불가능한데, 그 판단이 부적격하고 목적이 없는 것이기 때문이다; 두 사람이 같은 일을 하여도 그것이 같은 것이 아니며, 판단되고 있는 독특한 실체와 관련하여 볼 때―예를 들어 완전함이나 불완전함, 순수함이나 불순한 정도까지 이르는 그들의 독특한 성품에 의해서 도달된 영적 수준과 관련하여 볼 때―같은 것을 뜻하지도 않는다. 따라서 사람들을 판단하지 말고 자신만을 판단하라는 명령은 단순한 윤리적 금령이 아니라 사물들의 존재론적인 성질에 대한 올바른 이해에 근거한 윤리적인 입장의 표현이다. 판단의 주체가 숨겨져 있고 독특할 때에 올바르게 판단하는 것이 불가능하다.

대답이 아니다: "키케로가 말하듯이 부끄러움을 가진 자에게 합리적인 일을 하게 하는 것은 거의 쓸데없는 것이다…"라고 어거스틴은 말한다. 땅 위에서 무엇이 선하고 긍정적이며 무엇이 그 길을 준비하기에 유용한 것인지 보라. 마지막 대화에서 어거스틴은 첫 번째의 조언으로 돌아온다: "확실한 사실인 죽음과 불확실한 죽음의 시간, 하지만 어디에서나 항상 임박해 있는 죽음을 생각해 보라." 왜냐하면 그가 이전에 말했던 대로 "무시무시한 모든 실체들 중에서 죽음이 가장 무시무시한 것이기 때문이다." Petrarch's *Secret*, trans. W. H. Draper(London: Chatto & Windus, 1911), pp. 94, 162-163.

기독교 윤리에 대해 프랭크의 요점은 "인격이라는 것은 인간의 판단에 좌우되지 않으며 그 판단의 능력 밖에 있다"라는 것이다. 우리는 행동을 판단할 수 있지만 인격에 관련된 것들은 판단할 수 없다: "참 선과 악을 깨달을 수 있는 유일한 영역인 인격은 인격 자체나 하나님의 판단을 제외하고는 누구에 의해서도 좌우되지 않는다."[15] 그래서 주변에서 일어나는 고통이나 욕심이나 파괴 앞에서, 그리고 우리가 인격에 관해서 많은 것을 하려고 할 때의 무능력 앞에서 계속 기도하는 것이다. 우리는 자신의 약점과 장점을 알고 기도 에너지의 중심에 공격을 잘 배치하면 강한 부분을 더욱 강하게 하고 약한 부분은 줄일 수 있다는 것을 안다. 우리는 선과 악이 삶의 중심 가치로서 직접 다루어질 수 있는 영역에 있다.

기도 안에서 공격에 의해 사랑에게로 인도될 때 우리는 자신의 가치관을 재조사하고 재조직해야 한다. 하나의 은사를 다른 은사와 연결하며 하나님의 은혜가 사랑받으며 사는 삶과 조화를 이루어야 한다. 우리는 윤리적 가치를 포기하지 않지만 프랭크의 말에서 "더 가치 있는 것, 즉 욕구, 행복과 평화와 만족과 삶에 대한 개인적인 이해와 정당화에 대한 열망들을 가진 살아있는 인격"을 보아야 한다.[16] 우리가 그것이 그러하다는 것을 볼 뿐만

---

15) S. L. Frank, *God With Us*, trans. Natalie Duddington(New Haven: Yale University Press, 1964), p. 143.
16) *Ibid.*, p. 144. 프랭크는 이러한 용어들 안에 있는 모든 것과 우리가 연결되어 있음을 본다. 후기의 책에서 그는 철학자의 위엄을 가지고 말한다: "현실은 그것을 명시하는 모든 복잡함 속에서 그 용어의 가장 넓은 의미로 말하면 '생명'이다—일종의 내재적 역동성이다. 가장 고도의 영적 활동, 지적·윤리적·예술적·종교적 열정의 강렬함, 그를 사로잡고 있는 열정의 어두운 힘들, 유기체로서의 세상을 통과하는 무의식적 요소의 역동성, 우주에 편재해 있는 물리적 에너지와 한 원자의 본질을 구성하는 그 에너지의 엄청난 집중

아니라 내면에서 그것을 주장할 때 우리는 사랑의 삶을 살 수 있고, 우리의 공격들을 모아 그것들과 함께 살며 사랑할 수 있다. 그리고 우리의 공격들을 충분히 인정하고 살아가며 사랑할 때, 우리의 중보기도의 대상인 사람들의 중요성을 실감할 수 있다. 하나님의 고유한 성품 안에서 보호받고 있는 그들은 고난, 탐심, 파괴, 혹은 능력의 한계를 초월하며 강하고 잘 견뎌낸다. 우리는 그들을 판단하는 것이 아니라 공격을 이용해서 그들을 사랑하고 그들을 위해서 기도한다.

우리가 따르는 예수님은 심판자가 아닌 구원자이시다. 우리가 나타내는 사랑의 모습은 심판의 모습이 아닌 구원의 모습이다. 우리는 공격적인 충만함을 가지고 자신과 다른 사람들에게로 나아간다. 그 공격 속에서 우리는 사랑하는 남자와 사랑하는 여자로서의 정체성을 가지고 모든 사람을 만나며, 적어도 그들 속에서 자신을 만난다.

등 모든 것들은 우주의 역동성을 명시하는 것들이다.…보이지는 않지만 탁월한 우리 내면의 정수이며, 비쳐지는 객관적인 세상과는 모순되는 실체로서 우리의 깊은 곳에서 우리가 두려워하는 표현할 수 없는 동일한 원리는 동시에 총괄적으로 우주적 실체의 숨겨진 기초가 된다." S. L. Frank, *Reality and Man*, trans. Natalie Duddington(New York: Taplinger, 1965), p. 209.

제8장

성과 기도

이 제목을 이루는 두 단어가 서로 연결되기에 가장 어울리지 않는 주제라고 생각하는가? 아니면 가장 적합한 주제라고 생각하는가? 일반적으로 우리는 하나님께 기도하는 것이 성적 경험과 관계가 없다고 생각한다. 기도하는 동안 성적인 이미지들에 의한 흥분이 하나님에 대한 집중을 방해하지 못하도록 그것들을 쫓아내라는 전통적인 가르침이 우리 마음속에 있을 수 있다.[1] 혹은 하나님에 대한 우리의 이미지들이 비 성적인 용어―남성이나 여성의 특성들과 전혀 관련이 없는 하나님의 자녀, 피조물, 영, 혼―로서 자아의 오이디푸스 이전기적以前期的 정체성을 부추기고 있는지도 모르

---

1) 성적인 이미지들에 관한 일부 전통적인 경고들은 너무 강력해서 한번 그것의 감명을 받으면 잘 잊어버리지 못한다. 예를 들어 다미안(Peter Damian)은 젊은 수도승들에게 다음과 같이 말한다: "당신들은 온갖 종류의 화살과 같은 폭우의 공격을 받습니다; 사악한 영들이 육정에 속한 악들을 가지고 당신들을 대적하여 모여서 엄청난 회오리를 일으킬 것입니다. 전쟁이 당신들의 뼛속에서 고조에 달하고 있고, 용광로와 같은 당신들의 몸덩이는 금방이라도 폭발할 것 같은 베수비우스 산(Vesuvius)이나 불을 내뿜고 있는 에트나(Etna)산처럼 불덩어리들을 내뿜고 있습니다." St. Peter Damian, *Selected Writings on the Spiritual Life*, trans. Patricia McNulty(New York: Harpers, 1959), p. 124.

겠다. 우리는 삶의 모든 단계에서 성욕을 경험하는 성적 존재로서 살고 있으며 남성과 여성으로서 많은 차이점, 강렬함, 침묵, 만족 등을 정확히 알고 있다. 이처럼 중심적인 인간의 경험이 어떻게 기도에서 제외될 수 있겠는가?

기도의 용사들의 글을 읽을 때 우리는 그들이 하나님에 대한 이상, 그리고 하나님과의 관계에 대한 은유와 비유에 성과 관련된 것을 자주 포함시키고 있음을 발견한다. 아가서의 강렬한 표현이 그들의 작품 모두에서 발견된다. 아빌라의 테레사, 십자가의 요한, 오리겐, 닛사의 그레고리, 끌레르보의 베르나르, 성 티에리의 윌리엄Willam of St. Thierry 등이 구약성경에서 취한 수사학에는 성적인 내용들이 있다.[2] 또 기도하는 존재를 하나님의 품 안에서 젖을 먹는 아이로 보는 경향도 있는데, 여기에는 명백히 모성적 특징이 있다. 로렌스 수사는 하나님을 자신이 범한 죄들을 친절하게 받아주시는 "그의 왕"이라고 부르기 때문에 자신이 기쁨의 근원을 "하나님의 젖가슴"이라고 부르는 "표현할 수 없는 지고한 행복"을 아는 혜택받은 어

---

[2] 아가서는 "뺨을 뺨이라고 부르고, 유방을 유방이라고 부르고, 눈을 눈이라고 부른다. 하지만 그것은 또한 뺨을 석류라고 부르고, 유방을 젊은 암사슴이라고 부르고, 눈을 상처 입히는 무기로 부르기도 한다. 그리고 사랑이라는 중포병 부대 사이에서 목 위에 있는 머리카락 한 가닥을 출동시킨다." Barry Ulanov, "The Song of Songs: The Rhetoric of Love," in *The Bridge: A Yearbook of Judaeo-Christian Studies*, Vol. IV(New York: Pantheon, 1962), p. 89를 보라. 또 거기에 인용된 성 베르나르에 대한 글을 보라: "무모하고 강렬하며 열렬하고 충동적이며, 자신에 관한 것 외에는 어떠한 생각도 받아들이지 않으려는 마음으로 고통당하며, 모든 것을 퇴짜 놓으며, 자신이 아닌 모든 것은 경멸하며, 자신으로만 만족하는 사랑이여!" (*Bernard's Sermons on the Canticle*, II, 435). 그 예들은 거의 끝이 없으며, 각각은 느낌과 수사적인 만족의 강도에 있어서 다른 것들과 경쟁한다.

린이처럼 느낀다고 했다.『하나님과 대화하는 기술』The Art of Conversing with God의 저자 부톨드Boutauld는 하나님을 모성과 부성으로 경험했다: "어머니가 사랑을 전달하기 위해 아이를 부드럽게 껴안 듯이 당신은 나를 당신의 무릎에 누이십니다: …당신은 나를 사랑스러운 아이처럼 당신의 품안에 숨기십니다; …아버지가 걷지 못하는 자식을 안고 다니는 것처럼 나를 안고 다니십니다." 십자가의 요한은 우리를 젖 떼시는 하나님에 대해 썼다. 노리지의 줄리안은 "전능하신 하나님"을 "우리의 친절한 아버지"로 보았고, "지혜로우신 하나님"을 "우리의 친절한 어머니"로 보았다. 리주의 테레사Thérèse of Lisieux는 그녀와 하나님과의 약혼 및 그에 따르는 결혼을 발표할 때 가장 놀라우면서도 대담한 정서를 펼쳤는데, 하나님의 풍성한 은혜가 배우자에게서 결혼 지참금을 받듯이 그녀에게 양도되었다. 성 삼위에 대한 성적 은유를 대담하게 표현한 삼위일체의 엘리자베스Elizabeth of the Trinity는 더욱 대담하다: "나는 자신을 그분에게 먹이로 줍니다. …주인이시여! 나를 취하소서. 나의 전부를 취하소서."[3] 존 돈John Donne의 "나의 가슴을 치소서, 세 위격의 하나님!"이라는 유명한 14행시는 같은 열정을 표현하기 위해서 일반적으로 인정되는 성적인 경계를 넘어선다. 존 돈은 역설적인 문체를 사용하여 하나님을 "새롭게" 만들기 위해 산산이 부수는 직

---

3) Boutauld, *The Art of Conversing with God*, pp. 24-25. 또한 St. John of the Cross, *Dark Night of the Soul*, in *The Complete Works*, I, pp. 330-331; Julian of Norwich, *The Revelations of Divine Love*, trans. James Walsh(New Work: Harpers, 1961), p. 158; and Adriana Zarri, "Woman's Prayer and Man's Liturgy," in *Prayer and Community*, ed. Herman Schmidt(New York: Herder and Herder, 1970), pp. 85-86, for the quotations from Elizabeth of the Trinity.

공으로, 그리고 그의 영혼을 섭렵하려는 약탈자를 쫓아내야 하는 침략자로 비유한다. 마지막 이미지는 강력한 성적 이미지를 지니고 있다: 반대되는 것들을 통하지 않는 한 이 사랑 안에 자유나 순수함이 있을 수 없다.

> 나를 당신에게 데려다가 가두십시오.
> 왜냐하면 당신이 나를 황홀하게 하지 않으면
> 나는 결코 자유롭지 못할 것이고,
> 당신이 나를 강간하지 않으면
> 나는 결코 순결하지 못할 것이기 때문입니다.[4]

성욕이 우리의 관상생활을 포함하듯이 우리의 관상도 성욕을 포함해야 한다. 기도는 우리가 들을 수 있고 이해할 수 있는 범위 안에서 우리의 존재에 관한 원초적 언어를 준다. 결국에 성욕은 우리 존재의 중심에 있다. 젊거나 늙었거나, 독신주의자나 활동적인 사람이나, 기혼이거나 미혼이거나, 자식이 있거나 없거나 우리는 남자와 여자로서 살며 기도한다. 기도 속에서 우리의 성욕은 육체와 감정의 충동, 그리고 이성에 대한 환상을 구체적으로 표현할 것이다.[5]

우리는 기도를 할수록 성욕의 많은 측면에 주의를 기울이게 된다. 우리는 성적인 존재로서의 모델이 없음을 발견한다. 성의 정체성에는 다양한

---

[4] "Batter My Heart," No. XIV of Donne's Holy Sonnets는 성스러운 시들 중에서 가장 대담하게 관능적으로 쓰인 것이다. 그러나 이것이 직접적으로 인간의 성욕을 사용한 유일한 것은 결코 아니다. No. XVIII of the Holy Sonnets, "Show me dear Christ, thy spouse, so bright and clear."

[5] 기도할 때 일어나는 성욕에 대하여 상세히 알려면, Ann Belford Ulanov, "What Do We Think People Are Doing When They Pray?" pp. 397-398를 보라.

면들이 있다. 여성에게서 남성의 특징이 나타나고 남성에게서 여성의 특징이 나타나기도 한다. 왜냐하면 우리는 기도할 때 자신에 관한 모든 것을 발견해서 추구하려는 기본적인 충동을 지니기 때문이다. 소유하고 생산하고 들어가고 유지하고자 하는 충동들이 받아들일 수 있는 것으로 간주되어 기본적인 충동 안에 모아들여진다.

우리가 하나님께 투사하는 이미지들은 우리 자신이 수용하기를 원하며 다른 사람들로 하여금 수용하게 하기 위해서 노력하는 모습에 대한 귀중한 단서를 준다. 우리는 이러한 투영들 중에서 하나님에 대한 성적 이미지들을 발견한다. 동시에 우리는 하나님을 남성이나 여성 혹은 양성을 모두 가지고 있는 단순한 성적 존재로 보는 것이 부적당하다는 것을 알고 있다. 하나님은 성적인 것들을 포함하고 강조하는 인성을 소유하신 모습으로 우리에게 오시지만 인간의 특징들로 축소되실 수 없다. 하나님은 단순한 존재 이상의 존재가 아닌 존재를 소유하신다. 인간의 지략에 대한 우리의 이해를 확대하는 것—우리의 성욕이 미묘하고 다양하며, 우리가 생각하는 것보다 더 남성적이며 여성적임을 인식하는 것—은 그러한 지략의 근원에 대한 이해를 넓혀준다.

완전한 존재는 남성적인 것뿐만 아니라 여성적인 것도 포함해야 한다. 우리가 물려받은 언어에서 인류mankind라는 단어가 남성만을 뜻하는 것이 아니며, 주Lord가 완전히 남성 중심적인 방법으로 삶을 지배하는 것을 뜻하는 것도 아니다. 아버지 하나님은—심리학적 인지가 우리의 이해를 돕는데—그 특성들이 가부장적이면서 또한 모계 중심적인matriarchal 특징들을 배제하지 않는다. 마리아를 신의 자리에 앉힘으로써 삼위일체를 사위일체

Quaternity로 바꾸지 않으려면, 그리스도의 삶과 신성에서의 어머니 역할에 대해 깊이 이해해야 한다. 이를 위해서는 여성적 이미지들과 성의 요소들을 지금까지보다 더 많이 수용해야 한다. 야곱 뵈메는 지혜Sophia라는 이미지 안에서 기도가 여성적인 것들의 강력한 영향을 받은 좋은 본보기이다. 이 지혜의 현현은 하나님의 영의 유출이요 하나님의 영이 거처이다. 이 지혜 안에 종잡을 수 없는 깊이에 계신 하나님이 드러난다. 지혜는 경이로운 존재이며 바라보는 눈일 뿐만 아니라 하나님의 영이 스스로를 들여다보는 신적 거울이다. 예수께 이르는 길은 지혜와의 연합을 통해서 여성적인 존재의 형태를 구원의 중심에 두는 것이다.[6)]

중세 독일의 위대한 신비가 나사렛의 베아트리체Beatrice of Nazareth는 상징적으로 여성과 연관된 존재의 중요한 역설을 드러내준다. 한편으로 그녀는 네델란드 여권신장운동Frauenbewegung의 중요 인물이었으며, 유럽 전역에서 당시 베네딕트회 수도사들과 도미니크회 수도사들의 영적 부흥이 일어날 때 경건한 여성들의 활동을 금지할 뿐 아니라 문학과 학문의 혜택을 빼앗으면서 수도원에 가두고 종속적이고 조용한 역할을 해야 하는 존재로 제한한 전통에 대항했던 지도자였다. 이 여성들은 엄청난 힘으로 그러한 압

---

6) 야곱 뵈메에 따르면 영혼의 신부인 지혜(Sophia or Wisdom)는 "자신을 귀하신 이름 예수 안에서 뱀을 밟는 자인 그리스도로, 즉 하나님의 기름부음을 받은 자로 계시하였다. 그녀는 달콤한 사랑을 가지고 내적으로 완전히 그 영혼에게 입맞추고, 승리의 표시로서 그 영혼의 욕구들 안에 사랑을 밀어 넣는다. 뵈메의 천상의 영역에 의하면 아담은 예수 안에서 죽음에서 부활했다." 그 수사학은 지나친 것이지만 또한 뵈메의 겸손을 반영하고 있다; 이 지점에서 그는 더 이상 쓸 수가 없다고 말한다. "왜냐하면 이제 큰 승리와 더불어 진주가 아로새겨지는 양의 결혼식이 열리기 때문이다…." *The Way to Christ*, p. 45.

박들을 이겨냈고, 새로운 삶의 방식을 만들어내고, 가정과 수도원에서 해방되었다. 베아트리체도 그러한 여성이었다. 그러나 역설적으로 돈Donne의 상처받은 마음처럼 그녀는 하나님께 복종함으로써 훨씬 큰 자유를 발견했다. 기도와 연구와 가르침에 전념하고 자선사업에 몰두한 그녀는 각 사람이 스스로 발견해야 하는 특별하고 독특한 방법을 예고한 사람으로 유명하다. 그녀는 하나님을 섬기는 일에만 헌신하기 위해서 집단적 종교 형식에 대항했다. 그녀는 자신의 주목할 만한 삶의 세부 내용들이 별로 중요하지 않은 것처럼, 개인들의 특별한 종교 방식이 감추어져 있음을 확증해 주었다.

그녀는 여성적 상징주의와 관련된 특징들을 생생하게 예증해준다. 예를 들어 그녀는 절대적 자유를 멀리하면서 자신의 까다로움을 충족시키는 데 집중하고, 하나의 규칙에 절대적으로 복종하는 것을 금하면서 고된 훈련을 하며, 삶이 인간들에 의해 충분히 느껴질 수 있을 만큼 확대될 수 있는 문화적·영적 분위기를 만드는 데 대한 기쁨을 드러내면서 전통에 얽매이지 않는 자유에 초점을 두었다. 그녀가 선택한 것은 순전한 동물적 생존이나 비타협적인 금욕을 위한 것이 아니었다. 종교적으로는 여성, 특히 독립적 여성에게 우호적이지 않은 세상에서 그녀는 본래의 모습을 유지했고, 여성으로 존재했다. 베아트리체는 자신의 특별한 자아로부터 하나님을 향하는 고유한 방법을 발견하려는 이 주장에 의해서 우리의 성을 기도에 도입하는 방법들을 보여준다.[7]

---

7) *Mediaeval Netherlands Religious Literature*, trans. E. Colledge(New York: London House and Maxwell, 1965), pp. 8-9, 17-29을 보라.

우리가 기도에서 제거하려 하는 대부분 것들은 우리를 놀라게 하거나 부끄럽게 하는 것들이다. 성은 대면되어야 하고 우리의 개성을 고집하는 특별한 변형들과 함께 특수한 용어들 속에 포함되어야 한다. 하나님은 우리 모두를 사랑하시며, 따라서 우리의 성생활도 사랑하신다. 그러므로 우리가 기도할 때에 영혼의 문제들을 다루듯이 이 영역에서 우리의 삶을 구성하는 흥미로운 것들, 경이로운 것들, 당혹스러운 것들, 그리고 상처들을 기도 속에서 다루어야 한다.

우리의 기도는 매우 단순한 형태를 취할 수 있다. 소녀 시절에 남자아이들에게 인기가 많고 예쁘게 성장할 수 있도록 기도하거나, 소년 시절에 여자아이들의 관심과 인기를 얻기 위해 기도했던 일을 기억할 것이다. 우리는 자신이 섹스를 즐길 수 없을 것 같은 이유를 궁금해 하거나, 우리 몸이 제대로 작동하지 않는 이유에 대해서 기도할 때 당혹스러움을 느낄지도 모른다. 우리가 성활동을 즐기지만 그리 쉽지 않은 것 같다. 우리는 성적 쾌감의 절정에서 자연적 방출을 경험하지 못할지도 모른다. 성적 능력이 감퇴되는 노년기에 느끼는 두려움에 대해 기도할 필요가 있을 수도 있다. 우리는 성적 욕구를 잃을지도 모른다는 것을 두려워하면서 나이가 들어 주름이 생기고 약해지는 것을 두려워하는 것에 대해 기도할 필요가 있을지도 모른다. 임신하지 않기를 기도하거나 임신을 간절히 바라는 기도를 드리고 있을 수도 있다. 많은 성관계를 원하는 데 대한 죄의식 속에서 기도할 수 있다. 성적 욕구로부터의 해방을 위해서 기도할 수 있다. 자신의 성이 아닌 반대의 성을 더 좋아하여 그 집단의 구성원이 되기를 원하는 상태, 즉 여성이면서 남성이기를 원하거나 남성으로서 여성이기를 원하는 혼란과 갈등

속에서 기도할 수도 있을 것이다. 자신의 성생활이 이상하고 폐쇄적이기 때문에 죄의식 속에서 기도할 수도 있다. 우리 안에 열정과 부드러움을 일으켜줄 수 있는 성적 파트너를 발견하기 위해 기도할지도 모른다. 육체와 영혼의 만족을 주는 배우자와의 결합에 대해 감사 기도를 드릴 수도 있다. 키가 너무 크거나 작은 것, 뚱뚱하거나 마른 것 등 몸매에 대한 불만과 부끄러움으로 가득 찬 기도하는 사람도 있을 것이다.

우리의 성생활이 거의 차단되었음을 발견할 수 있다. 또 남자 혹은 여자이고 싶다는 관점에서 한 남자이거나 한 여자라는 사실에 대한 순간적 인식과 더불어 정신적으로만 살아왔음을 깨닫게 될지도 모른다. 우리는 이런 문제들을 피하고 위장하며, 육체적 충동을 뛰어넘고 환상을 억압하며, 성욕을 근원에서부터 차단한다. 기도는 이 모든 문제들을 열어 준다. 우리가 배우자와의 이별이나 배우자의 사망으로 인한 슬픔에 가득 차 있을 수도 있다. 고통은 그 당시에는 고통스럽지만 표현되어야 한다. 우리가 그 사람의 육체나 냄새, 취향, 그리고 촉감을 기억하는 방법들이 시인되어야 한다. 그 모든 것을 우리의 기도 안에 끌어들여야 한다.

기도는 성의 세계에서 우리에게 가장 도움이 될 수 있는 것을 제공한다: 그것은 본래의 특별한 모습대로 살면서 이러한 문제들을 모두 하나님께 맡기고, 성적인 걱정, 욕구, 두려움, 희망 등을 기도라는 큰 그릇에 담아 하나님께로 가져가 그의 보호 아래에 저장하고 위탁하고 안전하게 하는 것이다.

이 모든 것을 기도 안에 끌어들임으로써 하나님을 우리의 성생활에 참여하시도록 할 때 우리 자신을 성생활에 개방하게 된다. 우리는 충동으로부터 새로운 해방을 느끼며, 어떤 문제에 대한 갑작스러운 통찰을 발견하며, 성적 경험의 선함에 대한 의구심이 발달되며 죄의식이 치료된다. 기도 속에서 육적인 성욕의 모든 측면을 하나님께 가져가는 것은 우리를 감사로 이끌어간다. 불완전함에도 불구하고 자신의 육체에 대해서 감사한다. 또 우리가 느껴왔던 성적인 경향들에 대해서 감사한다. 또한 우리가 만족해 왔던 욕구들, 충족되지 못한 채 남아 있던 욕구들에 대해 감사하게 된다. 감사는 성욕이 우리가 예상했던 것 이상이며 두려워했던 것 이하임을 알게 한다.

성적인 주제들을 포함하는 기도는 성욕을 면밀히 조사하여 마음에 기록한다. 우리는 성욕에 대한 혼란스러운 감정과 충동과 분위기를 구별해 보고 모든 양태들의 감정을 기록한다. 우리는 어떤 일에 끼어들어서 조사하려는 충동, 즉 성의 세계로 들어가서 접촉하고 관여하고자 하는 활동에 대한 불안한 충동을 발견한다. 혹은 어떤 것을 우리 안으로 끌어당겨 성취하고, 더 나아가 우리 안으로 인도하며, 자석처럼 끌어서 어떤 일이 일어나게 하려는 욕구를 발견한다. 이러한 충동들은 전통적으로 남성과 여성의 태도와 과정으로 구분된다. 그러나 기도할 때 우리의 성욕을 묵상해 보면 남성과 여성 모두가 이러한 충동들을 가지고 있음을 알 수 있다. 단지 정도와 유형, 강조의 차이가 있을 뿐이다. 기도는 우리로 하여금 이러한 육체적 충동들을 인간이 가지고 있는 아름다운 부분으로 여겨 받아들이게 한다.[8] 우

---

8) 이것은 육체의 종교를 만드는 것이 아니라 종교에서 몸이 합당한 위치를 차지하고 있다는 것을 확신하게 하는 것이다. 왜냐하면 어거스틴이 계속 상기시켜 주듯이 우리는 영이 내재하고 있는 육체일 뿐만 아니라 육신을 가지고 있는 영혼이기 때문이다. 우리는 시편 84편의 큰 기쁨을 주는 진리를 잊어서는 안 된

리가 그것들을 욕한다면 우리의 적이 될 그 욕구들은 찢어서 분리시키는 강탈적 충동이나 부서져야 할 모욕적인 충동들처럼 부정적으로 존재할 것이다.

기도는 보고 묵상할 공간을 만들어주고, 생각이나 이해 없이 이러한 충동들을 나쁜 것으로 규정하는 종교적 규율이나 범주의 기계적 사용을 통해 이러한 충동들을 강제로 억압하는 데서 우리의 자아를 자유롭게 한다. 자유로운 기도 시간에 우리는 더 이상 그것들이 존재하지 않는 듯이 행동하지 않는다. 우리는 그것들을 더 이상 억압하거나 생각 없이 분류하지 않는다. 기도가 권장하는 대체 노선은 보고 제안하며, 있는 것을 그대로 받아들이고 그것에 대해 하나님께 감사하며, 우리 존재의 중심 부분으로서의 성욕을 가지고 사는 삶을 하나님의 돌보심에 맡기는 것이다.

성욕은 육체적인 면만 아니라 정서적 · 영적인 면에서도 작용한다.[9] 이 여러 차원에서 기도가 취해야 하는 활동은 항상 동일하다. 즉 있는 것을 열

다: "내 마음과 육체가 살아 계시는 하나님께 부르짖나이다."―KJV.; "내 마음과 육체가 살아 계신 하나님께 기쁨의 노래를 부릅니다."―RSV.

[9] 유명한 실존주의자요 심층심리학자인 프랑클(Victor Frankl)은 사람들 안에 있는 매력의 3단계 및 그것들에 동반하는 태도들을 구별한다: "가장 원초적인 태도는 가장 바깥 층과 관련되어 있다: 이것은 성적 태도이다. 다른 사람의 겉모습은 성적으로 자극을 일으키며…성적으로 흥분하는 기질이 있는 사람은 단순히 성적 관심이 있는 사람보다 더 깊이 다른 사람의 심리적인 구조 안으로 뚫고 들어간다.…우리는 다른 사람의 심리적인 특징들에 몰두하게 되고…상대방의 독특한(유일무이한 것이 아닌) 심리의 자극을 받는다.…사랑하는 것만이 상대방의 인격적인 구조 안에 가능한 한 깊이 뚫고 들어갈 수 있다. 사랑한다는 것은 영적인 존재로서 다른 사람과 관계를 맺게 됨을 나타내는 것이다." Victor E. Frankl, *The Doctor and the Soul*, trans. Richard and Clara Winston(New York: Knopf, 1965), pp. 134-135.

어 조사하고 모든 것을 하나님의 포용하시는 사랑에 맡기는 것인데, 심지어 우리의 성욕을 희생양으로 만드는 억제하기 힘든 문제, 고통스러운 상실, 신경의 뒤틀림까지도 맡기는 것이다. 정서적인 면에서 우리는 자신을 매혹시킨 사람의 어느 부분이나 전체에서 일어나는 성적 행위의 이미지들 안에서 성적 욕망을 경험한다. 이러한 이미지들은 우리 안에서 신비스러운 매혹을 끌어낸다. 그 매혹은 인생에서 가장 감격적인 경험 중 하나가 되며 우리의 기도에서 절대로 제외되어서는 안 되는 것이다. 정서적으로 우리는 이러한 사람들과 이러한 신체의 부분들 및 이러한 존재의 상태를 이상화하고, 그들과의 실제적 접촉을 원한다. 우리는 그들과 접촉하고 그들을 소유하기를 원하며, 그들이 인격화하는 정서적 가치를 육체적으로 붙잡기를 원한다. 이 단계에서 다른 사람에 의해서 야기된 육체의 만남과 정서의 만남이 갑작스럽게 커지는 것을 발견한다. 우리의 마음은 타자성과의 접촉에 완전히 개방된다.

 우리는 자신으로부터 빠져나와 타자를 향하게 된다. 우리는 이 신선한 타자성의 증거에 의해서 그것을 향하고, 그것과 섞이고, 그것을 알고 지켜보라고 호출된 것처럼 느낀다. 그러한 정서적 매력에 사로잡히면 이 타자성이 정말 다른 사람 안에 존재하는지 아니면 자신의 일부분을 인격화한 것인지 분간하기 어렵다. 우리는 타자성의 강력한 매력을 알 뿐인데, 그것은 육체적 충동보다 덜 실체적tangible이기 때문에 더 강력하다. 우리는 만짐으로써 이 어렴풋한 타자성을 스스로에게 실질적인 것으로 만들려 한다. 그러한 매력이 우리의 기도 안에 끌어들여져서 평가되고 처리되고 제공되어야 한다. 단순히 그러한 매력을 가지고 살아가거나 그것을 회피하는 것은 소용이 없다. 첫 번째 선택은 정서적 욕망의 소용돌이 속에서 우리를 정신없게 만들고, 두 번째 선택은 멋진 정서적 욕망으로의 접근을 막는다. 실질적으로 선택할 수 있는 것은 그것을 보기 위해서, 있는 그대로를 주장하기 위해서, 그리고 필요할 경우 그것이 요구하는 것을 허락하기 위해서 그것과 우리와 동일화를 희생하는 데 이르는 하나님과 우리의 대화 안에 이 모든 것을 가져오는 것이다.

영적인 면에서는 타자성에 대한 매력이 더 넓고 깊어지며 그것의 진정한 무게를 느끼게 된다. 다른 사람의 육체 및 정서들과 만날 때 타자성이 우리를 주시하고 있는 듯이 영혼은 자체와의 더 직접적인 만남에 개방된다.[10] 부수적인 것이 우리의 성적 만남 안에 들어온다; 거기에서 초래된 육체적·정서적 연합을 통해서 영혼은 삶을 향한 자극을 받고 변화되며 때로 강조된다. 이 심오한 경험은 무시될 수 없다. 자신의 권리 안에서 자신의 삶을 살고 있는 다른 존재에 대한 우리의 지각이 자라갈 때 타자의 특별한 존재는 중요한 의미를 띠게 된다. 게다가 우리 내면에 있는 것이 점점 강한 주의를 요구한다. 우리는 성욕이 더욱 완전해졌음을 알게 된다. 남자로서 자신 안에 있는 여성적 모습을 알게 된다. 여자로서 자신에게 남성적 잠재

---

10) 19세기 러시아 신학자요 철학자요 시인인 블라디미르 솔로비예프(Vladimir Solovyev)에게 있어서 결혼생활에서 이루어지는 최고 경지의 성적 사랑은 사람으로서 우리의 개성을 강화해주고, 우리를 "우주적 진행 과정"의 "완전한 합일"에로 연합시키는 것이었다. 그러한 연합에 있어서 "성적 충동이 일어나는 순간에… '타자', 즉 '모든 다른 이'와의 내적 연합 혹은 일치는 반대성을 가진 사람—이 사람은 하나 안에 있는 보완하는 '모든 것'을 본질적으로 나타낸다—과의 관계에서 구체적인 형태를 얻는다." Vladimir Solovyev, *The Meaning of Love*, trans. Jane Marshall(London: Geoffrey Bles, 1945), pp. 75-76.

력이 있음을 주장하고 그것들을 현실화하기 시작한다. 자신의 성욕—신체적인 충동과 정서적 욕망의 범위—을 시험하는 데 고생한 남자는 강한 여성에 의해서 발견될 시간을 원하며 그녀에게 소유되기를 원한다고 고백할 것이고, 더 담대하다면 받고, 그 여성의 주도에 수동적으로 이끌리고 자신을 포기하면서까지 그녀를 따름으로써 주기 시작하고, 꾸밈이나 경계 없이 있는 그대로의 모습으로 보이기를 원한다고 시인할 것이다. 여자 편에서의 이러한 움직임은 남성의 주도적 활동만큼 깊이 남성의 열정을 자극할 것이다. 여성이 그러한 시간들을 갖는다면 때로 연인의 몸과 존재를 잡고 뚫고 들어가서 성장하는 등의 양식으로 자신의 애정을 주장하기 원하며, 자신의 수용적 행동들만큼 완전하게 반응을 일으키는 명령 형태의 몸짓이나 자세를 이용하여 남자의 반응을 일으키기 원한다고 인정할 것이다. 두 사람의 연인은 그들 안에 있는 남성과 여성의 차이를 결합할 방법을 찾는다.[11] 그들은 공통으로 가지고 있는 반대되는 것들을 결합할 방법을 발견하기 원한다. 그들은 사랑의 품속에 공격성을 포함하기 원한다. 그들은 자기들의 사랑이 호전적인 에너지들과 강한 주장 속에 지속되기 원한다. 그들은 남김 없이 자신의 모든 것을 주기를 원하는데, 이sm 사랑에 의해서만 가능하다.

우리가 자아를 소유하고 있음을 의식하게 되었기 때문에 자아를 주는 일이 가능하다는 것이 강조되어야 한다. 육적인 요소를 통해 성적 정체성의

---

11) 우리 내면에 있는 반대의 성에 대해 더 알려면, Ann Belford Ulanov, *The Feminine in Jungian Psychology and in Christian Theology*(Evanston: Northwestern, 1971), pp. 35-45와 ch. 11, 12. 또 Ann Belford Ulanov, *Receiving Woman, Studies in the Psychology and Theology of the Feminine*(Philadelphia Press, 1981), 6장을 보라.

정서적 차원와 영적 차원으로 이동할 때 자아에 대한 이해(이 구절에서는 "자아의식"이라는 말이 가장 알맞다)의 성장이 빨라지고 깊어질 수 있다. 그것은 각 단계가 정확하게 이어지는 기계적인 과정이 아니지만 필요한 발달 과정이다. 영국의 철학자 존 맥태가트John McTaggart가 말했듯이 사랑을 정의하는 요소는 다른 사람과의 결합인데, 자아의식의 강화 없이는 그 결합이 불가능하다.[12] 이러한 의식의 형태가 나타내는 자아에 동의할 때 우리는 다른 사람에게 자아를 제공함으로써 그에게서 우리의 자아와 동등하면서도 상반되는 제공을 이끌어낼 수 있다. 한 사람과의 기분좋은 만남—그의 눈이나 코나 근육이나 가슴이나 다리 등 외모에의 강한 이끌림, 인격 유형에 대한 유쾌한 반응—으로 시작된 것이 사람들의 연합으로 끝맺을지도 모른다. 무작위적인 신체적 접촉이 인간적인 것과 신적인 것의 교차로를 발견하는 자아들과의 접촉으로 이어질 수도 있다.

　신체적인 부분들과 정서적인 부분들 위에 세워지며 그것들을 배제하지 않는 영적인 성욕의 단계는 자아와의 이 친밀한 접촉 안에서 느낄 수 있는 타자성을 강조하는 데까지 성욕을 확대시킨다. 이것이 육체적 세계를 반영하는 성적 은유들이 하나님과의 황홀한 만남, 예민한 내용 때문에 말로 표현할 수 없는 만남을 묘사하는 위대한 신비가들의 주요 언어로서 자주 나타나는 하나의 이유일 것이다. 역설적으로 그 만남에는 육체를 초월하여 멀리 도달하는 강렬함이 있다. 성욕의 영적 영역은 우리가 자신의 성적 욕구나 걱정, 또는 희망을 하나님과의 대화 안에 가져올 때 분명해진다. 우리

---

12) "God, love, and heaven," ch. 12 of Peter Geach's *Truth, Love and Immorality: An Introduction to McTaggart's Philosophy*(Berkeley: University of California Press, 1979), and especially pp. 167-169.

는 그것들에 관해서 하나님께 말한다. 우리가 자신을 즐겁게 하거나 혼란스럽게 하는 것, 두렵게 하거나 겁을 주는 것들에게 관심을 가지는 것처럼, 우리는 대단히 관심을 가지고 있는 것으로서 그것들을 하나님께 드린다.

기도할 때 우리는 성과 관련된 것 전체—성적 염려, 성적 두려움, 변태나 충족될 수 없는 욕구나 발견할 수 없는 성적 충동, 아직 이루어지지 않은 진실되고 지속적인 사랑에 대한 비밀스러운 희망 등—를 가지고 나와야 한다. 다른 모든 일에서와 마찬가지로 성과 관련해서도 우리는 하나님에 대한 전적 의존을 우선시해야 한다. 어머니라는 하나님의 이미지들이 자동적으로 우리의 입에 오른다. 우리는 하나님의 무릎에 눕고 하나님의 품에서 위로를 받는다. 우리가 하나님의 사랑 안에 들어가며 그 사랑에 완전히 드러나기를 원할 때 배우자나 연인으로서의 하나님의 이미지들이 쉽게 다가온다.

원초적 담화에서는 사랑이라는 말을 소심하게 사용하지 않는다. 그것의 은유는 육체적 황홀함을 나타내는 색깔들로 대담하게 구성되고, "사랑의 살아 있는 불꽃"으로 타오른 십자가의 요한이나 하나님의 내적 현존을 입속의 꿀과 같다고 말한 클레르보의 베르나르Bernard of Clairvaux에게서 배울 수 있다. 14세기의 루이스브렉Jan Van Ruysbroeck이 말한 바 "헤아릴 수 없이 무한한 내적 조명"을 가지고 있는 영원한 세계에는 "매력적인 성향", 즉 "벌거벗음"의 징표가 있는데, 그 안에서 우리는 "모든 것에 대한 관찰과 지각을 잃고 다시 형성되며 단 하나의 명백함이 우리에게 주입된다."[13]

물론 우리는 이 시대의 남성과 여성으로서 기도하게 된다. 우리가 성인

---

13) Ruysbroeck, *The Spiritual Espousals*, pp. 162-163.

들과 신비주가들의 이미지에 강하게 사로잡히며 영적 세계의 왕들이나 왕비들이나 귀족들의 수사학을 환영한다 해도 우리는 중세나 르네상스 시대에 사는 것이 아니다. 우리는 아빌라의 테레사가 사용한 "폐하" His Majesty라는 칭송이나 중세 시대 예배자의 봉신과 주인의 결속 정도까지만 갈 수 있을 뿐이다. 우리가 아는 이 세상의 절대 군주들은 대부분 입헌적이지 못하며, 절대 권력은 공산 독재정치와 파시즘이라는 좋지 못한 의미를 가지고 있다. 우리가 믿음 안에서 영접하는 주 하나님은 일상생활에서 입는 평범한 옷을 입고 계셔야 한다. 그곳이 줄리안 Julian of Norwich의 어머니 같은 하나님이나 19세기 기도의 사도들의 낭만적인 연인과 제휴하는 곳이다. 하나님이 그러한 평범한 옷을 입으셨다고 해서 언짢게 느껴서는 안 된다. 우리는 있는 그대로 기도에 임하면 된다. 꾸미려는 것 및 중세의 기사도나 수도원의 장식들을 고집하는 것은 가장 정직해야 할 곳에서 자신을 속이는 위험을 자초하는 것이다. 그러한 모습 속에서 만나는 권위의 존재는 결코 하나님이 아니며, 허리가 잘록한 상의와 반바지를 입어서 드러나는 부분을 뽐내듯이 보이는 초자아일 뿐이다.

   극단적인 정반대도 좋을 것이 없다. 우리 세계의 더러운 곳에서만 하나님을 보는 것은 예수님을 영원히 십자가 위에 두는 것, 더 심하게 말하면 영원히 채찍질을 당하게 하는 것이다. 우리가 기도 안에서 특권을 부여받아 만나는 신은 항상 무엇보다도 인간들이 알고 있는 삶의 모든 측면의 완전한 투영이다. 우리의 경우 불분명한 구별이기는 하지만 그것은 20세기에 전문적으로 다루어진 고통의 영역을 의미한다. 그것은 또한 전 시대에는 사실상 인생의 무가치한 자들—장애가 있거나 시대에 뒤진 사람들이거나 육체적·심리적·영적 질병에 희생된 자들, 하지만 우리는 그들에게서 존경할 만한 것들과 함께 나눌 것들을 발견했다—로서 버림받은 사람들 안에서 이 세기가 얻은 기쁨과 즐거움도 포함해야 한다. 하나님은 우리 사회의 이렇게 새롭게 형성된 이방인들 속에 계실 뿐 아니라 우리가 그들을 환영할 때, 그들로부터 배울 때, 그들을 사랑하고 그들에 의해서 사랑받을 때, 그리고 우리의 내면에서 사랑이 솟아오를 수 있는 깊은 곳을 발견할 때 얻는 기쁨 속에도 계시다.

이곳은 성의 언어와 이미지와 경험이 기도에 유용한 곳이요 그것이 필요한 곳이다. 육체적으로 기분 좋게 성을 경험할 때 우리는 완전한 게임의 경이로움을 알게 된다. 물론 만족이 그 안에 있을 것이며, 예를 들어 염소나 원숭이와 같은 동물들과 제휴함으로써 품위를 떨어뜨리지 않으면서도 그것들을 충족시키기 위해서 주어진 욕망과 지식의 특별한 범주를 가지고 있다고 주장하는 동물적 충동의 성취 만족이 있을 것이다. 그러나 성적 유희는 우리에게 올 때 신이 느끼는 절대적 기쁨의 일부를 이해할 수 있게 해주는 외향적인 힘찬 기쁨에 이르기도 한다.

우리의 삶에는 어미 고양이가 새끼 고양이에게, 또는 아비 오리가 가족들에게 나타내는 관심과 비슷한 것들이 있다. 우리는 육체들이 아니라 그것들을 하나가 되게 하는 사랑의 이미지와 형상을 따라 자신의 가정을 창조하려는 멋진 결단을 가지고 결혼을 한다. 그러나 이것은 라블레Rabelais가 상기시켜 주듯이 구약성경에서 상호 위안이라고 칭하는 고도의 성적 경험이 아니다. 고대 이스라엘에서는 남자와 여자가 결혼을 통해서 하나 되는 것이 다른 모든 것, 심지어 거룩한 땅의 방어보다 우선이었다. 남편에게 군

복무 등이 요구되기 전에 부부에게는 사랑의 은택을 즐기기 위해서 1년이라는 시간이 주어졌다.[14]

그러한 사랑을 세워나가는 데 있어서 성욕은 그것에 대한 특별 인가와 원초적 언어가 매력을 일으키는 근원들 중의 하나임을 발견한다. 결혼한 사람들의 사랑에 대해서 읽을 때 우리에게 가치 없는 부분이었던 성의 정체성이 신비가들에게는 그들이 누구이며 어떤 사람들인가를 설명하는 데 소중한 방법이었던 이유를 알게 된다.

신비가들에게 있어서 성은 목적이 아닌 수단이었다. 우리뿐만 아니라 그들에게도 성은 커다란 상징적 생명력을 지닌다. 그러나 상상력이 거의 없거나 자기 부정적인 사람들은 그것을 상징적인 것으로 국한시킨다. 모든 연인들이 사랑 안에서 그들 존재의 중심을 이루는 성의 가르침을 받는다. 그리하여 모든 연인들이 기도 안에 이끌려가고, 기도 안에서 성에 의해 진보한다.

---

14) Gargantua와 Pantagruel의 책 3권 5, 6장을 보라. 거기에서 라블레는 출산을 결혼을 위한 동기부여가 아닌 상호의 위안을 위한 사건으로 다룬다. 거기에서 그의 자비로운 대변인인 Pantagruel은 그의 해석을 인가하는 신명기의 말씀들을 쉽게 설명하면서 "모세의 법"에 대해 논쟁한다: "정혼한 여자를 아내로 취하지 않은 자가 누구인가? 그가 전쟁에서 죽어서 다른 사람이 그녀를 취하지 못하도록 그를 집으로 돌아가게 하십시오"(20:7). "갓 결혼한 남자는 전쟁에 나가지 말 것이며, 어떤 책임도 부여받지 않을 것이다: 그는 일 년간 집에서 자유로이 거하면서 아내를 기쁘게 해줄 것이다"(24:5). 라블레에 관한 현대적 번역은 J. M. Cohen가 했다(Baltimore: Penguin, 1955).

제9장

다른 사람들을 위한 기도

　기도는 사회적인 것이다. 사람들을 위해 기도할 때 이것을 발견할 수 있다. 우리는 중보기도를 할 때 우리 앞에 있는 사람들을 얼마나 많이 의존하고 있는지를 인정하면서 사람들과의 상호 관계의 영역으로 들어간다. 여기에는 두 가지 의미가 있다. 첫째로 우리가 마음의 눈으로 그들을 보고 이해해야 한다는 것이다. 그 때 우리는 인류의 과거로 이어진다고 이해되어야 하는 이미지들 속에서 기도하게 된다. 우리는 인류 문화에 속한 언어와 상징들로 자신의 경험에 대해서 말하려는 무수히 많은 사람들의 경험과 노력에 의존한다. 우리는 교회들의 축적된 지혜 및 많은 기도 방법들을 보여 주는 이미지들과 의식들을 의지한다.[1] 우리는 기도할 때 가까운 과거로부터

---

1) "일본인들은 후지산 정상으로 가는 길은 많다고 한다; 미지의 구름 너머 침투할 수 없는 어둠 속에 있는 것이나 존재에게 도달하려는 많은 종교들이 있다." William Johnston in *Silent Music: The Science of Meditation*(New York: Harper & Row, 1975), p. 170. 우리의 세계교회주의는 기도할 때 후지산까지 미치지 못할지도 모른다. 하지만 반드시 기도 안에서 우리의 관심들과 필요들의 범위를 인식함으로써 세계교회주의가 확립되어야 한다. 이것들은 강조점에 있어서 내재적이고, 때로 초월적이며 내면 지향적이고, 어떤 식으로든 항

부모나 교사들에게 배운 특정의 이미지들, 말, 또는 자세를 끌어들인다. 기도를 시작할 때부터 우리에게 가장 친숙한 내적인 삶도 다른 사람들 및 그들이 보여 주었던 것으로부터 우리가 만들어낸 것에 의해 점령되고 있음을 알게 된다.

우리는 이웃을 위해서 기도할 때 그들을 위해서 무엇인가를 구할 뿐 아니라 그들에 대한 우리의 의존성을 시인한다. 우리는 이웃들, 실재하는 사람들과의 관계를 통해서 존재를 성취할 뿐이다. 이 신비 및 그 근본적인 실체에 대한 어렴풋한 이해가 삼위일체의 이미지 안에 나타난다. 하나님의 내적 실재는 관계, 즉 매우 생생하게 표현되었기 때문에 끊임없는 연결을 맺고 있는 사람들이라는 이미지만이 포착할 수 있는 사랑으로 나타난다. 예수님은 이런 종류의 상호 연결이 자신이 태어나기 전에 있었고 그의 사후에도 그를 통해 우리를 하나님과 연결지어 주는 주요한 방법으로 있었음을 말해주셨다. 히브리서 기자는 "그가 항상 살아 계셔서 그들을 위하여 간구하심이라"고 표현한다.[2]

그러면 우리는 누구를 위해 기도하는가? 우리가 이웃들과 함께 나누고 우리 존재가 의존하는 이 상호 관계의 영역은 무엇인가? 누가 누구를 위해서 중보하는가? 우리의 세계를 구성하고 있는 사람들의 사회, 그들의 상처

상 다른 사람들과 타자성의 세계 안에도 포함되어 있는 것으로서 가끔씩 고집스럽게 사회적·의식적(liturgical) 예배의 경향을 띠기도 한다.

[2] 이 히브리서 7장 25절은 예수님의 영원한 제사장직의 특별성을 강조한다. 다른 종교의 인물들과는 달리 그분 안에서 내재성과 초월성이 연합된다; 그분은 제사장직의 역할에서 매 순간 우리에게 반응하시고, 세상적인 사소한 걱정에서부터 가장 심오한 내세의 관심에 이르기까지 우리와 관련되는 모든 것에 반응하신다.

와 희망, 목적과 실패 등이 떠오른다.[3] 우리는 그것들을 하나님께 말한다; 우리는 그것들을 하나님께로 들어올린다; 우리는 그것들을 하나님께 맡기는데, 그들도 우리를 위해서 똑같이 행하곤 한다.

우리는 마땅히 해야 하기 때문에 사랑하는 사람들을 위해서 기도한다. 우리는 자신의 사랑이 그들을 모든 손해와 질병, 악, 죽음으로부터 방어해 줄 수 있을 만큼 강하지 못하다는 것을 알고 있다. 우리의 사랑은 전능한 것이 아니다. 그들에 대한 우리의 관심, 즉 그들이 행복한 삶, 충만한 삶을 살아야 한다는 우리의 고집은 우리로 하여금 그들을 위해서 하나님께 중보하도록 강권한다. 우리 스스로는 그 많은 것들을 보장할 수 없다. 심지어 우리의 잘못으로 인해 그들에게 상처 주는 일도 막을 수 없다. 우리는 자신의 강력한 희망과 압박들을 억제함으로써 그들이 우리가 정해준 선한 삶의 아이디어 대신에 그들 자신의 아이디어를 발견하고 실천할 수 있게 해주지

---

[3] "기도는 대화이므로 마음이 그 자체로부터 멀리 달아나는 것이 아니다. 또 세상에서 도망하는 것도 아니다. 그것은 피조물에게 새로운 방향을 주지만 그 방향에서 물러서지는 않는다.···하나님께 기도하는 사람은 엘리야처럼 구름 속으로 사라지지 않는다; 그는 이 세상에 머물러 있고, 어떤 의미에서는 어느 때보다 더 이 세상에 집중하고 있다.···그는 세상을 떠났다기보다 새로운 시각으로 세상을 응시하며, 그래서 그는 이제 하나님 안에 있는 자신 및 자신의 근원에서부터 세상 속에 살고 있는 것이다." Nedoncelle, *The Nature and Use of Prayer*, p. 97. 심리학적인 비평가요 예술역사가인 Adrian Stokes는 우리가 세상 사람들과 함께 사는 것 외에 자신의 내면의 거주자들과 함께 산다고 주장한다: "그것들은 Kleinians가 '내적 삶'이라고 부르는 기본적 과정에서의 끊임없는 작동들이다. 그것들을 위해서 기도는 내적 존재들의 위치와 관계들을 주제로 삼고, 그것들의 강한 물질적 특성과 혼잡한 장면 등에 대한 상상을 포함한다." Adrian Stokes, *A Game That Must be Lost*(Cheshire: Carcarnet Press, 1973), p. 117.

못한다. 이러한 사랑의 한계를 인정할 때 자녀들이나 친구들이나 남편이나 아내를 향한 사랑 때문에 그들의 영혼을 하나님의 돌보심에 맡긴다. 그들을 위해 기도하는 것은 우리의 사랑을 닫힌 손에서 열린 손으로, 굴레를 씌워 그들을 단단히 조이는 손에서 자유롭게 해주는 손으로 변화시킨다. 그들을 위해서 기도하면 그들을 위한 사랑 안에서 우리는 유연하고 융통성 있게 변화된다.

우리는 싫고 피하고 싶은 사람들과 증오하고 두려워하는 사람들을 위해 기도하는 법을 배운다. 그런 기도는 우리로 하여금 사람들이 우리에게 행했거나 행하기를 꺼려서 상처를 입히거나 우리를 격노하게 했던 것들에게 초점을 두지 않고 사람들이 우리를 분노, 실망, 불안, 두려움 등의 지옥에 빠뜨릴 수 있는 힘을 획득하도록 것을 허락한 우리 내면의 것에 초점을 두게 한다. 사람들을 위한 기도는 우리를 그들의 힘에 넘기던 이전의 인격의 자세와 상태로 이끈다. 예를 들면 어떤 사람이 그럴듯한 끊임없는 요구로 우리를 화나게 하면 우리는 마음속으로 그들이 자신이 해야 할 일을 하지 않으면서 항상 다른 사람들에게 일을 하도록 조작한다고 고발한다. 우리는 이용당하고 있음을 느끼고 곧 분개한다. 우리가 그 사람에게 직접 이야기하려고 할 때 상황이 악화된다. 우리의 솔직함은 거절당한다. 좋지 못한 분위기가 조성되며 긴장이 증가한다. 우리는 단순히 그 사람을 피하는 것을 선택할 수 없다. 우리는 그 사람과 함께 일하거나 함께 살고 있으며 도망칠 수 없기 때문이다. 또 그 사람이 우리에게 어떤 일을 해달라고 요청할 때 우리는 최소한 내적으로 폭발할 것인데, 그 때 자신의 반응에 대해서 비참함을 느끼고 그것을 정당화하기 위한 방법들을 모색한다.

우리에게 그와 같은 일을 행하는 사람을 위해서 기도하는 것은 우리의 어떤 태도가 사람들이 우리를 화나게 만들도록 허용하는 것인지, 또 점점 커지는 그러한 요구들을 "아니요"라고 거부하지 못하는 이유에 대한 조사를 포함한다.[4] 그러나 우리는 "아니요"라고 응답하는 대신에 방어적 전술로 요새처럼 문을 닫고서 자신이 포위되었다고 느낀다. 우리가 가시넝쿨처럼 스스로를 포위하지 않는다면 그처럼 큰 노력을 요하는 전략들이나 책략들이 필요하지 않을 것이다. 단지 "아니요"라고 대답하는 것만으로 충분할 것이며, 우리는 공격당하고 있음을 느끼지 않을 것이고 자신의 폭발적인 반응을 필사적으로 정당화할 필요가 없을 것이다.

원수를 위한 기도는 그들을 향한 우리의 태도를 바꾸어 준다. 원수들은 우리로 하여금 자신이 드러내려 하지 않으려 하는 은밀하고 고통스러운 부분에 빛을 비추게 만든다. 우리는 자신을 다른 사람들의 입장에 놓음으로써 자신의 행동이 다른 사람들을 화나게 만들어 그들이 우리를 싫어하는 이유를 알게 된다. 우리는 기도 안에서 보통 우리가 무시하는 새로운 소리를 듣는다. 우리는 자신을 다른 각도, 즉 스스로든지 친구들의 도움으로는 발견할 수 없는 자신의 모습을 바라본다. 원수들만이 우리를 여기에서 도와줄 수 있다. 이런 면에서 그들은 매우 귀중한 존재들이다.

---

4) 심리학자들은 투영이라는 표제하에서 사람들과의 그러한 얽힘에 대해 말한다; 우리는 자신이 알지 못하거나 혹은 인정하지 않는 자신의 일부분을 다른 사람에게 투영한다. 우리의 한 부분이 다른 사람에게 달라붙어 있고, 우리는 그 사람에게 지나칠 정도로 빠져있으며, 그 사람에 의해서 동요되는 것을 느낀다. 이러한 상호작용과 그것들을 해결하기 위해 필요한 태도들에 대해서 충분히 알려면, Ann and Barry Ulanov, *Religion and Unconscious*, pp. 220-239를 보라.

우리가 미워하는 사람, 어느 순간 상처를 입히고 싶은 사람을 위해서 기도하는 것은 매우 어려운 일이다. 우리에게 해를 입혀서 복수하고 싶은 사람들이 있는 환경에서 입을 꽉 다물고 기도하기 위해서는 악마들과의 씨름이 필요하다. 기도할 수 있다면 우리는 하나님의 선하심이 그들의 행동과 태도들의 중심부에 있어서 작용하고 풍성해질 수 있도록 기도한다.

원수를 위해서 기도하면 우리의 내면에 있는 실질적인 원수들, 우리 자신의 존재 의식을 대적하는 요인들이 해방된다. 우리는 잊기를 원하지만 기억에 남아있는 모습들을 인정하고 받아들인다. 이 남아있는 모습들은 우리가 무엇에 대해 누구에게 화를 내고 있는지도 모를 만큼 일반화된 게으름, 사소한 걱정, 우리 자신의 적대감이다. 이것들은 우리가 가지고 있는 스스로에 대한 이미지에는 맞지 않지만, 우리가 가난했거나 부유했던 어린 시절, 혹은 문제 많은 가정환경처럼 우리의 정체성에 속하는 이질적인 모습들이다. 우리가 다른 사람들을 누르고 그들보다 높아지려 하며 모든 것을 자신만을 위해 소유하려 할 때 자신의 증오스러운 모습에 직면하게 된다. 우리는 사람들의 독특한 실존을 보려 자신의 모습을 발견한다. 원수들을 위해서 기도하면 우리가 내면의 갈등들 위에 동일한 중보적 자비가 임하기를 얼마나 원하는지 드러난다.

중보기도는 우리를 사랑하던 사람들이나 원수들 등 이미 죽은 사람들을 위해서 기도하도록 이끈다. 우리는 우리를 사랑하고 우리 자신을 있는 그대로 보게 함으로써 우리를 도와주며 우리의 특별한 사람됨—뛰어나거나 재능이 있거나, 걱정이나 두려움을 일으켜서가 아닌 단순히 존재한다는 것 때문에—을 기뻐하셨던 아버지, 어머니, 할머니, 숙모 등을 위해 기도한다. 그들은 우리 안에서 기뻐하셨고, 우리의 있는 그대로의 모습을 기뻐하셨으며, 우리를 수용하시는 큰 기쁨을 우리에게 표현하셨다. 이런 식으로 받아들여질 때 우리는 자신이 실재하고 있음과 활기와 기쁨을 느끼기 때문에, 이런 종류의 수용은 삶을 활기 있게 만들어 준다. 살아 있는 사람들뿐만 아니라 죽은 사람들의 영혼을 위해서 기도할 때 그들의 존재에 대한 감사가 삶 속에 흘러나온다. 우리는 그들의 기쁨, 그들의 구원, 하나님과의 친밀함, 부활한 그들의 삶이 어떤 형태로 존재하든지 간에 그들의 중심에 있기를 기도한다.

    우리의 기도는 가족들과 친구들을 넘어서서 선생님들과 같은 사람들에게까지 이른다. 우리는 우리를 가르치고, 존재하는 다양한 모습들과 인생에서 중요한 것들을 보고 반응하는 방법들을 배울 수 있도록 권고한 사람들을 위해서 기도한다. 상급학교로 진급하는 데 기준이 되는 학점과 점수를 위해서 기도할 수 있으며, 직업의 배정 혹은 사회에서 영예를 얻을 수 있는 지위에 대한 염려를 가지고도 기도할 수 있다. 우리는 가장 최고의 은혜와 가장 큰 내적 평안을 가져다준다고 가르쳐 주었던 것들을 위해서 기도한다. 우리는 진정한 실체가 우리에게 드러나며 그 중심에서 생명을 발견하게 될 것을 바라고 감사하며 기도한다. 또한 우리에게 이러한 것들을 경험하게 해준 사람들이 스스로도 이것을 이해하고 경험했기를, 그래서 지금 그 이해와 경험이 그들의 근원을 이루는 실체의 중심에서 그들이 살고 있기를 기도한다.[5]

---

[5] 우리는 단테가 브루네토 라티니(Brunetto Latini)와 같은 사람에게 보인 존경심에서 교훈을 얻을 수 있다. 그는 사후에 대한 풍자에서 줄곧 그를 인도하는 무자비한 재판과 더불어 그를 소돔 사람들이 있는 지옥에 둔다. 그러나 그는

죽은 사람들을 위해서 기도할 때 우리는 자신이 죽어가고 있음, 즉 현재 형태의 생명이 원 상태로 돌아가고 있음을 생각하게 된다. 우리는 통제권을 넘겨주고 미지의 세계로 들어가는 데 대한 두려움을 가라앉히면서 삶의 염려들을 풀어놓는다. 죽은 자들을 위해서 기도하는 것은 우리 안에 장차 겪어야 하며 불안과 두려움을 느끼게 하는 죽음에 이르는 다리를 만드는 것이다. 그리고 충분한 호기심을 가지고 죽음을 묵상할 때 우리는 더 완전하게 삶에 임하며, 자신의 에너지들을 죽음에 대한 두려움에서 해방시켜 삶에 헌신하게 만들기 때문에 끝까지 바르게 살 수 있게 된다.

우리가 어둠 속으로 밀어낸 방식에 의해 살해된 죽은 부분들이 우리의 내면에 존재할 수 있다. 우리는 시체들에 대한 꿈을 꿀 수도 있다. 생동감 있어야 하는 상황에서 그렇게 반응하지 못한다는 것을 깨달을 수도 있다. 우리는 공허하고 죽어 있다. 우리가 자신의 감정, 의지, 어린 시절에 대한 기억 등을 단절시켰기 때문에 그것들이 마치 조정할 수 없이 무거운 것들이 되어 우리를 짓누를 수도 있을 것이다. 죽은 자들을 위해서 기도하는 것은 우리 안에 죽어 있는 부분들과 접촉하여 살려낸다.

우리 중에는 우리의 진정한 자아가 거의 죽었다고 하는 사람들의 예측에 대해 가식적인 반응과 수사학적인 방법에 의해 성공적으로 그 사실을 감추는 사람들이 있다. 죽은 자들을 위해서 기도하는 것은 우리로 하여금 이

위대한 스승에게 충분한 존경심을 보이며 기도한다. 그의 기도가 응답된다면, 그는 라티나에게 "당신은 인간의 본질을 잃지 않을 것입니다. 왜냐하면 매 시간 당신이 나에게 어떻게 인간이 자신을 영원한 존재로 만들 수 있는가를 가르쳐 주었던 때에 당신이 이 세상에서 지녔던 사랑스럽고 친절하고 아버지와 같은 이미지가 내 기억 속에 고착되어서 지금 나의 심장을 관통하고 있기 때문입니다…라고 말했다." Dante's *Inferno*, XV: 79-85을 보라.

숨겨지고 단절된 핵심이라 할 수 있는 유아기적 모습에 도달하게 하고 드러나게 할 수 있다. 기도할 때에 우리는 하나님의 지키심과 보호하심 안에서 안전하게 존재할 수 있는 장소를 발견할 수 있다.

우리는 아직 만나지 않은 미지의 사람들과 아직 발생하지 않은 상황을 위해 기도할 수도 있다. 그때 우리는 어떤 상황의 주변에 머물면서 사소한 일에 에너지를 소비하지 않고 중심에 집중하면서 개방적이고 순응적이며 나태하지 않기를 기도한다. 우리는 만나는 것이 두려운 사람들을 위해 기도한다. 예를 들어 우리는 성적 자극을 받지 않기 위해서 피해온 남성이나 여성을 위해 기도한다. 우리는 자신에게 권력을 행사하거나 행사할 사람들, 예를 들면 우리가 두려워하거나 저항하거나 노예처럼 따르려 하는 대상인 고용주들을 위해 기도할 수도 있다. 우리는 그들을 있는 그대로의 모습으로 볼 수 있도록, 그리고 지위로 그들을 판단하는 것이 아니라 그들과 함께 공유하는 본질적인 인간성을 상호 인식하는 영역에 함께 들어가기 위해 기도할 수 있다. 문화와 언어와 관점이 달라 우리와 접촉할 수 없는 사람들을 위해 기도하기도 한다. 우리는 자신이 사람들이 접근하기 쉬운 사람이 되도록, 그리고 사람들에게 외면당하는 사람이 되지 않도록 기도한다.

우리는 자신이 만나는 고통당하는 사람들, 고통당할 사람들을 위해 기도한다. 그들이 당하고 있는 큰 고통을 우리에게 표현하는 것을 막을 성급한 해결책으로 더 괴롭히지 않기 위해서, 또 우리가 그들의 고통을 견디지 못해 그 자리를 떠나지 않고 관심을 갖기 위해서 기도한다. 그런 기도는 사용되지 않아서 죽어 있는 우리의 부분들을 열어주고 우리로 하여금 그것들을 쉽게 의식할 수 있도록 함으로써 성장할 수 있게 해준다. 우리는 밖에서 들어오는 것과 안에서 나가는 것을 보기 위해 창문을 활짝 연다.

일부 철학자들과 신학자들은 과거의 사람들이나 사건들, 그리고 암묵적이든 직접적이든 미래의 사람들과 사건들을 위한 기도의 가능성과 유용성을 의심해 왔다. 우리가 과거의 사람들을 위한 연민의 관심 속에서 시간의 장벽을 깨고 유한함을 통과하여 하나님의 영원하심에 도달할 수 없다면, 어떻게 현재나 미래의 사건들과 그 사건들을 경험하고 있는 사람들에게 도달할 수 있겠는가? 두 경우에 있어서 우리는 관심과 염려를 시간 밖에 있는 존재의 근원에게 가져간다. 영원히 현존하시는 하나님은 우리의 기도가 무엇이었으며, 무엇이고, 무엇일지 알고 계신다. 5세기나 15세기, 기원 전이나 기원 후, 과거와 현재와 미래의 비극이 모든 기도와 그 목적을 충분히 알고 계시는 분의 중재로 은혜를 입을 수 있다고 가정하는 것은 단순한 믿음도 아니고 감상적인 믿음도 아니다. 그래서 우리는 십자가를 지고 가시거나 십자가 위에 계시는 예수님을 위해, 죽은 시신이 아킬레우스에 의해 트로이의 성 주위를 세 바퀴나 끌려다니다가 들녘에 버려진 헥토르Hektor나 캘커타의 지하감옥과 아우슈비츠 강제수용소의 희생자, 어거스틴의 치통, 그리고 모차르트의 미완의 진혼미사곡Requiem을 위해서 선한 마음과 정신으로 기도할 수 있다. 한편으로 우리는 기도 속에서 모든 시간과 공간에 접근할 수 있으며, 한편으로 기도 속에는 시간도 공간도 없다고 할 수 있다.[6]

---

[6] "거꾸로 작동하는 인과관계의 개념"에 대하여 더 기술적이고 철학적으로 알려면, Anthony Kenny, *The God of the Philosophers*(Oxford: Clarendon Press, 1979), pp. 103-109을 보라. 이 영역에서 논쟁하는 것이 어려운 이유는 그것

기도는 시공을 초월하는 영역, 즉 경계도 알지 못하고 하나님의 영원성에 참여하는 우리 생명의 영역에 들어간다. 거기에서 각각의 순간은 존재하는 다른 순간들과 구별되는 영원한 "현재"에 존재한다. 따라서 우리는 시간과 공간의 한계를 넘어서 기도할 수 있다. 과거와 미래를 위한 기도는 이미 일어났거나 미래의 때와 장소에서 일어날 일에 참가하는 것으로 인과율의 장벽을 초월한다. 따라서 우리는 끊임없이 축적된 의미 없는 순간과는 다른 과거의 순간들 안에 들어간다는 확신을 가지고 과거의 사건들과 사람들을 위해서 기도할 수 있다. 우리는 겟세마네 동산에서 홀로 고민하신 예수님을 위해서 기도할 수 있다. 사자와 대면한 순교자를 위해서 기도할 수 있다. 십자가에 거꾸로 달려 고통당한 베드로를 위해서 기도할 수 있다. 마녀처럼 말뚝에 묶여 화형당한 여인을 위해서 기도할 수 있다. 19세기 영국의 방앗간에서 하루에 12시간씩 노동력을 착취당한 아이를 위해서 기도할 수 있다. KKK단에 의해서 처형된 흑인을 위해서 기도할 수 있다. 뜨거운 용암에 덮혀 죽은 폼페이 사람들을 위해서 기도할 수 있다. 히로시마의 원폭 투하 피해자들을 위해서 기도할 수 있다. 어린 아들이 다하우 수용소의 가스실로 끌려가는 것을 지켜본 어머니를 위해서 기도할 수 있다. 사랑받지 못하고 소중히 여김을 받지 못한 채 더러운 방, 열악한 양로원, 텅 빈 세계에 버려진 노인들을 위해서 기도할 수 있다. 학대하는 부모 밑에서

이 사실상 하나님의 손을 짧게 하며, 엄격한 인간의 논리로 전능한 실체의 일부를 깎아 내리기 때문이다: "물론 하나님은 과거를 되돌릴 수 있다고 하더라도 이미 행해진 것을 미완성으로 만들지는 않으실 것이다…"(106). 이것이 셰스토프(Lev Shestov)에게 있어서 철학적인 필요를 가장 싫은 것으로 만드는 정확한 진술이다.

고통받는 어린아이를 위해서 기도할 수 있다. 또 장차 두려움, 수모, 고통, 상실 등을 겪을 미래의 사람들을 위해서 기도할 수도 있다.

우리는 두려움 속에 있는 그들에게 빛과 위로와 자비가 주어지며 고통이 완화되게 해달라고 기도할 수 있다. 우리는 그러한 모든 순간에 선이 존재하기를, 그리고 사람들이 악과 직면해서도 선을 고수하고 세워나갈 수 있도록 기도할 수 있다. 우리는 사람들이 직장을 찾아 자녀들을 양육할 수 있게 해 달라고, 그들이 날마다 하늘이나 꽃들이나 이웃의 얼굴에서, 예상치 못했던 친절한 접촉과 그들의 사랑스러운 웃음이나 눈물 안에서 자신에게 주어진 것을 보고 놀랄 수 있게 해 달라고 기도할 수 있다. 우리는 사랑하는 사람들이나 사랑하지 않는 사람들의 복된 죽음을 위해서도 기도할 수 있다. 우리는 주어진 것을 받아들여 채울 수 있는 부드러운 마음을 달라고 기도할 수 있다. 우리는 사람들이 자신의 중심에서 하나님의 돌보심의 중심 가까이에 살며, 하나님의 현존을 바라고 원하며, 하나님의 뜻을 가지고 나아가며 그렇게 행하는 기쁨을 알게 해 달라고 기도할 수 있다.

이런 의미에서 중보기도는 모든 사람들을 위한 기도이다. 예를 들어 기관들 및 그것들을 잘 이용하는 구성원들, 상처받거나 착취당하고 있는 사람들, 그리고 그것들을 잘못 이용하거나 그것들에 의해서 오용되고 있는 사람들을 위해서 기도할 수 있다. 중보기도는 교회와 하나님을 예배하는 회중들과 공동체를 위한 것이고, 교회가 대표하는 모든 부분들을 위한 것이다. 하나님의 영역은 우리가 서로에게, 그리고 서로를 위해 가능하게 만드는 인간 가족이다. 그러나 우리가 하나님을 몰아내거나 지하에 밀어넣거나 형언할 수 없는 하나님의 실체를 산산조각 내기 때문에 하나님에게서 오는 우리의 "실재"를 지각하기 힘들다. 우리는 서로 대적하여 행하는 것에 의해서 존재를 파괴하려 한다. 우리는 풍성한 삶을 초라하고 저속하게 만들고, 자신과 다른 사람들의 본모습을 부인한다. 사람들을 나름의 고유한 사람들로, 즉 각자의 특성대로 인정하지 않는 것이 교회와 우리 세계를 병들게 한다. 우리는 치유를 위해 기도해야 하며, 그 기도가 이루어질 때 우리에게 다가올 놀라움에 대비해야 한다.[7] 그것은 제도적인 승리로서 임하는 것이 아니라 우리와 가까운 곳에 있는 사람들, 우리의 이웃들, 우리의 회중들, 우리의 직장과 집, 우리의 침대를 갑작스럽게 인식할 때 오는 것이다.

중보기도는 우리를 모든 것에 연결해주는 하나님의 견인 역할을 한다. 우리는 서로 분리된 것이 없고 서로 분리된 사람이 없음을 보여주는 조류 안에 밀려들어 간다. 우리는 모든 것 밑에서 모든 사람들을 통해서 흐르는 대양 속에 있다. 우리가 기아에 허덕이는 사람들을 위해서 기도할 때 우리의 허기진 부분들을 발견할 뿐 아니라 우리 자신이 소홀히 여기게 되는 부

---

[7] 우리는 사람들의 고통을 함께 나누고 그들의 회복을 공유하기 위해 그들의 치유를 위해 기도하는 데 늘 열려 있어야 한다. 요한복음 11장 5-44절에 기록된 바 나사로를 고치신 예수님을 본보기로 삼을 수 있다. 나사로의 누이 마리아와 그의 친구들이 울고 있는 것을 보셨을 때 예수님은 "심령에 비통히 여기시고 불쌍히 여기셨고" 눈물을 흘리셨다. 예수님은 자신의 감정을 충분히 보여주시면서 나사로를 살리셨는데, 이것은 그분의 기적적인 간섭만큼 중요한 것이다. 본회퍼는 "기적들을 믿는 것은 예수님의 현현을 믿는 것이다. 기적들에 대한 나의 신앙을 주장한다 할지라도 내 안에서는 어떠한 것도 일어나지 않을 것이다. 사람이 그의 생명을 걸기 위해서 자신을 모욕받으신 신인(God-Man)에게 복종시키는 것이 자기의 이성에 반함에도 불구하고 그렇게 할 수 있는 것은 믿음이 있기 때문이다"라고 말한다. Dietrich Bonhoeffer, *Christ the Center*, trans, John Bowden(New York: Harper & Row, 1966), pp. 114-115.

분에 대한 기도를 통해서 세계의 소홀히 여겨지는 부분들을 발견한다. 우리의 증오스러운 부분들을 다룰 때 우리는 주위 사람들에게 얼마나 많은 증오가 존재하는지 분명하게 보게 된다.

우리는 자신의 고통스러운 부분들을 위해 기도할 때 주위 사람들이 당하는 고통에 의해서 상처를 받는다. 우리는 알브레히트 괴스Albrecht Goes의 『번제』Burnt Offering에 등장하는 베케르 부인Frau Walker과 같다. 그녀는 유대인들이 나치 정권에 의해 고난당하는 것을 참을 수 없었다. 그녀가 젊었을 때 이웃에 사는 임신한 젊은 유대인이 강제수용소로 끌려가 아이가 유산될 것을 알고 아기를 위해서 산 옷들과 유모차를 주려고 자기를 찾아왔을 때 그녀는 고통의 한계를 안다고 생각했다. 그 후 베케르 부인은 자신의 집이 폭탄에 맞아 불이 나자 유대인의 고통을 위해 자신을 번제물로 바치려는 생각으로 불 속에 들어간다. 그러나 그녀는 어느 유대인에 의해 구조된다. 처음에 그녀는 자신의 제물이 받아들여지지 않았다고 생각했다. 그러나 그것이 받아들여졌고 그녀의 전 생애가 유대인을 섬기는 삶이 되었음을 점차 알게 된다. 하나님은 우리의 삶이 다할 때까지 열심히 살고 서로에게 충분히 개방하기를 원하신다. 다른 사람들의 고통을 위해서 기도하는 것은 그들을 대신하여 우리의 고통을 드리도록, 즉 베케르 부인처럼 삶 전체를 제물로 드리도록 우리를 인도한다.[8]

다른 사람들을 위해 우리의 고통을 드리는 것은 우리의 고통에서 벗어나는 쉬운 방법이 아니다. 그것은 고통이 계속될 것이라는 보증인데, 그 고통

---

[8] Albrecht Goes, *The Burnt Offering*, trans. Michael Hamburger(New York: Pantheon, 1956).

에는 육체적 생존을 위한 투쟁을 넘어선 목적이 있으며, 그 자체를 넘어서 어떤 방향과 목적지가 있다는 것을 아는 데서 오는 상당한 향상이 있다. 그러나 그 위험은 매우 크다. 자신의 어떤 부분을 드릴 때, 특히 고통에 싸인 삶 전체를 드릴 때 우리는 다른 방법이 거의 없다는 듯이 스스로를 드러낸다. 우리가 드리는 고통이 육체적 고통이든지 사랑하는 사람들의 고통 앞에서 느끼는 큰 아픔이든지 기도가 항상 고통의 종결을 가져오는 것은 아님을 알아야 한다. 그 고통이 계속될 뿐 아니라 증가할 수도 있다. 인생의 비극적 짜임새가 기도 속에서 대담하게 윤곽을 드러낸다.[9]

이 시점에서 우리의 묵상에 세 가지 중요한 논점들이 포함되어야 한다. 그것들은 중보기도의 삼중성, 즉 중보기도의 기초인 현실 원칙reality principle 을 이루는 바 서로 연결되어 있는 인식들을 구성한다. 첫째 인식은 상식의 영역 안에 있다. 우리가 사람들을 위해 우리의 고통을 드리든지 드리지 않든지 우리의 고통과 사람들의 고통은 존재하며 계속 존재할 것이다. 고통은 이러저러한 방식으로, 몸이든 다른 부분이든, 사랑하는 사람이나 다른 사람 안에 존재하며 존재할 것이다. 인간은 병의 원인들을 제거할 방법을 발견할 것이다. 우리의 몸을 괴롭히는 엄청난 공포들 중의 일부가 정복될

---

9) Ralph Harper에 의하면 "비극의 표시는 사람들이 당연한 것으로 여기는 모든 것과의 역행이다.…비극은 생명이 당연한 것으로 여겨져서는 안 된다는 것을 사람들에게 확신시키는 고통이다." *The Path of Darkness*(Cleveland: Case Western Reserve University Press, 1968), pp. 39-40. 유진 보일란(Dom Eugene Boylan)은 "사람은 하나님이 보내는 고통을 모두 받아들일 준비를 하고 있어야 한다. 왜냐하면 예수님과의 연합은 그분의 고통들과의 교제 속에 숨겨져 있으며, 우리는 끈질긴 인내에 의해서 그리스도의 수난에 참여한 자가 되기 때문이다"라고 *Difficulties in Mental Prayer*의 마지막 부분에서 말한다 (Westminster: Newman, 1963 [1943]), p. 123.

것이다. 그러나 이러한 발달이 땅을 오염시키고 몸을 썩게 할 수도 있을 것이다. 우리는 내면세계의 암을 없애거나 억제하려 할 때 그에 상응하는 무서운 것을 외부 세계에 만들어낸다. 모든 것을 정치적·경제적 결정론으로 축소하는 데 몰두하는 단순한 정신은 내면세계의 오염으로 이어질 외부 환경 오염의 원인인 일련의 확인된 악당들에 의해 충족될 수 있다. 이익을 추구하는 대기업 및 대기업과 관련을 맺고 있고 인간의 고통에 무관심한 정부에 모든 원인이 있다. 그것을 빠르고 명백히 밝혀낼 쉬운 설명을 해야 한다면, 오랜 신학 용어들이 더 만족스러울 것 같다. 인간의 욕심, 게으름, 교만 등이 만화에 등장하는 악당들처럼 어떠한 일들을 설명하는 데까지 이르지 않겠는가? 어쨌든 몸의 고통은 계속될 것이고, 우리가 다루고 있는 삼중성 중 첫째 인식이 받아들여져야 한다.

둘째 인식은 마음의 고통이다. 이 부분에서도 우리는 고통을 줄이거나 달래기 위해서 많은 일들을 해왔다. 그러나 정신세계를 다룸에 있어서 "치료요법"therapy이라는 단어에 내포된 의미인 "치료"cure는 비극, 질병, 잘못된 부의 분배, 인간 재능의 불공평성을 없애겠다고 약속했던 과학처럼 믿을 만한 것이 못 된다. 고도의 심리학, 정신분석학, 다양한 심리학의 혼합, 종교, 철학, 사회사업 등이 성취해올 수 있었던 것들은 단지 인간관계에서 만들어져야 하는 필연적 불균형을 강조하고 있다. 사람들 사이에서 이루어지는 진정한 상호교환의 자유도 위험하다. 솔직한 의심과 어쩔 수 없는 실망이 있듯이, 정직함도 긴장을 불러일으키게 되어 있다. 그것이 친밀한 만남의 가능성을 보장해준다는 사실도 모든 지속된 관계가 수용해야 하는 어려움들을 없앨 수 없다. 사람들을 특별히 불행하게 만드는 것은 그들이 관계 안에서 일어나는 진정한 문제들을 수용하면서도 그것이 주는 큰 만족들을 관계를 성취했을 때에도 그만큼 달성하지 못한 사람들에 의해 야기되는 회오리와 충돌해야 한다는 것이다. 정신적인 질병도 육체적 질병들처럼 줄어들 수 있고 그것과 더불어 사는 방법을 배울 수 있지만 사라지지는 않을 것이다. 그러한 특별한 기적을 기대하는 것은 인간의 자유라는 더 큰 기적을 거부하는 것이다.

기도의 삼중성 중 마지막 요인은 영혼의 고통이다. 우리는 자아의 진정한 면모를 발견할 수 있으며 신의 위엄을 발견하는 신적 존재와의 만남을 기대할 수 있는 영혼 안에서 좌절을 발견하거나 심지어 아무것도 발견하지 못한다. 우리는 기도하라는 자극을 느낀다. 우리는 우리를 돕기 위해 호출되기만을 기다리는 자비로운 섭리의 신이라는 의식을 가지고 있다. 그러면 우리가 얻는 것이 무엇인가? 침묵이다. 우리는 익숙해져 있는 두통, 위통, 잘 알려진 걱정거리들뿐만 아니라 공허함을 얻는데, 여기에서 우리는 확실한 믿음, 열렬한 믿음을 소유한다. 하나님이 그의 친구들을 다루시는 방법—"그가 아들을 위해서 하신 것을 보라!"—에 관한 농담이 만족시켜 주는 섬뜩한 유머 감각이 어느 정도 쉽게 이런 종류의 영적 고통으로 자리잡을 수도 있다. 그러나 어떤 형태로든 고통은 계속될 것이고, 우리가 마음에서 영으로 이동할 때 더 악화될 것이다. 침묵, 혼란스럽게 하는 응답들, 또는 우리의 기도에 대해 명백하게 잘못된 응답처럼 보이는 것들이 있을 것이다. 그런데 왜 신경을 쓰는가? 다행히도 우리를 이웃들, 우리가 위해서 기도하는 사람들, 하나님, 그리고 우리 자신에게 훨씬 가깝게 끌어줄 수 있는 대답이라 할 수 있는 정답이 있다.

여기에 믿음에 대한 특별한 시험이 있는데, 어떤 의미에서 그것은 믿음에 대한 특별 보상이다. 우리는 믿음이나 기도를 가지고 즉각적으로 거룩해지거나 세상적으로 볼 때의 대단한 업적을 이루지 못한다. 우리가 성취할 수 있는 것은 고통의 기하학, 즉 우리가 기도의 현실 원리라고 불러온 삼중성의 중심에 있는 일치와의 연합과 같은 것이다. 삼중성의 첫째 차원인 육체적 고통의 경우에 그것의 강도가 강해지든지 약해지든지 우리는 이제 그것과 함께 살도록 준비되며, 심지어 그것과 함께 사는 사람들을 도울 수도 있다. 우리는 성인들의 삶과 중보기도의 위대한 증인들의 삶에서 얻은 거의 정확한 통계적 증거를 가지고 있다. 삼중성의 두 번째 차원인 심리적 고통에 응답하는 기도의 유용성에 대해서도 같은 종류의 증거가 존재한다. 우리 모두가 러시아인들 사이에서 오랫동안 거룩한 바보들로서 떠받들어지고 순례의 길을 간 독실한 신자들의 전통에 등장하는 바 그리스도를 위한 어릿광대가 될 필요는 없다. 긴장되고 혼란스러울 때 우리는 무엇과도 비교할 수 없는 버팀목이 되는 끊임없는 기도에 대한 그들의 신뢰를 얻도록 노력해야 한다. 크게 분명하게 하든지 속삭이든지 독백으로 하든지 언어와 비언어로 행해지고 있는 기도를 의지하면 우리 주위에, 그리고 우리가 이러한 거룩한 대화를 위해서 제공하는 사람들의 주위에 확신이라는 보호막이 생긴다.[10] 이것이 효력이 있다고 생각하는 것은 마술적 생각이

---

10) 예수기도(Jesus Prayer)만큼 끊임없이 사용되는 기도문은 없다: "하나님의 아들 예수 그리스도여, 이 죄인을 불쌍히 여기소서." 이 기도의 효과는 이 짧은 기도문을 정신적 기도의 기초로 삼아온 성인들에 의해서 입증되어왔다. "On the Jesus Prayer" in Unseen Warfare: *The Spiritual Combat and Path to Paradise of Lorenzo Scupoli*, trans. from Theophan's Russian text by E. Kadloubovsky and G. E. H. Palmer(London: Faber, 1963), pp. 158-161.

아니다. 많은 사람들이 기도생활을 시작할 때 지니는 바 하나님(또는 누구든지)을 향한 반조소적이고 희미한 희망의 움직임은 오래 지속될 수 없다. 기도는 신뢰하는 심장의 움직임이어야 하는데, 그 안에서 의심에 대한 응답이 주어지는 것이 아니라 의심이 제거된다.

마지막으로 우리는 삼중성의 셋째 차원에서 동시에 영의 영역에 속하는 절망과 최고의 희망의 영역에 이르게 된다. 거기에서 우리는 절대적으로 이타적이며 또한 자아 중심적이어야 한다. 우리는 자신이 하나님의 은혜의 중심 채널로서 부적당하며, 기도의 주제로서 마음에 떠오르는 산 자나 죽은 자, 현대인이나 고대인, 특정인이나 모든 사람들을 위해서 기도하기에 무가치하다는 것을 인정하면서도 스스로를 선택해야 한다. 우리는 자신이 이미 선택되지 않았다면 스스로를 선택하지 않을 것임을 인식하면서 일종의 성경적 유머 의식을 가지고 은혜와 기도의 약속을 받아들여야 한다. 우리는 계속 스스로를 선택해야 하며 바울, 어거스틴, 아씨시의 프란시스, 십자가의 요한, 리주의 테레사, 슈바이처, 시몬 베유, 인도의 마더 테레사 등처럼 또 하나의 예수가 되라는 초대를 진지하게 받아들인 사람들과 함께 이름이 오를 수 있다는 놀라운 사실을 알게 될 것이다.[11] 우리는 자신의 존

---

11) 바울의 신학은 또 다른 예수가 되라는 초대에 의존한다. 바울의 영성 안에 있는 모든 것은 그의 존재 안에 스며드는 실체, 즉 그가 예수 안에서 산다는 확신 주위에서 맴돈다. 이 고전적 진술은 갈라디아서 2장 20절이다: "내가 그리스도와 함께 십자가에 못 박혔나니 그런즉 이제는 내가 사는 것이 아니요 오직 내 안에 그리스도께서 사시는 것이라 이제 내가 육체 가운데 사는 것은 나를 사랑하사 나를 위하여 자기 자신을 버리신 하나님의 아들을 믿는 믿음 안에서 사는 것이라." 그 다음에 나오는 현대적으로 들리는 진술("내가 하나님의 은혜를 폐하지 아니하노니")은 바울이 예수 안에서의 삶 속에서 발견한 심리적인 균형과 평안을 나타낸다.

재의 중심에서 단순하고 순박하며, 심지어 가장 복잡하거나 복잡하게 될 자신의 모습과 더불어 살아야 한다. 종종 그렇게 우리의 영적 열정을 맞이해주는 침묵에 대한 응답은 우리의 기도 안에 있다. 우리가 영의 영역에서 당황함과 좌절과 공허의 방해를 받을수록 우리의 중보기도는 더 열정적이고 단호하며, 심지어 시끄럽게 요구하는 기도가 되어야 한다. 물이 차가울수록 그만큼 뛰어들어갈 준비가 더 잘 되어 있어야 한다.

하나님과 연결되어 있는 대양에 우리의 발을 적시지 않으려는 것이 죄이다. 우리는 오로지 자신에게 제공된 특별한 입구를 통해서 중보기도라는 물 속에 들어간다. 우리는 사랑하거나 싫어하는 사람들, 우리에게 발생하는 바 구체적인 고통이나 기쁨을 주는 사건을 통하여 중보기도에 들어간다. 우리가 조간신문을 살 때 거스름돈을 주지 않으려 한 여인을 위해 우리가 아니면 누가 기도하겠는가? 그 순간에 우리 외에 누가 그녀의 무정함을 보았겠는가? 매일 고객들을 기쁘게 해주고 살맛 나게 해주는 우체부를 위해 누가 기도하겠는가? 육체적 고통과 언제 죽을지 모른다는 정신적 불안에 시달리면서도 품위를 잃지 않는 노인들을 위해 누가 기도하겠는가?

중보기도란 우리가 그 모든 일을 다 해야 하는 것이 아니며 또 혼자서 해야 할 필요가 없음을 발견하는 것을 의미한다. 우리는 세상을 위해서, 심지어 우리를 위해서 기도하는 사람들이 있음을 인식하게 된다. 우리는 기도하는 공동체에 들어간다. 그러나 우리는 날마다 우리에게, 우리의 주위에서, 그리고 내면에서 일어나는 특별한 사건들 속에서 자신에게만 주어진 일을 해야 한다는 것을 알고 있다. 우리는 예수님의 중보기도가 우리를 위해서 얼마나 특별한 것이었는가를 알게 된다. 예수님은 "이것은 내 몸이

라. 이것은 내 피라"고 말씀하셨다. 길을 가다가 아파서 쓰러져 있는 사람의 이웃은 누구인가?[12]

　인생의 행로에서 우연히 마주치는 사람들―우리와 직접 접해 있는 세상 안의 사람들과 그 밖에 있는 사람들, 과거의 사람들과 미래의 사람들―을 위해 기도할 때, 우리의 기도가 사람들을 변화시킬 수 있는지 여부에 대한 전반적인 질문이 재정립된다. 사람들을 위해 기도하려 할 때 우리는 자신이 변화되었음을 분명히 알 수 있다. 우리는 개방되고 부드러워져서 그들이 우리에게 가한 상처들을 해석한다. 우리는 자신의 절대적 관점에서 벗어나 그들의 관점에서 그들의 삶을 들여다보며, 점차 하나님의 관점에서 그들의 삶과 우리의 삶을 보게 된다. 인과관계(우리의 기도가 그들에게 그렇게 했는가?)에 대한 질문은 하나님이 우리와 연결되어 있다는 의식, 그리고 우리 삶의 모든 영역에서 그것을 강하게 인식하고 있음으로 인해 사라진다.

　"누가 누구를 위해 중보기도하는가?" 라는 질문은 우리를 자체의 흐름 안에 모아들이는 하나의 큰 조류가 되고, 우리는 예수님과 성령님과 하나님이 하나이심을 경험하기 시작한다. 우리는 한 분 하나님을 보지만 독특한 위격들을 본다. 우리는 자신이 독특한 사람들이지만 우리 안에서 끊임없이 흐르는 하나님의 실재를 가지고 있음을 본다. 하나님의 뜻이 이루어

---

[12] 그 원리가 간단하게 잠언 27장 10절에 진술되고 있다: "가까운 이웃이 먼 형제보다 나으니라." 선한 사마리아인이 된다는 것은 영웅적인 행동을 하는 것이 아니라 쉽게 도움을 줄 수 있게 되는 것, 마음속에서 일어나는 하찮은 말이라도 친절한 행위와 사랑의 행위에 가깝게 되는 것이다. 그것이 기도가 우리에게 가르치는 행동이요; 우리에게 가르치는 존재방식이다.

지기를 기도하는 것은 그 뜻의 흐름 안에 들어가 그 안에서 사로잡히는 것이며, 우리가 기꺼이 출발하고 흐르고 동의하고 순응하겠다는 마음의 확장을 경험하는 것이다. 우리는 자신이 사람들을 위하여 중보기도를 드리고 있다고 생각했지만, 점차 사람들의 기도가 우리를 통하여 흐르고 있으며 우리를 위해서 드려지고 있음을 깨닫게 된다. 우리는 사람들과 함께, 그리고 사람들을 통하여 흐르고 있는 하나님의 은혜를 의존하고 받아들인다.

우리는 사람들을 위한 우리의 간구가 우리를 위한 것이 되며, 그들을 위한 간구가 우리를 위한 간구가 되는 중보의 상호 연결성 안에서 예수님의 신비한 육체의 비밀을 생생하게 깨닫게 된다. 사도 바울이 말한 대로 우리가 한 몸이 되어 서로 지체가 되었음을 직접 경험하게 된다.[13] 우리의 중보기도가 발달하여 우리가 자유 연상free association의 기도에 들어간다면 이 특별한 사실이 확인될 것이다. 그 안에서 우리는 중보하는 첫 사람의 이름, 즉 첫 사람을 선택하자마자 정신, 또는 마음이나 영혼에 떠오르는 이름들과 관심들을 종합하여 모은다. 성령과의 풍성하고 즐거운 담화 속에서

---

13) 신비한 몸 이론이 가지고 있는 의미에 대한 유진 보일란(Eugene Boylan)의 요약—우리가 서로의 지체이며 예수 안에서 하나라는 것에 대한 이해—은 그 이해와 함께 오는 심리적 풍요로움을 제시한다: 예수님은 "우리를 하나님의 아들들로 만듦으로써 우리에게 그의 아버지를 주신다; 그분은 우리에게 그의 어머니를 주신다.…또 우리의 어머니가 되시며… 생명의 새로움과 풍요로움으로 우리를 활기있게 할 자신의 영을 우리에게 주신다. 그분은 우리에게 자신의 생명과 가치들과 깨끗함과…육체와 피 등을 주신다. 그분은 자신을 우리에게 주시며, 우리가 독특성을 잃지 않으면서 '예수를 입는' 방식으로 자신을 우리에게 연합시키신다. 그리고 그분이 우리의 이름으로 살고 행동하고 기도하시는 것처럼 그분의 이름으로 살고 행동하고 기도하실 수 있다." *Difficulties in Mental Prayer*, pp. 95-96를 보라.

다른 것들이 매우 빠른 순서로 뒤이어 따라오고, 또 다른 이름을 암시하는 각각의 이름들, 그리고 또 다른 이름들, 직간접적으로 관련이 있거나 혹은 우리의 기도 속에서가 아니면 전혀 관계가 없는 이름들이 따라온다. 우리가 사람들을 찾아나설 필요가 없고, 그들을 괴롭히고 있는 것에 대해서 걱정할 필요가 없으며, 그러한 일에 매달릴 필요가 없다. 우리의 기도를 채울 사람들 및 그들이 가지고 있거나 가지고 있었거나 앞으로 갖게 될 욕구들이 우리들을 찾아올 것이다. 몇 년 혹은 몇 십 년 동안 우리의 기억에서 희미해졌던 사람들도 있을 것이다. 때로 놀라고 불안해 하겠지만 우리는 경험에 의해서 자신이 채워지고 성장하고 지지되고 있음을 항상 느낄 것이다. 기도가 만들어내는 이러한 영적인 과정 안에 우리의 과거와 현재와 미래가 모아진다. 우리의 삶의 모든 우연한 사건들 속에서 일어나는 이러한 움직임을 단순히 우리 스스로 하는 게임으로 만드는 것이 아니라 우리를 향한 성령의 움직임이 되게 하고 그 안에서 성령이 우리와 함께 활동하시게 한다면, 우리는 지략이 풍부하고 활력 있는 사회생활, 즉 기도의 사회생활을 확신할 수 있게 된다.[14]

---

[14] 마이스터 엑하르트는 우리를 통하여 움직이시는 성령에게 동의할 때 오는 자유를 획득하는 아름다운 설교, "하나님은 웃으시며 장난하십니다" 의 집필자이다. *Meister Eckhart*, trans. Raymond B. Blackney(New York: Harper, 1941), pp. 143-145.

제10장

기도와 응답

　우리의 기도가 응답될 것인가에 대해 의심하는 것이 우리 시대의 분위기를 반영하는 현대의 걱정이다. 그러나 그 질문은 주위의 삶에 대한 관계 안에서 생명의 근원에 접근하고 느끼며 접촉하기를 원하는 오래된 인류의 주제처럼 들린다. 어떤 것이 되돌아온다는 것을 의심하는 것 및 그에 동반되는 분명한 증거가 있어야 한다는 욕구가 때로 고집스럽게 우리를 괴롭힌다. 우리는 알아야 하며, 논쟁의 여지가 없는 확실한 증거를 필요로 한다. 그렇지 않으면 실망과 영적 불안에 압도됨을 느낀다.

　기도에 대한 응답에는 분명한 것과 불분명한 것이 있다. 하나님께 대한 불안한 질문—하나님, 거기 계십니까? 내 기도를 듣고 계십니까?—이나 "나에게 증명해 보십시오! 표적을 보여 주십시오!"와 같은 도전적인 요구로 시작되었던 기도가 거룩하신 분의 현존 앞에서 두려움으로 변한다. 응답되지 않을 것이라는 의심으로 시작했더라도 계속 기도하면 정말로 응답이 오는 놀라움을 경험하게 된다. 그런 일이 발생할 때 우리는 기도의 주제와 관련하여 조심스러워진다.

기도의 결과로서 우리 자신 및 하나님에 대해서 더 많은 것을 얻게 되었다는 느낌으로 요약될 수 있는 응답은 많은 형태를 가지고 있다. 부톨드 Boutauld는 하나님이 우리에게 말씀하시는 방법이 우리의 방법과 다르다는 것을 강조한다. "그분은 침묵하지 않으신다. 그분에게는 그분만의 말씀하시는 방법이 있다.…당신을 위로하고 두려움을 진정시킬 생각이 마음속에 떠오를 것이다. 당신의 의심과 불안을 사라지게 할 빛이 비칠 것이다. 당신은 해야 할 것을 보여주고 당신의 계획이 성공할 확실한 방법을 지시해줄 침잠으로 인도될 것이다.…들을 수 있는 단어를 제공함으로써가 아니라 당신의 마음에 그분의 빛, 생각, 위안과 기쁨을 전달해주심으로써 이끌어 주실 것이다. 배우자들에게 그들이 잘 이해하는 언어로 말하는 것이 그분의 마음이다."[1]

하나님은 우리의 생생한 경험—육체적·정서적·지적·상상적·영적 경험—속에서 응답하신다. 우리 자신을 더 잘 이해함으로써 일어나는 자아의 확장에 의해 응답될 때 기도는 우리를 변화시킨다. 우리가 하나님께 기도할 때 사용하는 단어들이 우리를 스스로에게로 인도함으로써 우리 안에서 활발하게 움직이고 있는 원초적 언어를 듣게 한다. 새로운 생각들이 떠오른다; 우리가 생각하고 있는 것들 사이에서 이루어지는 새로운 의사소통을 본다. 우리가 해야 할 것들에 대한 새로운 생각들이 일어난다. 집안일이나 직장 일과 같은 일상적이고 귀찮은 오랜 임무들이 제자리를 찾고, 그것들로부터의 중압감을 덜 느끼며 덜 골몰하게 된다. 이전과는 다른 행동을 즉석에서 구상하고 상상하는 힘과 사물을 바라보는 방법들이 우리에

---

[1] Boutauld, *The Art of Conversing with God*, p. 26을 보라.

게 다가온다.

　이처럼 자아를 활기차게 함으로써 기도가 응답된다. 우리는 자신이 더 활력 있고 실재한다고 느낄 뿐만 아니라 자아가 더 풍성해짐을 느낀다. 우리는 스스로에게 속한다. 기도가 흥미롭게 된다. 우리는 창조적인 생각, 혼자서 떠올린 것이 아니고 다른 것 위에 첨가된 것도 아니고 다른 것에서 복사된 것도 아니며 "해야 할 바른 것"으로서 강요된 것도 아닌 신선한 느낌을 만들어내는 감동을 알고 있다. 우리는 이제 현실과 더 연관되어 있음을 느낀다. 우리는 자신의 존재의 권위에 관해 직접 알고 있는 것이 무엇인지 알게 된다. 그 결과로서 현실이 우리에게 더 친근해지며, 그 친근한 순간이 더 분명하게 확대된다.

　우리의 시간이 변한다. 그것은 더 이상 낭비되지 않는다. 시간은 우리를 위한 호화로운 그릇이 된다. 우리는 필요한 시간을 소유하며 시간의 충만함을 느낀다. 우리는 영과 혼과 육 안에서 더 큰 가능성을 느낀다. 더 많은 일들이 우리에게 일어나고, 우리와 사람들에게 일어나는 모든 것에 더욱 주목하게 된다: 자세히 살펴보아야 할 많은 생각들, 우리가 직면하는 문제들이 지닌 다양한 측면들, 다양한 많은 태도와 감정의 층들. 우리는 기도하기 시작할 때 자아에 대한 참된 의식을 되찾게 된다. 우리는 동시에 사방에서 음식물이 제공되는 듯이 영양이 충분해져 있음을 느낀다. 우리는 사랑받았던 순간들을 기억하고 그 순간들로 가득 채워진다. 우리가 사랑받았던 순간들 및 그 경험이 준 깊은 만족을 기억한다. 우리 자신에 대한 정죄와 우리에 대한 사람들의 정죄, 그리고 그들에 대한 우리의 정죄로부터 해방되었음을 느낀다.

우리의 마음이 넓어지면 삶의 폭도 넓어진다. 우리는 기도의 주요 응답들 중의 하나를 발견하는데, 그것은 우리가 지쳐 쓰러지지 않도록 보호된다는 사실이다. 종종 기도가 없으면 우리의 선한 의지가 지나쳐 탈진하게 된다. 사람들에 대한 우리의 동정심이 한계를 넘어 약해지고 사라진다. 우리가 자기 자신 및 다른 사람들의 비열함 때문에 당하는 고통, 진리가 배신당하는 것, 그리고 많은 사람들의 불행이 우리를 압도하기 시작한다. 우리는 살아남기 위해서 스스로의 감정들에 무감각해야 한다. 우리는 결심을 성취하려는 높은 포부를 가지고 시작했으나 바람 빠진 풍선처럼 의기소침해진다. 우리는 탄성을 잃는다. 하나의 귀신을 집에서 몰아냈더니 일곱 귀신이 찾아왔다는 비유의 의미를 알게 된다. 우리는 지나치게 깨끗하기를 원하여 일종의 교만에 빠졌다. 우리의 의도들이 밝게 타올랐으나 그로 인하여 우리의 연료가 소진되었다. 기도는 우리의 야망보다는 뜨겁지 않지만 불을 꾸준하게 타오르게 하고 계속 따뜻하게 해준다. 기도는 모든 것을 할 수 있는 더 큰 근원에 우리를 연결시켜 줌으로써 우리가 모든 것을 할 수 있다는 과장된 의식을 갖지 못하도록 보호해 준다.[2]

---

[2] 예언자 예레미야의 제자의 이름을 싣고 있는 4개의 위경들 중의 하나인 바룩 2서 48장 2-24절에 있는 기도문은 모든 것을 할 수 있는 힘에 우리를 연결시켜 준다:
하나님, 당신이 시간들을 호출하시어 그것들이 당신 앞에 서 있고,
  당신이 세대를 해산하시어 그것들이 당신에게 복종하고,
  당신이 계절을 배열하시어 그것들이 복종하고,
당신만이 역사의 기한을 아시고…
당신은 불을 측량할 수 있고, 바람의 무게를 달 수 있으며…
당신의 명철로 창조를 지시하시고….
Nicholas de Lange, *Apocryphal: Jewish Literature of the Hellenistic*

기도의 결과로 우리 존재의 공간은 더 커지고 더 다공질porous이 되며, 더 개방적이고 덜 의존적이 된다. 우리는 자신의 반응들에 더 주의를 기울이게 되는데, 그것들은 우리가 다음에 무엇에게로 이동해야 하는지, 즉 누군가로부터 어디에서 용서를 구해야 하는지, 어디에서 침묵해야 할지, 어디에서 누구에게 도움을 제공해야 할지, 어디에서 간섭하면 안 될지를 지적해준다. 우리는 더 유연해지고, 우리에게 주어지는 선물들—버스 안에서 낯선 사람이 건넨 인사; 주유소 점원의 짤막한 감사의 말; 함께 일하는 사람과의 기분 좋은 협력; 우리를 사로잡은 웃음에 의해 우리 모두가 새로운 질서 안으로 들어갈 수 있게 만드는 완벽한 기적과 같은 일—을 받을 수 있다. 우리는 자동 세척식 오븐을 발명한 사람, 페니실린 및 페니실린 알레르기가 있는 사람들을 위해 대체약품을 발견한 화학자들, 애벌레들이 먹어버린 후에 다시 잎을 내는 능력을 지닌 나무 등에 대해더 감사하게 되고, 감사할 것이 얼마나 많은지 알게 된다. 이 타자, 타자성, 즉 하나님께 드리는 기도가 우리 자신 및 우리 세계의 진행 과정 안에 우리를 안전하게 놓음으로써 우리를 놀라게 한다. 우리는 역설적인 상태에 들어간다. 우리는 다른 사람에게 손을 뻗으며, 우리 자아는 더 풍성해진다. 우리가 자아 안으로 나아가며, 다른 사람들에 대해 더 많은 것을 얻는다.

기도는 자아의 열림뿐만 아니라 세상의 열림에 의해서도 응답된다. 우리는 종종 기도에 의해 세상 안으로 끌려들어가 갑자기 그 안에 개입되어 활동하는 자신을 발견한다. 정적인 기도로부터 더 많은 활동이 나올 수 있다. 기도는 사건들을 통해서 응답된다. 하나님은 역사 안에 성육하시며, 우리

Age(New York: Viking, 1978), pp. 220-221를 보라.

의 작은 역사 안에서 말씀하신다.[3] 직장에서 업무가 줄어들거나 없어질 것이라는 말로 우리를 불안하게 했던 동료가 이제 불안감을 느끼게 하지 않는다는 것을 발견하고 놀란다. 우리는 코끼리 덫elephant trap에 빠지지 않는다. 냉정한 관찰자들에게는 이것이 오랫동안 기다려온 합리적인 반응으로 보일지 모르지만 우리에게는 기적과도 같은 일이다. 무엇이 잘못되었으며 어떤 합리적 반응이 나왔어야 하는지 알지만 그것을 만들어낼 수 없었다는 것이 우리의 문제였다. 우리는 자신의 걱정에 의해 만들어진 함정을 볼 때마다 더 그 속에 빠졌다.

또 다른 종류의 함정 속에서 우리는 친구나 배우자와 동일한 주제를 가지고 계속 논쟁하지만 이번에는 자신이 다른 노선을 택하고 있음을 발견하고 놀란다. 우리는 느끼고 생각하고 행동하는 새로운 방법을 알며, 그것이 우리의 기도에 연결될 수 있음을 인식한다. 우리는 그것을 증명할 수 없지만 설득당한다. 그렇게 기도하는 것이 인과관계에 대한 우리의 의식을 변화시킨다. 이제 A가 필연적으로 곧장 B에 이르러야 한다고 말하는 것이 옳

---

3) 찰스 페기(Charles Péguy)의 많은 시들 중 가장 기발한 표현은 우리가 하나님께 말한 후에 하나님이 우리에게 말씀하시는 "Vision of Prayer"에서처럼 하나님의 소리로 말하는 것이다:
하늘에 계신 우리 아버지. 어떤 사람이 이렇게 말하기 시작할 때,
그가 나에게 이 몇 개의 단어를 말할 때,
그가 이 몇 개의 단어들이 자신보다 앞서 나아가게 함으로써 시작할 때,
그 후에 그는 계속해서 나아갈 수 있고 원하는 것을 나에게 말할 수 있다.
왜냐하면 네가 이해하듯 나는 마음을 누그러뜨리고 있기 때문이다.
내 아들은 이것을 잘 알고 있었다.
내 아들은 그들, 세상, 그리고 모든 것을 맛보아 알고 있었기에 그들을 매우 사랑했다.
Basic Verities, pp. 262-265를 보라.

지 않다. 이제 A는 B를 향하고 있을 뿐 아니라 H, Q, M, P에도 열려 있다. 직선은 곡선도 되고 포물선도 된다. 그것은 하나 이상의 가능성에 열려 있다.

이제 놀랍게도 우리의 삶에서 사건들이 동시에 발생한다.[4] 우리는 원수나 사랑하는 사람이 처해 있는 난국을 위해서 기도한다. 얼마 후 우리의 기도와 직접 관련된 것처럼 보이는 일련의 사건들이 발생한다. 논리적으로 볼 때 그 사건들은 우리의 기도에 의해 야기될 수 없는 것들이지만 심리적으로 각각의 사건들 및 우리와 직접적으로 관련이 있다는 인상을 준다. 우리가 사람들로부터 단절되어 있다고 느끼면서도 그들과의 교제를 회복할 방법을 알지 못하고 있었을 수도 있다. 우리는 그것에 관해서 기도한다. 우리가 기도를 시작한 바로 그날 연락이 되지 않았던 옛친구가 전화를 하거나 친구가 뜻밖에 우리를 식사에 초청한다. 우리의 일상생활을 뒤흔드는 것에 대한 우리 자신의 구현적 경험인 바 우리 자신의 역사 안에 있는 작은 사건들을 통해 다른 것에 대한 우리의 성육적 경험을 통하여 기도가 응답받는 방법이다. 개인적인 작은 일들이 우리의 중보기도 때문에 일어났다고 통계적으로 증명될 수 없지만 그것들은 중보기도를 하며 사는 우리에게 영

---

[4] 융은 이렇게 진행되는 동시 발생들에 관한 하나의 가정을 제시한다. 그것들은 인과적으로 연결되지 않은 객관적이고 주관적인 사건들의 동시 발생—이것은 주관적으로 중요하다—이라고 그가 정의하는 동시성(synchronicity)의 이론을 설명해 준다. 다른 말로 하면 그 의미는 관련된 사람에 의해서 느껴진 하나의 의미라는 것이다. 융은 이 동시성의 이론이 현실세계를 다스리는 우리 법들의 체계 안에 있는 시공의 이론들과 인과관계의 이론들에 덧붙여져야 한다고 주장한다. C. G. Jung, "Synchronicity: An Causal Connecting Principle," in *The Structure and Dynamics of the Psyche*, trans. R. F. C. Hull in *The Collected Works*(New York: Pantheon, 1960), VIII, pp. 417-532를 보라.

향을 주는 연결고리를 만든다.

하나님이 기도를 연주하는 주크박스의 핸들이 되고 우리의 기도는 그 기계를 작동하게 하는 동전이 된다는 마술적 사고magic thinking에 빠지지 않으려면[5] 종종 우리의 기도에 응답하거나 응답과 동등시되는 사건들이 우리가 열렬하게 맞이해야 할 사건들이 아님을 기억해야 한다. 때때로 우리는 기도의 응답으로 더 많은 갈등을 경험하게 되며, 전보다 더 큰 위험에 처하게 된다. 예를 들면 우리가 여러 사람들과의 끔찍한 갈등에 대해 기도하면 그 갈등이 훨씬 끔찍해진다. 더 많은 압박이 우리에게 가해질 수도 있다. 기도가 단순히 고통을 사라지게 하거나 당장 갈등을 해결해주지 않는다. 때로 우리는 자신이 알고 있는 진리를 더욱 굳게 붙들도록 강요하는 스트레스 많은 상황에 놓인다. 이것이 다른 사람들의 내면에서 분노와 미움을 불러일으키기 때문에 우리가 두려워하는 것일 수도 있다. 또는 우리가 어쩔 수 없이 입장을 바꾸어야 한다는 것을 깨달을 수도 있다. 그런데 갑자기 그것을 해낼 수 있게 해주는 도움을 얻었다. 우리의 호의적인 관심 및 하나님과의 관계가 회복된 것이다.

종종 원초적 언어는 은혜의 언어인데, 특히 그 주제가 기도에 대한 응답일 때 그렇다. 그런 경우에 우리의 간구에 대한 응답은 그 근원이 분명하지

---

5) 심층심리학자 Charles Odier는 "마술적 사고"(magic thinking)에 대해서 심도 있게 다룬다. 그것의 의미는 외부의 현실을 내면상태와 혼동하게 하며, 자아를 다른 것들과 혼동하게 만드는 소망, 욕구, 두려움에 의하여 촉진되는 것으로 요약될 수 있다. 그것은 어떤 것을 생각하거나 느끼는 것이 그것을 그렇게 만드는 것과 동등하다고 여기는 것과 같다. Charles Odier, *Anxiety and Magic Thinking*, trans. Marie-Louise Schoelly and Mary Jane Sherfey(New York: International Universities Press, 1956), pp. 63-64를 보라.

않으며, 우리가 요구했던 것에 대한 분명하고 직접적인 반응이 아닌 선물들의 흐름이다. 즉 우리가 특정 액수의 돈이나 특정의 지원, 사업이나 애정이나 학업 등에 관련된 특정한 목적을 청원했지만 요구한 만큼의 돈, 승진, 학점, 애정을 얻지 못할 때가 있다. 하나님은 은행 간부가 아니며 신용평가원이 아니며 인사 담당 간부가 아니며 중매쟁이도 아니다. 앞에서 지적했듯이 기도에 대한 응답으로 오는 은혜는 새로운 에너지나 신선하게 자극된 기억의 형태, 자아와 세상이 개방되는 형태, 바람직하지 못한 불변의 성질이라고 생각했던 것의 바람직한 변화 등의 형태로 임한다. 실제로 우리에게 필요한 자금, 새로운 직업, 승진, 좋은 성적, 넘치는 사랑 등이 주어질 수도 있다. 그러나 기도는 현금 거래가 아니다. 그것은 은혜의 세계인데, 그 언어는 영적 언어이며, 그것의 설명서는 우리가 익숙히 알고 있는 것과 매우 다르다.

　영의 언어는 우리가 생각하고 느끼고 말하는 데 있어서 익숙해 있는 일상적인 속박들을 끊을 뿐만 아니라 우리가 보통 자신에게 말하는 방법이나 다른 사람이 우리에게 말하는 방법과 근본적으로 다르다. 심지어 다급하게 내뱉는 우리의 말에도 우리 스스로 이해하는 논리적인 순서가 있다. 질서정연한 사고나 느낌의 흐름은 영의 언어가 아니다. 우리의 말이 순서대로 진행되는 곳에서 영도 움직인다. 우리가 결과를 설명하기 위해서 항상 원인들을 찾으면서 생각들과 감정들의 합리적인 연관성을 요구할 때, 영은 즉시 모든 것을 모아 우리가 이해할 수 있도록 큰덩어리로 제공한다. 인생이 시작과 중간과 끝으로 나누어져 있기 때문에 우리는 이러한 식에 익숙한 부분들로 구성된 피조물이며, 우리의 언어 및 언어를 받아들이는 방식도 같은 논리의 과정을 따른다. 그러나 영은 나뉘어 있지 않고 부분으로 되어 있지도 않으며 시작과 중간과 끝으로 연결되어 있지 않은 하나이므로 순차직인 추론이나 다른 규칙이나 부분들로 이루어진 삶의 요구들에 의존하지 않는다. 단어의 신학적인 의미로 볼 때 영의 실체는 단순하다. 영의 모든 것은 온전함이다. 따라서 영은 온전함 속에서 온전함에 관해서 말하며, 우리는 그것을 그렇게 이해해야 한다.

영이 자체의 온전함을 말할 때 우리가 듣기 원했던 것보다 더 많은 것을 말할 것이다. 그것은 우리의 직업 문제에 대해서만 아니라 노동과 휴식의 세계 및 사람들과 함께 살고 일하는 것에 대해서 말할 것이다. 그것은 특별한 학교 문제를 다루는 것이 아니라 전반적인 학습 과정, 우리가 아는 것, 아는 방식 및 지식이 우리에게 가져다줄 수 있는 진리 등을 다룰 것이다. 영은 자신의 특수 영역인 사랑의 영역에서 우리를 발견할 때, 우리 및 사랑에 관한 모든 난제들을 영의 자연적 담화라 할 수 있는 바 치료하는 사랑의 온전함 속으로 인도할 것이다.[6]

우리가 강력한 희망이나 욕구들의 압박 때문에 자신이 요구했던 것들에 대해 직접적으로 말해주는 부분만 보거나 듣기를 선택할지 모르지만 우리

---

6) 그것은 기도 안에 쉽게 흘러들어 오는 담화이다. John Mbiti, *The Prayers of African Religion*(Maryknoll: Orbis Books, 1975), pp. 44-52의 제5장에 수록된 바 생명과 건강과 치료를 위한 많은 기도문들을 보라. Mbiti 교수는 "아프리카 사람들이 어떻게 그러한 확신을 가지고 영적인 존재들에게 말을 거는지 주목할 만하다"라고 말한다. "치료를 위한 그들의 엄청난 기도에 있어서 인간의 영역과 영적인 영역 사이에는 어떤 장벽도 없다.…기도하는 것이 모두 예배를 의미하지는 않는다; 그것은 또한 수사적인 대화이고, 하나님의 면전과 다른 영적인 존재들의 면전에서 인간들이 질문하고 마음을 알고자 하는 토론장이다"(44).

의 기도에 대한 응답들은 항상 온전한 것이다. 그런 식으로 우리가 원하는 자금이나 직장이나 사랑 등을 얻을 수 있을 것이다. 그러나 우리가 기도한 것에 대한 명백한 응답에만 만족해 왔다면 중요한 것을 잃었을 것이다. 우리는 힘이 증가하거나 기억이 되살아남을 어디에선가 느낄지도 모르지만 그것들을 우리의 기도와 연결시키지 않는다. 우리는 어떤 식으로든 우리가 전처럼 감정적인 얼간이가 아니며 걱정을 쌓아두는 자가 아니라는 것을 알면서도 다시 우리의 기도에 연결시키지 않을 수도 있다. 때로 우리는 자신도 모르게 온전함에 대하여 온전함으로 반응한다. 우리는 심한 두통이나 멀미가 사라질 때 우리 전 존재를 흠뻑 적시는 일종의 감사함에 익숙해 있다. 우리는 자신과 비슷한 고통을 비롯하여 고통은 겪은 모든 사람들을 감사기도에 포함시킬 정도로 감사했다. 심지어 일시적인 고통의 완화도 충분히 그러한 기도를 불러낼 수 있다. 그러한 경우에 우리는 영의 언어를 불러낸다; 우리는 모든 사람을 위해서 기도한다; 우리는 고통이 끝나기를 기도한다. 영의 온전함에 대한 그러한 경험 속에서 훨씬 주목할 만한 것은 인간의 상태의 특징인 온전함의 부족을 더 잘 견딜 수 있음을 발견하는 것이다.

그때 우리의 기도는 고통을 우리의 삶들 및 다른 사람들의 삶의 지울 수 없는 부분으로 여겨 받아들이는 능력의 향상으로 응답된다. 우리는 더욱 세상 속으로 밀려들어 가고 더욱더 쉽게 세상의 고통의 공격을 받게 된다. 우리는 진리에서 벗어난 것을 가리기 위해 노력하는 소리만 무성하고 산만한 것들 아래 숨겨진 삶에 대한 경계를 강화한다. 우리는 이제 자신의 무기력한 상태, 빛을 보려 하지 않는 태도를 모르는 척할 수 없다는 것을 알고 있다. 우리는 자신이 핑계, 남을 속이기 위한 반쪽 진리, 끊임없는 변명 등으로 가득했었다는 것, 믿을 만하고 중요한 것을 배신하며 지냈다는 것, 즉 각적인 이익과 화려한 성공의 증표를 변덕스럽게 추구해 왔다는 것, 세상의 삶이 매우 지루하고 따분하다는 것을 인식해야 한다. 우리는 근원적인 절망을 느끼며, 그것에 대한 동조가 점점 강해져서 그것을 버릴 수 없게 된다.

우리의 공명共鳴은 끊임이 없고, 심지어 바로크 음악의 바소 오스티나토 (저음의 성부가 반복되면서 다른 성부가 변화하여 가는 것)처럼 고집스럽기도 하다. 세상의 불행에 대한 그러한 반응을 통하여 우리는 말러Mahler의 교향곡 6번에 나오는 거칠고 현대적인 바로크 음형법figuration처럼 항상 가까이에서 움직이고 있는 악마 군대의 행진소리를 듣는다. 우리의 고통이 거리를 잴 만한 힘을 얻기 때문에 우리는 억압하고 착취하는 정부의 잔인성과 사회의 야만성에 대한 글을 읽을 때 그 사실들로부터 자신을 분리시킬 수 없다. 또 그것들이 사실임을 인정할 수 없을 만큼 놀라지도 않는다. 우리는 그것들이 사실이라는 것을 안다. 그것들은 날마다 우리의 생활 속에 스며들며, 우리는 그것들과 함께 사는 법을 배운다. 사람들과 하나됨으로써 얻는 우리의 지식은 끊임없는 흐름이 된다.[7] 기도를 계속할수록 하나님의 심장에서 흘러나와 모든 사람들을 상호 연결하는 대양 속에 발을 적시는 것을 피할 수 없게 된다.

또한 기도는 우리가 스스로 야기하는 고통을 드러내 준다. 사람들에 대한 경멸 또는 동정심의 부족이 우리의 의식에 아로새겨진다. 우리는 자신

---

7) 알려진 타자와의 일치됨을 통하여 알게 되는 이러한 형태에 대하여 더 알려면 Ann Belford Ulanov, *Receiving Woman*, pp. 77-83을 보라.

이 쉽게 위협을 당하고 두려움에 잠긴다는 것을 깨닫는다. 우리는 존재에 대한 걱정을 알고, 자신이 되어질 존재로부터 어떻게 달아나는지 본다. 또 우리가 정서와 사고와 행동에 어떻게 자아 절단을 가하며, 자신과 사람들의 관계를 어떻게 단절시키는지 안다. 계속된 기도는 그러한 극적인 드러냄이 없이도 사람들과의 관계에서 지속되는 우스꽝스러운 음모처럼 스스로를 속박하는 계략 속에서 우리가 얼마나 미련하게 보일 수 있는지를 보여준다. 기도는 그런 음모들이 지루하고 시간을 낭비하는 것, 그리고 공연한 소동이나 화려한 과시 없이 쉽게 제거될 수 있는 우리의 세상에 이질적인 것임을 드러낸다.

기도는 악에 대한 우리의 관계를 재정립하기 때문에 우리를 더 많은 고통에 노출시킨다. 우리가 세상에 조율이 될수록 우리의 청각은 귀에 거슬리는 불협화음과 잘못된 음조에 더 민감해진다. 우리는 세미한 어조, 매우 짧은 쉼, 이전에는 포착할 수 없었을 의사소통의 수준을 붙잡는다. 우리는 사람들이 얼마나 자주, 그리고 얼마나 쉽게 그릇된 동기들에 유혹될 수 있는지 듣는다. 우리는 선의 조화가 얼마나 드물고 특별한 것인지 이해한다. 우리는 자주 우리를 압도하는 악을 깊이 생각하기보다 존재하는 선에 경탄하게 된다. 선한 행위가 발생할 때나 현명한 진리가 선포될 때 우리의 기도가 확대되어 경이와 감사를 포함하게 된다. 어떤 형태로 존재하든지 선은 실재에 맞추어 조율되는 경향이 있기 때문에 우리는 그것이 얼마나 공격받기 쉬운지 알고 느낀다.

선은 실재 안에 존재해야 한다.[8] 그것이 생명이다. 우리를 분심시키고

---

8) "내가 매 순간 숨을 쉴 수 있다는 것을 생각하는 것만 필요하다; 나의 실체이

주의를 다른 곳으로 끌며 방해하고 부재하게 만드는 악의 세력 앞에서 더 많은 실체와 무게와 현존을 더함으로써 선을 세워나가면 쉽게 상처받는 선이 상처받지 않는 견고함을 획득하는 것을 볼 수 있을 것이다. 따라서 학급 친구들의 조롱 때문에 상처받은 어린이가 학교로 돌아가서 자기를 괴롭혔던 아이들과 친구로 남아있기를 원하는 것을 보고 우리는 놀란다. 피살된 아이의 부모가 증오와 복수의 감정들을 통과하는 괴로운 여정을 통해 마침내 치유와 용서에 도착할 때 이웃들에게 복을 가져다준다. 독재정권 밑에서 활동한 시인이 온갖 희생을 치르면서도 예술의 진실을 유지한 것이 우리를 놀라게 한다. 그의 아내는 모든 수단을 이용하여 남편과 그의 작품들을 보존했는데, 언젠가 사람들이 들을 것을 기대하면서 그의 시들을 외웠다. 결국 그가 강제노동수용소에서 죽은 지 오랜 후에 사람들은 그의 시를 듣게 되었으며, 그는 자신이 저술한 사랑과 믿음의 시들 속에 살아 있다.[9]

지만 나 자신의 것이 아닌 행위로 사는 것이다. 왜냐하면 나는 선택이나 의지로 숨을 쉬는 것이 아니며, 나 자신이 고안해 내어서 한 것은 더욱 아니기 때문이다; 그리고 확실한 나의 것, 즉 사고의 행위, 그 행위 자체를 객관적 진리와 일치시키고, 모든 실체를 보며, 그것들 사이에서 천상의 보좌의 계단처럼 매우 높은 곳에서 바라보듯이 공평하게 나 자신을 바라보기를 갈망하는 행위를 생각하는 것이 필요하다: 그럼에도 불구하고 순간적인 나의 생각은 뇌신경의 떨림 속에 불확실하게 자리를 잡고 있으며, 신경질적인 말들로 이루어지는 사소한 행위나 이미지화된 유령과 같은 낱말들 속에서 구체화된다; 얼마나 많은 실재와 진실이 내가 사라지는 불합리한 지점(absurd pinpoint)에서 균형을 이루는가를 볼 때, 나는 변하거나 사라지지 않고 자신이 아는 모든 것을 소유하고 다스리는 분을 묵상하게 된다." Austin Farrer, *The Glass of Vision*(Westminster: Dacre Press, 1948), pp. 96-97을 보라.

9) 문제의 작가는 한 편의 시에서 독재자 스탈린의 콧수염을 바퀴벌레에 비유했기 때문에 스탈린의 미움을 받아 결국 죽음을 맞게 된 러시아의 시인 오지프 만델스탐Osip Mandelstam이다. Max Hayward에 의하여 번역된 바 그

기도는 우리 세계의 짙은 어둠 속에 흩어져 있는 선의 빛들에 우리를 조율해준다. 우리는 여기에서는 점점 더 많은 작은 광선, 저기에서는 희미한 빛줄기와 가장 작은 분자들, 그리고 불가능성에도 불구하고 개인적으로나 소그룹 안에서 자신의 희미한 빛을 계속 깜박이게 하고 있는 사람들을 주목한다.[10]

우리 시대의 수도원들은 세상 속으로 이동했다. 과거 봉쇄수도원의 종교인들이 빛과 문화와 지식과 연민의 요새—미개한 세상에서의 피난처—를 제공했던 "암흑" 시대에서처럼, 우리 시대에도 신실한 사람들이 흩어져서

의 아내 Nadezhda Mandelstam의 저서인 *Hope Against Hope and Hope Abandoned*(New York: Atheneum, 1970 and 1974)은 위대한 시인을 기념할 뿐만 아니라 남편의 인생을 기록하는 사랑스러운 연대기 저술가, 분별력 있는 비평가, 자신의 세상과 우리의 세상에서 일어나는 사건들을 주의깊게 관찰하는 사람을 보여준다. 그녀는 종교 사상가였다: "우리 모두는 작은 타협들을 했다. 그러나 대다수의 사람들은 아주 큰 타협들을 했다.…사람들은 기독교에 의해서 자유롭게 되었지만, 자유를 맛본 후 그것을 버렸고, 회의적인 구절들과 동정이 가는 인본주의의 비합리적인 공식들을 지껄이면서 무신론으로 돌아섰다. 내면의 자유를 잃는 것과 기독교를 버리는 것 사이에는 분명한 연관성이 있다. 그것은 시각장애인이나 고의적으로 눈을 감는 사람에게는 보이지 않는다. 이것이 가장 극적으로 설명된 우리 시대의 기본적인 모습이다." *Hope Abandoned*, pp. 581-582.

10) 시인 콜마르(Gertrud Kolmar)가 그러한 빛이다. 그녀는 나치에 체포되었고 피난하려 하지 않는 아버지를 두고 떠나기를 원하지 않았기 때문에 독일에 남았다. 약탈과 강제노동, 강제수용소 등 반복되는 공포 속에서 그녀의 죽음은 불가피한 것이었다. 이러한 상황에서 그녀는 자신의 시들이 죽은 후까지 보존되리라는 확신도 없이 계속 시를 썼다. 그녀의 많은 시들은 없어졌지만 소수의 시들이 보존되어 그녀의 사후에 출간되었다. 그녀는 어떤 편지에서 이렇게 말했다: "나는 불충분한 힘을 가지고 영원히 창조하기를 추구한다." *Dark Soliloquy: The Selected Poems of Gertrud Kolmar*, trans. Henry A. Smith(New York: Seabury, 1975), p. 3.

각기 어두운 세상에서 빛과 선과 하나님의 현존을 의지할 방법을 찾으려고 노력하고 있다. 교회는 새로운 디아스포라 안에서 살고 있다. 기도는 노력할 수 있도록 우리를 고무하며, 먼 거리에 있는 빛과 가까이에 있는 빛을 가리켜 주고, 선을 조성하기 원하는 사람들이 있음을 우리에게 확인시켜 준다.

우리가 선입견으로 생각했던 선과 실제의 선의 차이가 우리를 놀라게 한다. 기도는 우리가 이전에 선하다고 여기지 않았을 사건들과 통찰들에 의해서, 때로는 우리가 선하다고 확증했던 것과는 정반대의 방법으로 우리 자신 및 다른 사람들을 위해서 응답된다. 이러한 종류의 경험으로 말미암아 기도가 응답되는지의 여부에 대한 우리의 질문이 수정된다. 이제 우리는 자신에게 합당한 기도가 무엇인지 알기 위해서 묻는다. 만일 우리가 돌이켜 보면서 자신이 기도하면서 구했던 것이 주어졌다면 그 결과가 얼마나 잘못되었을지 깨닫게 될 때 우리는 놀라게 된다. 이제 우리는 기도대로 받아들여지지 않고 우리 기도의 본 정신에 입각해서 응답되었음에 감사드린다. 때로 우리는 이것을 분명히 보지 못하고 선에 대한 자신의 해석을 고집한다. 자녀의 죽음, 자살, 우리에게서 소중한 사랑을 빼앗아가고 그 아름다운 사람의 생명을 앗아간 질병과 우리 자신을 조금이라도 화해시키는 것은 매우 어려운 일이다. 우리는 어둠 속에서 기도해야 하고, 비록 하나님이 우리를 어리둥절하게 만드신다 해도 그분께 모든 것을 맡기는 모험을 해야 한다.[11]

---

11) 칼 라너(Karl Rahner)는 "우리는 당신의 은총이 당신에게서 멀리 떨어져 있는 것처럼 보이는 사람들 중 누구를 축복했으며 누구를 변화시켰는지 모릅니다; 우리는 스스로 아직도 어둠 속에서 헤매고 있다고 생각하는 사람들보다,

기도가 자아의 숨겨진 부분들을 드러내어 증가시키는 것처럼, 또한 우리의 삶 속에 하나님의 현존 및 하나님의 현존에 대한 의식을 증가시킨다. 기도할 때 하나님에 대한 우리의 인식과 본질적인 하나님의 현존의 차이를 구별하는 것이 매우 어렵다.[12] 기도에 대한 응답은 기도—더 많은 기도, 더 충분한 대화, 더 많은 경청, 듣기 위한 더 많은 노력, 사실상 들리는 것과 실제로 일어났던 일들에 관한 더 많은 묵상—이다. 우리는 행하도록 이끌리고 있는 것을 받아들이기 위해서 발돋움해야 한다. 충분히 주의를 기울이면 우리는 기도의 유형들을 발견하고 자신의 훈련법을 계발할 수 있을

그리고 그들의 행동과 마음이 외면적으로 당신의 명령들과 적어도 일치되지 않는 사람들보다 우리 자신이 훌륭하다고 느끼지 않습니다"라고 기도했다. "우리가 말할 수 없거나 혹은 말하기에 가장 부적합한 것은 우리의 말이 아니라 당신의 말, 즉 당신의 은혜에 대한 말입니다." Hugo and Karl Rahner, *Prayers for Meditation*, trans. Rosaleen Brennan(New York: Herder and Herder, 1963), pp. 42-43.

12) 우리는 자신이 하나님의 현존 의식에 사로잡히며 또 그것을 의식했다는 것을 의식하게 된 행복한 경우들을 기억해야 한다. 파스칼은 다음과 같이 주장한다: "하나님을 경험하는 것은 이성이 아니라 마음이다. 이것이 믿음이다: 하나님은 이성이 아닌 마음에 의해 감지된다." 마음의 경험이 이성의 경험보다 더 열등하지 않다. "마음은 나름대로의 이성을 가지고 있지만 그 이성은 아무것도 알지 못한다"는 것이 파스칼의 유명한 논평(apercus) 중 하나이다. 그는 좀 더 명확하게 말한다. "마음은 나름대로의 질서 체계가 있다; 지성도 원리와 증명 등의 방법을 통하는 질서 체계가 있다; 마음의 질서 체계는 이와는 다른 종류이다. 사랑받고 싶다는 주장은 사랑의 원인들을 나열함으로써 입증되는 것이 아니다; 그렇게 하면 우스울 것이다. 예수 그리스도와 바울은 지성의 방법이 아니라 자비의 방법을 택했다.…성 어거스틴도 그렇다. 이 방법은 끝이 항상 보이게 하기 위해서 끝과 관련되는 모든 점에서 빗나가는 식으로 구성되어 있다." *Pascal's Pensees*, trans. John Warrington(London: Everyman, 1960), Fragments 225, 224, 575, pp. 59-60, 166-167.

것이다. 우리는 떠밀리기보다는 이끌리고, 우리가 하는 일에 자원하며, 의무감에 의해서 강요되지 않으며, 말에 얽매이거나 방법을 알지 못해 당황하지 않으면서 하나님과 대화하는 방법을 발견할 것이다. 방법은 방법일 뿐 목적이 아니며, 수단일 뿐 목표가 아니다. 이처럼 우리의 기도는 더 유연해지고 동시에 절제력을 지니기 시작한다. 우리는 어떤 길이 하나님께로 향하여 있고 어떤 길이 하나님에게서 벗어나 있는지 분별하는 능력을 발달시킨다. 인생의 어느 순간 우리가 취해야 할 올바른 절차란 아무 말 하지 않고 조용히 있는 것일지도 모른다. 또 다른 순간에는 기도서에 있는 대로 교훈들을 읽고 묵상하는 것이 옳을지도 모른다. 시편을 암송하는 것, 하나님께 마음을 털어놓거나 단순히 고요한 적막 가운데서 마음을 들어올리는 것이 옳은 방법일 수도 있다.

기도는 우리로 하여금 하나님과의 관계를 시작하게 해주는데, 하나님과의 관계는 사람들과의 관계처럼 특별하고 다양하다. 관련된 사람들이 변할 때, 즉 성날 때, 친근할 때, 거리를 둘 때, 가깝게 대할 때 그 관계도 함께 변한다. 우리는 사랑하는 연인을 소유하려 할 때처럼 어둠 속에서 하나님을 향한다. 사랑하는 사람을 받아들이거나 자신에게 이끄는 연인처럼, 그리고 연인의 모든 부분을 만지는 사람처럼, 우리를 활짝 열어 내면 하나님은 구석구석을 만지신다. 기도는 극도로 개인적인 특성을 갖는 동시에 보다 객관적이고 공식적인 특성을 갖게 된다. 교회의 기도는 매우 주관적인 의미를 갖는 경향이 있다. 특별하고도 개인적인 우리의 음성은 하나님께 말하고 있는 다른 소리들과 연합하기 원한다는 것을 발견한다. 우리의 원초적 언어는 인간의 언어 수준에 열려 있는데, 거기에서 사람들은 우리를 위해서 말하고 우리는 그들을 위해서 말한다. 우리 자신의 특별한 역사가 인간의 역사 안으로 흘러들어 가며 분명히 그것의 일부이지만, 사람들과의 연합 속에서는 독특하다. 우리가 "성령이여 오시옵소서. 당신이 없는 죽은 삶을 회복시켜 주십시오"[13]라고 기도할 때, 우리는 자신의 독특한 소리를 하나님께 전달하는 데 도움이 되는 목소리들의 합창에 참여한다. 우리는 영의 회심을 경험한 적이 있는 모든 사람들이 공감하는 바 괴테의 서사극 마지막 부분에 나오는 파우스트와 같다.

기도의 응답은 우리의 존재가 하나님의 생명 안에 철저히 이끌려 들어가는 것이다. 엑하르트가 말했듯이 하나님이 우리 안에서 태어나신다. 따라서 성인들은 우리에게 기도의 삶을 시작하지도 말고 멈추지도 말라고 경고한다; 그렇게 하는 것은 생명 탄생 과정을 시작했다가 멈추는 것처럼 위험한 것이 될 수 있다. 하나님께서 우리에게 베푸시고자 하는 것에 대한 우리의 특별한 관심을 통하여 우리가 다른 사람들에게 줄 수 있는 것과 우리 자신의 타자성 안에서 스스로에게 줄 수 있는 것에 대한 하나님의 관심 속으로 이끌려진다. 우리는 하나님에 "대해서" 아는 데서 하나님을 "직접적으로" 아는 데로 옮겨가며, 자신에게는 훨씬 덜 관심을 갖고 타자성에 훨씬 큰 매력을 느낀다. 헨리 수소Henly Suso가 지적하듯이 하나님이 부재하시는

---

13) 그 기도는 이렇게 계속된다—
　　당신 없이 차갑고 둔한 이 마음에 불을 붙여 주십시오:
　　당신 없이 어둡고 우매한 이러한 마음을 밝게 해주십시오.
　　당신 없이 공허한 성소인 교회를 가득 채워주시고,
　　우리에게 기도를 가르쳐 주십시오.
　The One Who Listens: A Book of Prayer, ed. M. Hollings and E. Gulick(New York: Morehouse-Barlow, 1971), p. 103.

것같이 느껴져도 인내심을 가지고 순종하는 것이 최고의 영적 성취 중의 하나이다: "포기 중의 포기는 포기 속에서 포기되는 것이다."

우리는 하나님의 말씀과 사랑—시몬 베유는 이것을 위안이 아닌 빛이라 말한다—을 향하여, 그리고 루이스브렉이 말하는 하나님의 가슴을 향하여 "단순함을 통해서 나오는 측량할 수 없는 기쁨"과 "넘쳐 흐르는 사랑"과 "모든 연인들이 빠져드는 암흑 같은 고요함"으로 이끌린다.[14] 우리는 하나님의 일들을 도식화하려 하고, 이성의 논리에 의하여 고통과 실망을 정당화하려는 윤리나 신학의 규칙들 너머로 인도된다. 우리는 도식화된 원리들이나 선포된 규율들을 통해서보다는 예수님과 성령님을 통하여 더 많이 기도하게 된다. 죽음과 부활이 우리의 설명을 거부하지만 우리의 이해하려는 노력보다 더 적절하게 된다는 것을 알기 때문에 예수 수난의 유산에 대해 더 많은 것을 얻는다. 욥처럼 우리는 왜 하나님이 인류의 정의라는 최고의 규율에 따르지 않는지 질문하는 우리의 단일 관점—리쾨어Ricoeur는 이를 "자기도취"narcissism라고 한다—을 포기한다.[15] 우리는 무엇이 진실로 온전한 것인지를 듣기 위해서, 그리고 밖에서는 연결될 수 없고 오직 타자에게서만 받게 되는 바 하나님의 타자성을 인식하기 위해서 그것 모두를 포기한다. 우리의 기도가 어떻게 응답될지라도 그 응답의 근원인 하나님께

---

14) Meister Eckhart, p. 122. 또한 Henry Suso, *Little Book of Eternal Wisdom and Little Book of Truth*, trans. James M. Clark(London: Faber and Faber, 1953), p. 80; Simone Weil, *Waiting for God*, pp. 89, 107; Ruysbroeck, *The Spiritual Espousals*, p. 190을 보라.

15) Paul Ricoeur, *Freud and Philosophy: An Essay on Interpretation*, trans. Denis Savage(New Haven: Yale University Press, 1970), p. 549.

그것을 되돌리면, 우리는 그 응답이 올바른 응답이었음을 알게 된다.

우리는 여기에서 기도의 높은 수준 때문에 "신비가"라는 이름을 얻은 사람들의 계열에 합류한다. 그들의 것은 세상과는 분리되고 우리들의 것과는 매우 비슷한 것이다. 그들은 특별한 방법으로 은총을 입어 왔다. 그들은 말씀을 향하여, 그리고 주님의 품 안으로 이끌렸으며, 총체적으로 반응했고 그들의 모든 존재와 더불어 그 존재 안으로 움직였다. 헌신적으로 기도에 참가하는 우리 모두는 자신이 무엇을 해오고 있는지 충분히 인식하지 못함에도 불구하고 "신비가들"의 길에 들어섰으며, 연합으로 이끄는 경험과 이해의 단계들을 그들과 공유한다.

"주기도문"의 전통적으로 정해진 구절들 속에서 첫 번째로 느껴지는 일시적인 감정을 넘어서는 사람은 "정화"purgation—거짓 자아의 벗어짐—를 경험한다. 그리고 두려움과 공격성, 성욕, 사회적 관심 등을 기도 안에 모아들이도록 준비해주고 그것과 동반하는 자아의 봉헌을 순조롭게 진행하는 사람은 "조명"illumination—자기 정체성의 드러남—을 경험한다. 정화와 조명을 통과하여 계속 우리를 끌어당기는 "연합"union은 마지막 단계로서 우리 모두를 위한 공통의 토대이다. 철학자 맥타가트John McTaggart가 잘 이해했듯이 "한 사람이 다른 사람과의 연합을 특별히 의식하기 위한 필수요소가 사랑이다."[16]

기도 속에서 우리의 노력을 묘사하기 위해서 정화와 조명과 연합이라는 용어들을 우리로 하여금 받아들일 수 있게 만드는 것은 특별한 의식 consciousness이다. 그것은 사랑의 의식이다. 그것은 헌신적인 기도의 은혜

---

16) Geach, *Truth, Love and Immortality*, p. 167.

이다. 그러나 우리가 그 은혜를 받아들이든지 받아들이지 않든지, 그리고 우리 스스로가 그 사랑 안에서 마음껏 즐기는 것을 허락하든지 그렇지 않든지 우리는 정화와 조명의 영향을 느낄 것이다; 우리는 보나벤투어 Bonaventure의 세 단계 안으로 인도된다.[17]

우리가 기도 속에서 두려움을 고백하고 우리의 공격 성향을 하나님께 드리기 시작할 때 정화가 대담하게 우리의 삶에 찾아온다. 망설이지 않고 사실들을 회피함 없이 성sex의 영역을 포함하는 우리의 충분한 정체성을 주장할 때 우리는 "정제" purification라는 이름으로도 일컬어지는 정화의 영역으로 인도된다. 여기에 사랑스러운 모순이 있다. 왜냐하면 다른 세대나 다른 기도의 관습에서는 금지되고 제거되어서 다시는 알려지지 않을 습관, 태도, 공상들을 인정하고 받아들이는 것과 함께 정화가 이루어지기 때문이다.

오늘날 다른 세계에 살고 있는 우리는 전에는 "죄"라고 불러야 된다고 주장되었을 수도 있을 것에 협력하지 않고 자랑하지도 않으며, 자신과 일치되는 것을 조심스럽게 찾고 있다. 보다 광범위한 심리학적 이해를 통해서 볼 때 우리는 정당하게 자신의 것, 우리가 누구이며 어떤 사람인지 분명하게 정의해주는 것을 요구한다. 우리는 진정한 자아에 이질적이거나 적대적인 모ems 것을 정화하지만 스스로fh부터 자신을 숨겨 왔고 우리의 삶을 뒤죽박죽으로 만든 자기 부인과 같은 것은 정화하지 않는다. 여기에서 우

---

17) 제목은 *The Triple Way*이고 부제목이 *or Love Enkindled*로 되어 있는 보나벤투어의 간단한 소논문만큼 The Triple Way를 더 집중적으로 혹은 더 섬세하게 나타내는 것은 없다. *The Works of Bonaventure*, translation by Jose de Vinck(Paterson: St. Anthony Guild Press, 1960), I, pp. 59-94.

리는 "이 모습이 내 모습이요"라고 한다. 더 이상 꾸밈도 없고 거부denial도 없고, 자기 거부와 자기 비난을 위한 중단도 없다. 우리가 여기에서 자신에게, 자신을 위해 행하는 최고의 봉사는 거짓된 껍데기를 정화하는 데 있어서 자신과 더불어 굳건히 서있는 것이다.

정화와 함께 오는 기도에 대한 응답은 변증법적이다.[18] 이 정화의 과정에서 우리는 스스로와 2부, 3부, 4부의 대화를 나눈다. 우리는 거짓 껍데기의 여러 층들을 잘라내는 정밀한 조사 방법으로 자신을 관찰한 후에 새로운 부정으로 이전에 부정했던 것들에 반대한다. 우리는 과거에 거듭 자신의 실체를 부인해 왔음을 인식한다. 우리가 때로는 알았고 때로는 의식하지 못했던 것들—우리의 내적 실존을 가렸던 체계적인 부인—을 이제 알게 된다. 이제 우리는 자신을 잔인하게 통치하는 부인만을 부인한다.

기도와 더불어 몇 가지 해방들이 발생하는데, 이것들은 정신분석학에서 치료요법이라고 부르는 바 오랫동안 서서히 표피들이 제거되는 것과 비슷하다. 거기에서 꿈과 꿈의 분석, 연상, 우리의 현재와 과거에 대한 신중한 조사를 통하여 우리는 무의식 속에서 선과 악에 직접 접근하지 못하도록 속박하고 있는 쇠사슬을 제거한다. 기도의 정화 단계에서 우리는 무의식에 이르기 위해서 같은 일을 많이 하는데, 이 단계에서 우리는 기도의 내용들이나 그것들에 접근하는 방법에 대해 덜 엄격한 평가를 내리며, 이런 종류

---

18) 정화의 과정에서의 기도 응답은 단순히 '예'와 '아니오'의 범주로 축소하는 것을 인정하지 않으실 하나님께로 다가서는 것과 같다는 것을 제시하기 위해서 우리는 바르트적인 의미로 "변증법적"이라는 단어를 사용한다. 옳고 그름이 우리에게 계속 존재하겠지만 그것들은 새로운 빛 안에서 다양한 모습을 가지고, 그리고 조잡한 모든 것을 포함하는 판단에서 벗어나 자유롭게 보일 것이다.

의 기도와 동반하는 새로운 의식의 커다란 이점을 가지게 된다. 모든 정직한 기도 속에서 우리는 숨겨진 부인의 삶을 포기해야 한다는 것을 알고 있다. 우리는 자신에게 자신을 인정해야 한다.

정화의 단계에서 부인한 것을 부인하는 것을 실천하며, 조명의 단계에서는 정체성을 확인하는 법을 배운다. 여기에서 변증법은 구체적인 것들에 대한 멋진 경험이다. 정화의 단계에서는 부정negation의 부정을 경험했었는데, 이제 매우 다른 종류의 실재 안으로 이동한다. 그 내용들은 인간적인 것이다. 우리는 부정하지도 않고 단언하지도 않는다; 우리는 대면하고 깊이 생각한다. 우리는 자신의 존재의 선두에 있는 두려움들과 공격성들과 다른 사람들을 위한 염려와 더불어 우리에게 속한 것을 주장하는 데 있어서 오래 혹은 힘들게 일할 필요가 없다. 우리는 남과는 다른 존재이며 자신의 본 모습에 만족한다. 우리는 또한 다른 사람들의 독특한 존재에 만족하며, 삶의 양면성을 인간의 상태를 나타내기 위한 것으로 받아들이기 시작한다. 이 발달 단계에서 우리는 자신을 찾아온 고통을 이해하는 동시에 자신이나 다른 사람들의 고통과 더불어 살 수 있다. 우리는 침울하고 위축된 상황 속에서 사는 것이 아니라 이 세상의 고통에 연민을 느끼고 그것을 완화해주는 중보기도를 하면서 살 수 있다. 중병에 걸렸을 때처럼 병을 치료하려면 증세들 및 그것들의 근원이 확인되어야 한다. 따라서 몸과 마음과 영을 포함하는 고통이 찾아올 때 우리는 자신이 무엇을 다루고 있는지 알아야 한다. 우리는 단순한 완전함을 얻을 수 없는 복잡한 세상의 불안정을 직면할 수 있어야 하고, 기꺼이 직면해야 한다.

조명의 단계에서 우리가 발견하는 정체성은 동방의 종교들이나 금욕주의에서 세상과 삶을 부인했던 것과 같은 종류의 것이다. 불교도들이 추구하는 열반은 고통하는 육체에 묶인 세상의 흐름을 거슬러 움직인다. 마찬가지로 힌두교가 의존하고 있는 종교철학은 카스트제도를 가로지르는 움직임, 그리고 사람이 세상적인 실존의 갈등과 타락에서 완전히 해방될 때까지 복합적 환생을 통과하는 움직임을 지지하는 것처럼 보일 수도 있다. 불교와 힌두교에 속하는 거의 모든 분파들의 기도생활을 관찰하고 그러한 삶을 사는 사람은 이 세상과 이 세상의 삶을 부인하기보다는 확증하는 관상적 지혜를 발견할 것이다.[19] 그 확증은 내적 진리들에 대한 꾸준한 묵상을 동반하는 조명을 통하여 온다. 불교도들과 힌두교도들이 브라만이나 크샤트리아나 농민으로서 현세에서 행하는 활동의 의미가 무엇이든지, 그들은 기도 속에서 우리와 똑같이 자신의 존재에 집중하기 위해 노력한다. 말을 하든지 하지 않든지 그들 중 가장 재능 있는 사람들을 절박하게 만나고 이해하고 싶도록 만드는 것은 그들 안에 있는 조명에 대한 분명한 표시이다. 그들은 생존을 위한 투쟁 속에서, 그리고 그들의 몸가짐 속에서 위엄

---

[19] 우리는 머세아 엘리아드(Mercea Eliade)와 함께 "종교적 의미의 역사는 항상 인간 영혼 역사의 부분을 구성하는 것으로 간주되어야 한다는 것"을 인정해야 한다. 즉 동양종교에 대해서 말하건 서양종교에 대해서 말하건 그러한 의미들은 이 세상에서 살고 있는 우리 자신에 대한 지각의 일부분이다. 좀 더 구체적으로—엘리아드는 종교역사가들이 이해하기를 기대한다—우리가 "'이 세상 안의 존재'라는 인간의 특수한 존재 상황이라 불려왔던 것의 영속성"을 이해할 때, "거룩함의 경험이 그 존재 상황과 상호 연관이 있음을 우리는 알게 된다. 사실, 인간 자신의 존재 양태를 의식하는 것과 이 세상에서 그의 현존을 가정하는 것은 '종교적' 경험을 함께 구성하는 것이다." Eliade, *The Quest: History and Meaning in Religion*(Chicago: University of Chicago Press, 1969), p. 9.

을 성취했다. 조명의 단계를 통해 발견되는 정체성이 그들 안에서 보일 수 있다.

서양의 문화는 동방의 수련방법을 쉽게 허용하지 않는다. 유럽이나 아메리카에 정착한 힌두교와 불교의 다양한 종파들은 괴상한 것들로 비쳐졌다. 그것들은 할리우드, 뉴욕, 파리, 런던, 혹은 로마의 TV프로그램 및 그와 동반하는 사업에서 사람들을 흥미있게 해주는 확고한 자리 매김을 하였다. 그것들은 대학생들의 열정을 자극했다. 그러나 그것들은 마약 집단, 찰스 맨슨Charles Manson과 같은 반사회적 이상성격자들 등 심하게 병들었거나 병들 가능성이 있는 환경에서는 실패했다. 서양에서 계몽은 왜곡된 광신에 존재하는 비도덕적이고 불결한 현실을 거부하지 않고, 우리가 동방의 관상과 관련짓는 지혜를 찾기 위해 살인적 모방에 안주하지 않을 조명을 통해 와야 한다.[20]

---

[20] *Our Savage God: The Perverse Use of Eastern Thought*(New York: Sheed & Ward, 1974). 옥스포드 대학의 비교종교학 교수인 R. C. Zaehner은 이 책에서 동양의 신비주의가 그것을 이해하는 데 준비되지 않은 서양인들에 의하여 취해질 때 일어날 수 있는 문제에 대하여 경고를 한다. "당신은 '정의는 투쟁이다' 라는 것을 주장하는 어떤 철학, 혹은 절대자를 제외한 모든 것이 어떤 뜻을 가지고 존재하는 것은 아니라고 주장하는 어떤 철학이 Charles Manson—그에게는 살해하는 것과 살해당하는 것이 같다—과 같은 현상을 초래할 수 있다는 것을 알기 위해서 어떤 논리학자가 될 필요는 없다. 그는 의심할 나위 없이 예외적인 현상이다. 하지만 그 후로 동양의 신비주의를 이러한 식으로 해석한 다른 살인자들이 캘리포니아에 있었다. 대부분의 사람들이 이것을 유감스럽게 생각한다. 하지만 헤라클리투스(Heraclitus, '우는 철학자' 라고 불렸던 B.C. 5세기의 그리스 철학자)와 파르메니데스(Parmenides, B.C. 5세기의 그리스 철학자) 안에서처럼 신 베단타 학파Neo-Vedanta(인도의 범신론)와 선불교에는 윤리적 양면성이 있다. 그리고 우리의 세상에서 이러한 양면성은 재앙을 초래할 수 있다"(p. 15). Zaehner의 책은 어떤 의미로

이 조명의 단계에서 우리는 정화의 경험에서 발견한 자신이 되고자 하는 자발성의 확대 속에서 자신의 정체성을 발견한다. 우리는 자신을 실망시켰거나 자신의 본 모습을 파악하지 못하게 하고 원래의 모습으로 돌아가는 것을 허락하지 않는 수사학을 없애기 위해서 다른 수사학을 채택하지 않는다. 영적인 삶에는 쉽게 모양을 바꾸는 외과적인 수술이 없으며, 조명의 단계에서는 말할 것도 없다. 조명의 신선함 속에서 번득이는 새로운 것은 내면의 영역 안에 있으며, 표면에서는 오랫동안 발견되지 않을 것이다. 의식적으로 표정을 짓는다고 해서 지혜가 우리 안에서 보일 수 없다. 그것은 내면에서 나오는 것이다. 그것은 바깥 세계로 나오는 고유한 방법을 발견하며, 우리가 어떤 식으로든 그것을 본다 할지라도 우리 안에서는 인식하지 못할 수 있을 것이다. 그러나 우리는 그것을 알거나, 적어도 그것을 아는 데 있어서 중요한 것을 알고 있다. 우리는 조명의 정체성이라 할 수 있는 내적 평안을 안다. 우리는 마음의 움직임, 다시 말해 영혼의 고양과 더불어 기도한다. 거기에는 소동이 없으며 내적 충동도 없다. 우리는 빛을 알고 그 빛을 간절히 바란다. 우리는 기도에 대한 중요한 응답이라 할 수 있는 지속적인 기도를 얻었다.

그곳이 연합이 시작되는 지점이다. 우리는 언어를 초월하기 위해서 언어를 통과해야 한다. 기도를 통한 이해가 주입되었기 때문에 더 이상 영에 도달하기 위해서 문법이나 구문들—언어나 몸짓—과의 몸부림도 필요하지

는 지리한 이야기이지만 또한 놀랍고 "그리스도 안에서 못 박히신 하나님의 연민"으로 가득 찬 묵상집으로서 우리 세상—그에게 있어서 세상은 기독교의 창조주 하나님에 의하여 제정되었다—에 심오한 감동을 주는 책이다(p. 305).

않다. 영이 우리에게 도달했기 때문이다.

제11장

기도의 목표: 변화

    기도 방법이 한 가지만 있는 것이 아니다. 우리는 기도하면 할수록, 그리고 사람들의 기도 방법에 관해서 배울수록 그것을 더욱 확신한다. 우리 각자가 탐구하고 즉석에서 만들어 내고 자신의 고유한 방법을 발견하게 해주는 다양한 접근 방법들이 있다. 하나님이 우리를 육체대로 사랑하신다는 것, 그리고 우리의 실재가 진정한 실재라는 놀라운 사실을 파악하기 시작할 때 그것들이 우리를 지지해준다. 우리의 특별한 기도 방법은 소망이나 절망을 통해서, 공격이나 고요함을 통해서, 이해를 위해 서투르게 더듬어 찾아나서거나 목표를 향해 곧장 나아감을 통해서 보상을 받는다. 우리는 기도할 때 하나님께서 우리를 원하시고 우리의 모습 그대로 받으신다는 것을 경험한다. 우리가 내면적으로 반항과 슬픔으로 가득하면서도 외적으로 규칙에 맹종하는 것을 하나님은 원하시지 않는다. 우리가 규칙들을 얼마나 잘 지키는지 뽐내는 것은 잘못이다. 보장된 상이 없다. 기도를 통하여 하나님이 원하시는 것은 있는 그대로의 마음, 즉 원하는 마음, 기뻐하는 마음,

노한 마음, 두려워하는 마음임을 깨닫는다.[1]

기질이나 심리유형적으로 서로 다른 유형의 많은 거룩한 사람들, 하나님의 애인들이라 할 수 있는 사람들은 우리가 각자의 고유한 방법을 발견할 수 있음을 믿게 하기 위해서 우리를 대담하게 한다. 루이스브렉은 감정이라는 거대한 바다 속에 잠겨서 완전히 의식을 잃어야 하는 기도 속에 빠진 것처럼 보이는 길을 보여주는 듯하다. 클레르보의 베르나르가 투영되고 과장된 형태로 성모 마리아에게 의심스러운 감정을 쏟아 붓고 "이교도들"에 대한 야만적인 공격에 열중하는 것을 제외하고는 그는 영성생활에서 성과 공격의 표현을 완전히 제거한 것처럼 보인다. 십자가의 요한은 지나친 고행 때문에 금욕주의자로 비친다. 나사렛의 베아트리체도 정서적으로 지나치게 예민한 사람이다. 마이스터 엑하르트Meister Eckhart는 자아로 가득하며, 자신의 이상한 사고의 배열configuration에 지나치게 집중하고 있다. 시몬 베유Simone Weil는 노동자의 곤경에 지나친 관심을 갖고 있다. 뵈메Boehme는 신비스러움에 사로잡혀 있다. 머튼은 전쟁의 전략과 선불교에 편중하고 있다.

그들의 차이가 무엇이든지 그들은 모두 기도가 드러냄이며, 우리를 변

---

1) 마음으로 드리는 기도는 그리스와 러시아를 포함하는 정교회 영성의 중심을 이루고 있다: "마음은 신체 조직을 다스리고 통치한다.…왜냐하면 마음속에 혼이 있으며 영의 모든 생각들과 기대하는 것들이 있기 때문이다; 마음의 깊이는 측량할 수 없다. 그 안에 응접실이 있고 침실이 있으며 문들과 현관이 있다.…마음은 그리스도의 궁정이다…." —이구멘 카리톤(Igumen Chariton)의 *The Art of Prayer*의 18페이지에서 인용된 성 마카리오스(St. Makarois)의 설교. 그 책과 중요한 전집인 *Writings from the Philokalia on Prayer of the Heart*, trans. E. Kadloubovsky and G. E. H. Palmer(London: Faber, 1951), passim에 있는 마음의 색인목록을 보라.

화시키는 것이고, 특정한 곳으로 인도해주는 것이며, 분명한 목표가 없는 배회가 아님을 보여준다. 기도의 목적은 우리 안에 있는 모든 것을 드러내는 것이며, 그 결과로 따라오는 변화를 기꺼이 받아들이는 것이다. "변화"transfiguration는 변화를 가장 잘 묘사하는 단어이다.

분명한 의미에서 변화라는 말은 외모의 변화를 의미한다. 우리의 모양이 변하고 우리의 겉모습이 다르게 된다. 성경에서 그 변화는 구체적이다: 예수님은 영화롭게 변모되셨다. 산 위에서 모세와 엘리야와 말씀하실 때 예수님은 천상의 빛으로 빛나셨다. 구름 속에서 들려온 하나님의 음성은 예수님의 아들 되심을 그리스도로서 선포했고, 그에 따르는 권위를 확증하셨다. 이 변모의 영광은 즉시 현재화되었다. 이제 예수님의 역할은 기적적인 행위를 통하여 단순하게 전달되지 않는다. 주님은 지상에서 사는 동안 이 땅에 하나님의 나라를 보이시면서 그의 영광 속에서 나타나셨다. 예수님은 율법이 자기 안에서 성취되었음을 말하기 위해서 구약의 영웅들과 함께 나타나셨다. 마찬가지로 누가복음에 기록된 그분의 대화는 오래 전 이집트에서 시작된 출애굽의 약속을 성취하면서 죄로부터 우리의 구원을 이루는 수단으로서 예루살렘에서의 수난과 죽음과 부활의 대사건들을 고대한다.[2]

기도는 이러한 차원의 궁극적 변화를 위해 자신을 드러내는 위험을 각오

---

2) 변모는 서방기독교에서보다는 동방기독교에서 더 유명한 신앙의 한 모습이다. 그러나 서방의 영성에 관한 작품들에서 나오는 내부의 불꽃과 내면의 빛이라는 반복적인 이미지들은 변화라는 언어가 우리 모두에게 얼마나 매력적인지를 보여준다. 우리는 변모된 예수님(마 17:1-13, 막 9:2-13, 눅 9:28-36)을 나타내 주는 신약뿐만 아니라 구약에 나타나는 사건의 전형들—하나님의 즉위식과 변모가 나타나는 본문에서 예수님과 함께 나타나는 모세와 엘리야의 모습—에도 주의를 기울여야 한다.

하는 것이다. 우리가 변화를 성취하기에는 영원한 시간이 걸릴 것처럼 보일지 몰라도 우리는 변화로의 부름을 받았고, 우리의 유한한 변화의 정도로 볼 때 변화를 성취하는 기간은 예수님의 생애보다 짧아야 한다.[3] 그러나 비록 우리에게 그러한 변화가 중요하지만, 그 변화의 경험이 너무 점진적으로 일어나기 때문에 영원의 관점에 비추어 되돌아보지 않고서는 거의 알 수 없다. 성경의 약속뿐만 아니라 우리가 진지하게 주의를 기울여 온 원초적 언어의 약속도 성취되고 있다: "구하라 그러면 너희에게 주실 것이요 찾으라 그러면 찾아낼 것이요 문을 두드리라 그러면 너희에게 열릴 것이니." 어떤 것이 들어온다; 입구가 만들어진다. 우리는 그 말들을 기억한다: "볼지어다. 내가 문 밖에 서서 두드리노니 누구든지 내 음성을 듣고 문을 열면 내가 그에게로 들어가 그와 더불어 먹으리라."[4] 그 입구는 타자성의 속성을 가진 것이다.

---

3) 우리는 기도의 더 높은 은혜를 돌발적으로 맛보게 된다. 17세기의 영적인 작가 루이 랄르망(Louis Lallemant)이 이렇게 상기시켜 준다: "하나님께서 우리에게 그의 현존을 나타내시지 않으면 우리가 그의 현존을 느끼고자 하는 고생은 헛것이다." 우리는 "묵상이 마음을 지치고 피곤하게 하며, 묵상하는 행위는 오랫동안 지속되지 않는다…"는 것을 발견한다. 하지만 또한 "일상적인 평범한 순서로 된 것과 같은 관상의 행위들이 고생이나 지루함 없이 몇 시간 동안 지속된다는 것을 발견하는 것은 기쁜 일이다…." 그 때 관상은 "영광의 상태에 참여하는 것"이 될 수 있다. *The Spiritual Doctrine of Father Louis Lallemant*, ed. A. G. McDougall(Westminster: Newman Press, 1955 [1928]), pp. 259, 261-262.

4) 이 본문은 요한계시록 3장 20절에 있다. 이러한 종류의 기도하는 삶으로의 초대에 대해서 Jacques, Raissa Maritain은 "이것은 사랑의 부름이며, 그 부름에는 사랑만이 응답할 수 있다"고 말한다. *Prayer and Intelligence*(New York: Sheed & Ward, 1943), p.11.

기도할 때 우리는 인생의 최종 목적을 향한 끊임없이 작은 발걸음과 같은 것을 취함으로써 과감하게 중요한 변화를 취한다. 우리는 주님을 영화롭게 하고 하나님을 찬양하는 모든 단어들이 절제된 표현처럼 보이는 상태의 영광을 향하여 나아간다. 우리 기도의 넓고 다양한 구조가 중심에서 이해되었고 불꽃 같은 이해 속에서 모든 것을 드러내기 위해 밖으로 나온 것과 같다. 그러나 그 구조는 그대로 남아 있다. 즉 우리는 육체적 실존 밖으로 불려나가지 않았다. 그러나 숨겨졌던 것이 이제는 우리에게 보인다; 어둠 속에 있던 것이 이제는 빛 가운데 있는 우리 바로 앞에 있다. 사물이 우리에게 나타나는 방식과 우리가 다른 사람들에게 나타나는 모든 방식이 근본적으로 바뀌었다.

우리는 삼 단계 중 마지막 단계인 연합의 단계에 이르렀다. 우리의 삶이 기도를 통해서 변화되었다. 이것은 당연히 중요한 말처럼 보인다. 그러나 그것은 그 모든 것처럼 희귀한 것이 아니다. 우리는 자신이 신비가들처럼 되어야 한다고 생각할 필요가 없으며, "주부적 기도"infused prayer라고 불리는 것의 놀랄 만한 표시─공중부양, 동시에 두 장소에 존재함, 하나 혹은 두 개의 일시적 환상─를 찾을 필요도 없다.[5] 그러한 것들은 기도 세계

---

[5] 이러한 신비한 삶 속에서 주목할 만한 일들을 행하는 사람들을 쉽게 받아들이거나 비난해서는 안 된다. 그러한 사람들을 지칠 줄 모르고 찾아 조사한 Herbert Thurston은 끊임없는 눈물의 은사를 받았거나 병이 있는 노리지의 줄리안에 버금가는 동시대인 Margery Kempe의 사례를 요약하면서 우리에게 경고한다: "이러한 특별한 신비가들의 사례들을 보면서 우리가 직면하는 문제는 하나님에 대한 순수한 사랑, 커다란 관용과 자기 희생, 물러설 줄 모르는 용기, 특별히 먼 미래의 사건들에 대한 지식의 형태로 종종 일어나는 이상한 정신적 현상과 명백한 히스테리와의 조합이다." Herbert Thurston, *Surprising Mystics*(Chicago: Regnery, 1955), p. 36.

에서의 "흥행 사업"의 단면들을 구성할 뿐 그런 은사를 받은 사람들의 실제 경험 보다는 성인이나 성녀들에 관한 으시시한 이야기에서 나오는 것들이다. 정화의 길과 조명의 길 다음에 이어지는 연합의 길은 새로운 이해 방법, 직접적인 이해, 돌연한 이해를 통하여 드러나는 진리이다. 이 방법은 하나님으로부터 주어진 "선물"과 노력없이 놀랍게 성취된 "이해"라는 그 단어의 두 가지 의미로 볼 때 다른 세상에 속하는 것처럼 보이는 확실한 은혜를 가지고 있다. 우리가 이런 식으로 받아들이는 것을 "환상"이라고 부를 수 있다. 그것은 평범하게 생각하고 느끼고 배우는 방법을 초월하기 때문에 "놀라운" 신비가들의 기괴한 업적과 연관되지 않을 수 없다.[6] 그럼에도 불구하고 그것은 끊임없이 기도하는 사람들, 더 이상 변명하거나 부인하지 않으며(정화) 인간의 정체성에 대한 확증(조명)을 통하여 변화를 일으키는 연합의 효과를 초래하는 모든 사람들에게 임하는 바 보고 듣고 느끼고 맛보고 만져서 아는 방법이다.

연합의 길이 세 단계 중에서 가장 친밀하고 개인적이다. 때가 되면 우리

---

6) 우리 의식이 보통의 경지를 넘어서는 것을 느끼는 순간에 우리는 의식들—각각은 창조의 신비를 받아들일 수 있도록 고안되었다—을 하나님의 신비한 힘으로 보는 중세의 위대한 증언들을 본다. Solomon Ibn Gabirol은 "왕에 걸맞는 면류관"(The Kingly Crown)이라는 중세 유대의 장편시에서 감동을 주는 표본이다: 당신이 이루신 일들의 비밀을—그 일들을 이루실 때 당신은 당신의 일들을 알리기 위해서 몸의 지체들을 만들었는데—누가 알겠습니까? 당신은 당신의 표적들을 보도록 그에게 눈을 주셨고, 당신의 기사들을 들을 수 있는 귀를 주셨고, 당신의 신비의 어떤 부분들을 이해할 마음을 주셨고, 당신을 찬양할 입을 주셨고, 당신의 위대한 일들을 찾아오는 이들에게 전할 혀를 주셨고, 당신의 손으로 빚으신 아들이며 종인 내가 오늘 행하듯이, 나는 짧은 혀를 가지고 당신의 위대함의 극히 일부분을 말할 뿐입니다." Bernard Lewis의 번역본을 보라(London: Vallentine Mitchell, 1961), p. 51.

의 변화의 효과가 우리의 행위에서 뿐만 아니라 우리의 모습에서 나타나겠지만, 우리는 여기에서 일반적인 토론을 위한 주제나 다른 사람들 심지어 가장 사랑하는 가까운 사람들과 나눌 준비된 주제를 가지고 있지 않다. 연합은 그 말이 암시하는 그대로의 의미를 가지고 있다. 우리는 경험해 본 적이 있는 직접적인 방법으로 타자와 하나가 된다. 우리에게 가장 소중하고 친밀한 관계를 위해서 준비하는 것처럼 우리는 그것을 위해서 준비한다. 우리는 자신에게 명백히 이질적인 것에 대한 끊임없는 관심을 가지고 신중하게 움직인다. 그 관심은 우리가 그 이질성 안에서 자신에 대한 희미한 인식과 접촉점들, 그리고 우리를 반영하고 그 반영 속에서 우리와의 차이점들을 지적해주는 우리의 실재의 투영을 발견할 때 훨씬 깨지기 쉬운 두려움이 된다. 정靜과 동動, 그리고 침묵과 말이 교차된다. 우리는 묵상한다. 이 꼼짝 못하게 하는 고상한 경험 속에서 우리는 단순히 리듬을 따라잡기 위해, 잡히기 위해, 알기 위해 알려지기 위해서 기다려야 할 때가 있음을 안다.

스페인의 신비가들은 연합의 길을 묘사하는 단어들과 관련하여 특별한 은사를 받은 사람들이다. 아빌라의 테레사의 『내면의 성』 Interior Castle은 피조물과 창조주의 연합이 거의 지각될 수 있는 수정 같은 빛의 타오름으로 끝난다. 그녀는 아가서 묵상에서 영혼이 "달콤함" 속에서 하나님의 현존을 느끼는 방법에 대해서 이야기하는데, 그 안에서 "가장 향기로운 기름이 영혼의 정수에 쏟아 부어지는 것처럼 내면과 외면을 포함하는 전인이 강화되고 평온해진다.…그것이 무엇이며 그 향기가 어디에서 오는지 모르지만 그것은 우리 안에 충만하게 스며들어 있다." 그녀는 요점을 설명하기 위해서 성과 관련된 육체적 사실들을 지나치게 사용하며, 아가서에 등장하는 여인의 빼어난 아름다움을 신인(God-man)에게 부여한다: "그녀는 신의 팔로 감싸지고 신성한 옆구리와 신의 가슴에 안긴 것 같으며, 그녀의 남편에 의하여 신성한 우유로 양육 받으면서 즐기기만 할 수 있다…."[7]

연합의 단계의 리듬 속에서 우리는 자신을 새롭게 발견한다. 우리는 예전 상태에서 뒤집어졌기 때문에 자신이 전에 바로 섰을 때보다 지금 자신에게 의도된 존재 상태에 더 가깝다는 것을 발견한다. 우리는 스스로를 스스로에게 드러내는 과정을 통과하고 있다. 그 과정에서 신부는 신랑이고, 신랑은 그 자신인 동시에 그의 배우자이고, 그 속에서 받는 것은 주는 것이며 주는 것은 받는 것이다. 왜냐하면 양자 모두 주의를 집중하는 기능이기 때문이다. 우리는 이제 우리 및 다른 사람들의 존재에 주의를 기울인다. 우리는 존재 자체에 주의를 기울인다. 직접적인 연합의 방법 속에서 우리는 자신의 존재를 발견하기 위해서 타자에 주의를 기울여야 한다는 것을 이해한다. 우리는 그 속에서만 자신의 존재를 발견할 수 있다. 심지어 우리 자신을 위해서 했거나 스스로 할 수 있었던 과감한 주장, 주의를 기울이라고 요구하는 강한 외침, 그리고 다른 사람의 집요한 끌어당김이나 자신의 욕구 충족을 위한 경험도 타자를 향하는 데서 오는 개인적인 만족에 견줄 수 없다. 이렇게 모든 것을 주는 것이 마침내 모든 것을 받는 것이다. 직접적인 경험을 통하여 이 사실을 이해하는 것이 완전히 변화되고 변형되는 것이다. 그런 유리한 지점에서 자신의 모든 것을 보는 것이 자신의 존재를 드

---

[7] St. Tersa, *Conceptions of the Love of God*, Ch. IV, in The Complete Works of St. Teresa, II, pp. 383-387.

러내는 것이고, 변화는 그것을 지칭하는 적절한 명칭이다.

드러냄과 변화는 오랜 기간을 필요로 하는 과정의 일부처럼 매우 점진적으로 일어난다. 기도의 시작 단계에서 우리는 자신이 하나님을 지칭하는 이름들을 발견하고, 그 이름들을 가지고 절대 타자를 부른다. 기도가 계속됨에 따라 우리는 하나님과 우리의 관계를 지칭하기 위한 이름들 및 우리가 하나님께 투영한 이미지들—하나님은 그 이미지들을 통하여 우리에게 오신다—을 드러낸다. 우리는 자신의 이미지들과 투영물 속에서 오르내리는 야곱의 사다리 같은 것을 발견했다.[8] 그것은 꼭대기를 향하여 뻗어있지

---

[8] 니콜레트 그레이가 귀하게 여기는 "앵글로 색슨과 12세기의 영국 사본들로부터 만든 그림 성경책"을 위해서 사용한 것은 야곱의 사다리라는 이미지이다. 서문에서 그녀는 어린이들을 제물로 드리는 것을 의아해 하는 사람들에게 성경의 알레고리적 개념으로 대답한다: "확실히 그것은 어린이들을 믿게 하고 (make-believe), 역할극(play-acting)을 통해서 지식과 표현을 추구하게 하는 방향으로 그들을 이끄는 본능에 호소한다. 배우들이 그들 자신이 아닌 다른 것을 대표해서 모든 사람들이 이해할 수 있도록 하는 연극 외에 어떤 것이 알레고리란 말인가?" *Jacob's Ladder*(London: Faber, 1949), p. 9을 보라. 대 그레고리의 것으로 여겨지는 아가서 주석의 서문은 이 점을 명백히 하고 있다: "알레고리는 영혼을 도와주는 일종의 기계적 역할을 하는데, 그것을 통해서 영혼이 하나님께 들어올려질 수 있다. 이처럼 수수께끼가 한 사람 앞에 놓이고, 그는 자신에게 익숙한 단어들 속에서 어떤 것들을 인식할 때 그 낱말들의 의미 안에서 익숙하지 않은 것을 이해할 수 있다; 이 땅의 언어들에 의해서 그는 이 땅과 분리된다. 그는 아는 것을 싫어하지 않기 때문에 알지 못하는 것을 이해할 수 있게 된다. 알레고리는 우리에게 알려진 것들로부터 만들어지며 신적 이론으로 옷 입혀진다. 그리고 외적인 단어에 의해서 어떤 것을 인식할 때 우리는 내면을 이해할 수 있다." "The Aesthetics of Figurative Expression" in E. W. Robertson, Jr., *A Preface to Chaucer: Studies in Medieval Perspectives*(Princeton: Princeton University Press, 1962), pp. 52-64. 이 멋진 정보와 해석에 대한 인용문은 57-58페이지에 나온다.

만 도달하지 못하고, 아래를 향하여 내려가지만 도달하지 못하는 끝이 있는 사다리이다. 우리가 가지고 있는 하나님의 이미지들을 하나님의 실재라고 할 수 없다. 기도는 침묵이 기도를 엄습할 것이며 마땅히 그렇게 되어야 한다. 우리 자아와 이 타자 사이에 틈이 존재한다. 우리는 알지 못한 채 기다린다. 우리는 하나님이 주시는 바 말이 필요없는 새로운 언어를 배우면서 그 틈이 타자의 쪽에서 메워질 것임을 확신한다. 만일 우리 쪽에서 그 틈을 메우려고 시도한다면 그 틈에 빠질 것이다. 우리의 노력으로는 하나님을 찾을 수 없다. 여기에서 우리가 회복된다; 우리는 우리를 위한 하나님의 이름을 받는다. 우리가 어떻게 보이는지, 우리 안에 있는 양들과 염소들이 어떻게 인식되고 분리되는지 보게 된다. 우리는 죄인이다; 그러나 우리는 사랑의 품 안에 이끌려 들어간다. 우리의 주관적 자아가 어떻게 더 위대한 주체의 관심의 대상인지 알게 된다.[9]

    루이스브렉은 그리스도-경험에 의하여 예시되는 이름을 주는 name-giving 이 큰 사건에 대하여 감동적으로 기록했다. 아버지의 측량할 수 없는 어둠 속에서 아들은 우리 내면의 존재와 이성을 조명해주는 한 줄기의 밝은 광선처럼 빛난다. 그 아들이 우리와 하나님 사이의 연결고리이다. 루이스브

---

[9] 융은 더 위대한 이 주체를 "자기"(Self)라고 한다. "정신적인 총체"로서 자아는 "무의식의 영역뿐 아니라 의식적인 영역도 가지고 있다. 경험적으로 볼 때 자아는 왕, 영웅, 예언자, 구원자…와 같은 '특별한 인성'을 가진 자, 혹은 원과 같은 총체적인 상징의 형태로 꿈과 신화와 동화 속에서 나타난다.…자아가 반대되는 것들과의 연합을 나타낼 때, 그것은 연합된 이중성으로 나타날 수 있다. 예를 들어 음양의 상호작용과 같은 도, 혹은 적대적인 형제들, 혹은 영웅과 그의 적(인류의 적인 용), 혹은 파우스트와 괴물인 메피스토텔레스 등의 형태로 나타난다." C. G. Jung, *Psychological Types*, trans. R. F. C. Hull, in The Collected Works(Princeton: Princeton University Press, 1971), VI, p. 460.

렉은 예수를 "반짝이는 돌" sparkling stone이라고 부른다. 그것은 신약성경에 나오는 값을 매길 수 없을 정도로 귀한 진주나, 심리학자 칼 융이 인간 정신의 중심이라 할 수 있는 자기를 표시하기 위해 사용했던 바 연금술에서 말하는 "돌" Lapis과 같은 이미지이다.[10] 이 돌 안에 영원한 광선, 하나님의 영광의 빛줄기, 모든 것을 반영할 수 있는 흠없는 거울이 있다. 그것은 불꽃처럼 영원한 사랑으로 존재의 나라 전체를 채우며 우리에게 빛과 생명을 준다. 반짝이는 돌은 하나님의 사랑을 입은 자들에게 주어지는 은혜의 선물이다. 그 안에는 그것을 받은 자 외에 아무도 알지 못하는 이름, 영혼을 위한 새 이름이 감추어져 있다. 하나님은 그리스도 안에서 이 이름으로 우리에게 말씀하신다. 그 이름은 우리에게 영원히 가치 있는 정체성을 준다.

우리는 이것을 어떻게 경험하며, 또 경험한다는 것을 어떻게 알 수 있는가? 역설적 방법으로 알 수 있다. 확실하게 이름이 붙고 충분히 주어진 자아는 우리를 확고부동한 정체성으로 채운다. 그러나 그것은 외부에 있는 근원에 궁극적인 기원을 두고 있고 철저히 의존적이며, 그것으로부터 이름 붙은 자아이다. 그러한 빈곤 때문에 부유하고, 비어 있기 때문에 풍부하다. 우리가 가장 귀하게 여기며 진지하게 보호하려는 모든 것이 우리 내면의 아이와 우리 밖에 있는 아이에게 가져갈 황금과 유향과 몰약으로 변한다.

우리는 자신이 하나님의 생명 안으로 저항할 수 없이 끌려간다고 느끼는 곳에서 기도가 응답되고 있다고 느끼기 때문에, 때로 어떤 부분에서는 하

---

10) Jan Van Ruysbroeck, "The Book of the Sparkling Stone," in *Mediaeval Netherlands Literature*, p.95; C. G. Jung, *Psychology and Alchemy*, trans. R. F. C. Hull in The Collected Works(New York: Pantheon, 1953), XII, p. 340.

나님이 우리를 통하여, 그리고 우리 안에서 실제로 기도하고 있는 것처럼 느껴진다.

우리가 노크 소리에 문을 열 때, 우리는 삶 속에서 일어나는 새롭고 작은 사건들 속에서 하나님의 들어오심을 느낀다. 우리는 새로운 존재의 출발점인 생각, 가능한 행동, 태도, 우리의 어리석음으로 인한 슬픔, 우리의 사랑으로 인한 기쁨 등을 알게 된다. 이 모든 것들은 우리 안에서 주고 싶은 욕구를 일으킨다. 우리는 집에 있는 모든 것을 식탁에 내놓아 대접하려 한다. 우리는 이끌림을 받고 의욕이 넘치게 된다. 우리는 삶의 중심 주제들, 즉 우리의 자아의식을 찾기 위해서 빨리 움직이기도 하고 천천히 움직이기도 한다. 태도와 인격과 같은 기본적인 주제들이 우리가 드리기를 원하는 것이 되고, 본래 우리 모습의 본질로서 경험하는 것이며, 우리가 삶의 신조로 따르는 신화들이 된다. 우리는 이것들을 우리 안에 들어오는 분께 드리기를 원한다. 따라서 우리는 자신의 인간적 주제였던 것을 하나님께 맡기며, 우리를 위한 하나님의 역사를 받아들이는 신비로운 변화의 영역으로 들어간다.

우리가 그 주제들을 인식하는 데 시간이 오래 걸릴지라도 그것들은 우리에게 매우 익숙한 것이 된다. 때로는 평생이 걸릴 수 있으며, 죽는 순간에 비로소 그것들을 하나님께 드리기도 한다. 때로 우리는 그 주제들을 부분적으로 알고 삶에서 위기를 맞이할 때 그것들을 분명하게 보지만, 우리의 일상적인 삶을 회복할 때는 그것을 잃는다. 질병, 상실, 고통의 순간에 우리는 이 주제들을 쉽게 발견할 수 있다. 여러 해에 걸친 꾸준한 기도는 그것들을 명확히 알도록 해준다.

우리는 자신의 평생이 어떻게 오직 한 가지 색깔—예를 들면 우리 아버지의 아들이나 어머니의 딸과 같이—에 지배되어 왔는지 알 수 있을 수도 있다. 우리는 혼자서는 잘 살 수 없을 것이라는 두려움 때문에 부모로부터 완전히 독립하지 않고 살아왔다. 그 결과 이제 우리는 자신의 삶을 잃었다는 것을 의식한다; 우리는 자존심, 그리고 부모님의 도우심에 대한 감사가 부족하다. 우리는 아버지나 어머니가 우리를 실패하게 만들었다고 원망한다. 분노를 일으키는 의존과 실패에 대한 깊은 두려움이 우리의 자의식 안에서 떠오르며, 우리는 이것을 가져와 하나님께 드린다.

우리는 자신이 일생 피해자라는 의식, 즉 우리가 반복되는 사건들 속에서 실현되도록 도운 신화에 의해 어떻게 지배되어 왔는지 이제 알 수 있을 것이다. 왜냐하면 그것이 그러한 정체성을 향한 우리의 욕구를 정당화했기 때문이다. 우리는 이 모든 재앙들이 우연히 발생했다고 주장하지만, 그것들이 발생하는 데 있어서 우리가 얼마나 큰 역할을 했는지 알게 될 있다. 이제 우리가 하나님께 드리려는 것은 자신이 피해자라는 의식이다.

우리는 자신의 일생이 약자를 옹호하고 불의와 싸우려는 투쟁이었음을 알게 될 수 있다. 그 신화 안에 진실과 허위가 숨겨질 것이다. 우리는 맹렬한 싸움 속에서 우리가 오랫동안 다른 사람들에게 가해온 것과 같은 방식의 억압으로 적대자들에게 커다란 압력을 줄 수 있는 탱크들을 출동시켰다. 우리는 불의에 대항하여 싸우는 투사로서의 자아 이미지를 키워 왔는데, 이제 이것을 포기하여 하나님께 드리려 한다.

우리는 삶에서 항상 최고가 되려 하고 모든 경기에서 이기려 하며 성공하려 하고 부자가 되려 하고 유력한 자가 되려는 욕구를 인식할 수 있다.

이 충동 또는 욕구가 얼마나 우리의 삶을 지배해 왔는지, 그것이 우리가 가져가야 할 가장 소중한 소유임을 알 수 있을지도 모른다. 우리는 찬사와 끊임없는 좋은 의견들을 듣고자 하는 욕구가 우리의 일 및 관계의 주요 주제라는 것, 무엇보다도 자신의 허물과 악덕들을 숨기려 했음을 볼 수 있을지도 모른다. 정신적인 질병이나 죽음의 위협 아래에서 이처럼 묻혀 있던 사실들이 일어나 권리를 주장할 것이며, 우리의 참 모습이 드러나게 될 것을 두려워한다. 이 깊은 두려움, 자신의 명성을 유지하려 함, 자신의 권위 관리 등이 우리가 드리려 하는 것들의 구성 요소가 될 것이다. 우리가 사랑하거나 사랑했던 사람들, 그리고 우리를 사랑해 왔던 사람들이 우리 삶의 내용 중 많은 부분을 형성하고 있음을 알 수 있을 것이다. 그것이 우리가 손님을 위한 식탁을 채우기 위해서 가져와야 하는 것이다.

성찬예배에서의 공식적인 성찬 봉헌 기도가 활기를 띠며 생명력을 얻는다: "우리는 합당한 산 제물이 되기 위해서 우리 자신과 영과 몸과 마음을 드립니다…." [11] 우리가 하나님의 손에 우리의 생명 자체, 즉 모든 것을 드

---

[11] 1928년 판 『공동 기도서』(*The Book of Common Prayer*)에 나오는 봉헌기도는 다음과 같다:
"오 하늘에 계신 내 아버지여! 당신의 사랑스러운 아들이며 우리의 구세주이신 예수 그리스도께서 제정하신 대로 당신의 보잘 것 없는 종인 우리는 당신의 위엄 앞에서 당신에게 드릴 이 거룩한 예물들을 가지고 송축하며 당신의 아들이 우리에게 지키라고 명하신 것을 기념합니다; 그의 복된 열정과 고귀한 죽음, 위엄 있는 부활과 영광스러운 승천을 기억하고; 우리에게 주어진 엄청난 축복에 대하여 가장 진실된 감사를 돌려드립니다." The Prayer of Invocation(기원)이 봉헌 후에 계속된다: "여기에서 우리는 주님 당신에게 우리의 영혼과 몸이 합당하고 거룩하도록 살아 있는 희생 제물로 드립니다…."
The Book of Common Prayer(New York: Oxford University Press, 1944), pp. 80-81.

리기를 원할 수도 있다. 이런 일은 죽음을 앞둔 사람들에게 일어나지만, 그들이 아직 죽음으로부터 멀리 있다고 느낄 때에도 일어날 수 있다.

하나님은 죽음으로 이어지는 희생을 원하시는 것이 아니라 살아 있는 헌신, 즉 생명으로 이어지는 희생을 원하시기 때문에, 우리는 우리를 확인해 주는 모든 것, 우리 존재의 모든 극단적인 것들, 우리가 가진 가장 좋은 것들과 가장 좋지 못한 것들을 그분의 수중에 맡긴다. 우리는 최고의 사랑, 최악의 두려움, 최고의 희망과 바람, 최악의 절망, 가장 가치 있는 것과 가장 부정한 것, 다시 말해 우리가 살아가는 데 동원되는 모든 것을 드린다. 우리는 자신의 존재의 작은 변화 형태들에 대해 죽는다; 우리는 자신의 신화적인 신들 및 개인적이고 집합적인 신화들이 만들어낸 신들을 하나님께 맡긴다. 이것들이 주현절Epiphany에 우리가 드리는 선물들이다.

이것은 이제 우리가 재배열된 형태로 산다는 것을 의미한다. 우리는 동일한 사람이지만 근본적으로 달라졌다. 그 차이는 그것을 경험하는 우리에게만 보인다. 그것은 또한 찬사로부터 숨겨져 있고, 기도의 벽장 안에 숨겨져 있어서 결코 사람들에게 보이지 않을 것이다.

새로운 주제가 우리 삶의 중앙에 뿌리를 내린다. 그리고 모든 시간과 공간이 우리를 위해서 재배열된다. 그것은 그리스도 탄생 이전에서 탄생 이후로 이동하는 중요한 시간의 이동이다. 이제 우리의 삶을 지배하는 주제는 은혜에 부합하려는 노력이다. 우리는 기도 속에서 주어지는 새로운 존재의 단편들과 작은 표식들에 부합하기를 원한다; 우리는 그것들이 세상 안에 들어오는 것에 대해 경고를 발하려 한다. 우리는 은밀하게 이 유용한 것과 거래하기 원한다; 우리는 새로운 존재가 주는 자극에 동의하며 여러 모로 그것과 함께 말하기를 원한다. 모든 다른 것들, 예를 들어 역사 안에 나타난 은혜 주심의 큰 표식들, 모두가 볼 수 있는 삶의 주요 사건들과 경험하는 사람들만 식별할 수 있는 작은 표식들이 은혜 주심의 궤도에 들어온다. 우리는 모든 것을 드리고자 하는 이 희망이 형성되기 전에 소중하게 여겼던 것들을 여전히 소중히 여기지만, 우리는 다른 공간, 절대적 시작의 공간에서 느낀다.[12] 자녀와 배우자를 향한 우리의 사랑이 그렇듯이, 새로운 출발점에서의 시작이라 할 수 있는 이 심오한 변화에서 변하지 않은 가치들이 번성하고 증가한다. 하나님은 우리의 삶을 초라하고 빈약하게 만들려는 것이 아니라 풍성하게 하려고 오신다. 우리는 그것들을 관리하는 권한을 포기하고 하나님의 품에 맡길 때 전보다 더 과감히 이러한 사랑 안에서 모험을 한다. 거위가 크고 튼튼한 날개 아래에 새끼를 모으듯이 하나님은 우리를 모으신다.

하나님 안에서 이루어지는 이웃 사랑은 더욱 강해지며 감상주의에서 멀어진다. 감상주의는 단지 사랑하는 척하는 것이다; 그것은 힘과 두려움의 불편한 결합일 뿐이다. 상대방에 대한 통제라는 깨지기 쉬운 껍질 아래 있을 때 상대방에게 불쾌한 일이 발생한다면 우리는 자신에게 무슨 일이 일어날지 두려워한다. 이 새로운 사랑은 확고해져서 상대방을 바라보고 돌보는 데 있어서 확신과 소망을 준다. 상대방을 위하여 거리낌없이 위험을 감수하게 된다. 예를 들어 우리는 자녀의 사랑을 잃는 데 대한 두려움 때문에

---

12) 칸트에 의하면 이 절대적인 시작(absolute beginnings)이 인간 자유의 본질이며, 거기에서 우리는 자발성과 "자기 결정 능력"을 발견한다." Immanuel Kant, *Critique of Pure Reason*, trans. Norman Kemp Smith(London: Macmilan, 1953[1929]), p. 464-465.

주저하지 않고 자녀를 책망할 수 있게 된다. 자신이 좋은 평판을 받기 위해서가 아니라 자녀를 위해 자녀를 사랑하게 되는 것이다. 그러한 사랑은 실망을 이겨내면서 지속된다. 그러한 사랑은 삶의 중심이 되며 계속 풍성해진다. 중심적이고 집중적인 사랑을 가지고 점점 풍성한 삶을 살아가는 것이 은혜의 주요 표식으로 여겨져 왔다. 그것을 보여주는 표식들이 많다. 이것이 하나님께서 우리에게 약속하신 풍성함이다. 노리지의 줄리안은 "사랑은 하나님의 뜻이다"라고 말했다. "당신의 삶에서 사랑으로 행해진 것만이 보존될 것이다"라는 격언에도 비슷한 지혜가 있다.[13] 그것이 약속된 풍성함이다.

이 사랑과 더불어 오는 풍성함의 표식들은 우리에게 영원을 약속해 준다. 우리는 전에 풋사랑의 전율, 결혼생활, 혹은 짧고 강렬한 사랑의 행위 속에서 그랬던 것처럼, 영속성을 느낄 수 있고 긍정적으로 그것을 맛볼 수 있다. 이제 다른 점은 우리 사랑의 근원인 수취인이 분위기와 환상, 그리고 다른 사람의 변덕이나 일시적인 불확실성으로 축소될 수 없다는 것이다. 불안한 정신에의 손실이 없고, 좋지 않게 이해된 공격 앞에서도 두려움이 없다. 우리는 그가 말한 꿀송이처럼 단 말들이 그의 진심인지, 아니면 단순히 끊임없이 재확인을 요구하는 우리의 욕구를 채워주고 있는지 걱정하지 않는다. 우리는 격한 사랑 때문에 그녀가 놀랄 것을 두려워하여 그에 동반되는 강한 감정이나 육체적 표현을 억제할 필요가 없다. 거기에는 우리가 알아왔거나 희망해 왔던 관계의 기쁨이 있고, 그 이상의 것들—경험으로

---

13) 첫 인용문은 노리지의 줄리안의 *The Revelations of Divine Love*(p. 209)에서, 둘째 인용문은 *Rule for A New Brother*(p. 6)에서 인용된 것이다.

볼 때 사랑이 지속될 것이라는 확신—도 있다. 우리가 사랑하는 모든 것과 모든 사람들도 이 사랑의 일부이다. 우리 주 하나님은 구약성경의 표현처럼 질투하시는 하나님이실지 모르나 이런 식으로 질투하시는 분이 아니다. 단순히 욕망을 충족시키거나 달래는 사랑이 아닌 모든 사랑이 하나님의 사랑 안에서 환영을 받는다. 그리고 모든 사랑이 이 사랑과 함께 이 사랑 안에서 지속된다. 왜냐하면 이 사랑을 증언하시고 안전하게 하시는 분이 우리가 사랑에 대해서 알아왔거나 알 수 있는 모든 것에 대한 지지와 자세한 설명으로 그 사랑의 충만함과 이해를 제공하시기 때문이다.

연합의 단계의 사랑을 설명하려 할 때 언어는 자신감을 잃고 주춤한다. 언어는 필연적으로 복잡한 것이다. 그것은 항상 표현된 의미에서부터 표현되지 않은 의미로, 명시적 의미에서 암시적 의미로 움직인다. 우리는 보통 서로에게, 그리고 스스로에게 말할 때 그 말에 대한 반향이나 공명, 우리를 진리나 진리의 어떤 부분에 데려다줄 의미의 층들을 찾는다. 그러나 감정과 긴밀하게 연결하여 생각해온 우리 모두가 알고 있듯이 단어들과 구절들은 우리가 의미하는 바를 모두 전달하지 못한다. 단순히 비슷한 단어나 구절로 표현할 수 없는 기본적인 사고–감정thought-feeling, 혹은 감정–사고feeling-thought들이 근저에 있다. 우리는 자신을 하나님께 맡긴 채 침묵 속에서, 심지어 아무 이미지도 없이 하나님께서 우리를 도와 마음을 그분에게 들어올리도록 하면서 언어를 초월해야 한다.

이 모든 것은 우리가 기도의 다락방에 도달할 때 더 분명해진다. 연합의 단계에서 발생하는 변화의 경지에서 우리는 언어를 초월할 수 있지만 감정이나 사고를 벗어나지 못한다. 우리가 이 순간의 경이로운 것들을 분류하기 위해서 그것들을 일일이 기록하거나 자신에게 중요한 구절 옆에 논평을 기록하거나 기억을 돕기 위한 연상기호로 기록하려고 노력한다. 아가서의 이미지들을 좋아하는 신비가들처럼 우리는 종종 구애나 성적 연합을 다룬 이야기를 만족스럽게 여긴다. 우리는 아가서가 정경에 포함된 이유를 이해한다.[14] 하지만 그 글의 소절들이 너무 과다하고 복잡하고 다양하며, 중심 주제인 "사랑"에서 벗어난 움직임들이 너무 많다고 볼 수 있다.

이 사랑 안에서 우리의 삶이 단순해진다. 왜냐하면 사랑의 최우선 사항으로 삶이 허락되었기 때문이다. 무한히 복잡한 삶은 사랑의 은혜 속에서 그 삶을 지탱해주는 구조를 발견한다. 이 중심축—우리가 사는 곳, 우리가 사는 방법, 우리의 내면이 확장되는 것을 느끼는 방법—에 맞춰 우리의 공간이 조정된다. 우리의 시간 감각이 회복된다. 우리의 기도 방식이 어떻게 발달되어 왔든지 우리는 이제 그것이 우리의 주요 일과라는 것, 하루를 마치는 주요 방편들 중의 하나임을 안다. 우리가 행하며 또 해야 하는 모든 것은 이 주제에 동반되는 것이다. 기도는 우리의 지배적인 일, 우리가 해야 하는 주된 일이다. 기도는 어디든 우리와 동행한다. 기도는 대부분의 세속 활동 안에 존재한다. 매우 긴박하기 때문에 우리가 하던 일을 멈추어야 하며, 때로는 배경 대기가 되어 우리가 행하는 모든 일에 스며든다. 가장 중요한 것은 기도할 시간을 마련해야 하는 문제가 사라진다는 것이다. 우리

---

14) "아가서를 좋아하는 하나님의 위대한 연인들이 단지 사랑의 수사학을 사용하기 위해서 그것을 좋아하는가? 그렇지 않다. 그들은 아가서가 그 수사학의 근원이기 때문에 아가서에 끌리는 것이다. 그것이 없으면 그들은 벙어리가 될 것이다." Barry Ulanov, "The Song of Songs: The Rhetoric of Love," in *The Bridge*, IV, p. 118.

는 안토니 블룸Anthony Bloom이 기도의 휴가 기분이라고 부르는 것, 즉 일 정이나 시간 계획들이 사라지는 축제의 느낌을 갖게 된다.[15] 우리는 이 세상의 모든 시간을 가지고 있다고 느낀다. 사실 우리는 여전히 일하고 약속을 맺고, 마땅히 해야 할 일들을 행하고 있지만 시간이 예전과는 달리 자유롭다. 아무것도 고정되어 있지 않으며, 순간순간이 하나님으로부터 궁극적인 정착성을 받기 때문에 고정되어 궁극적인 것이 없다.

우리가 은혜와 부합할 때 우리는 자신의 존재를 완성하기 위해 하나님에 대한 우리의 이미지를 가지고 일한다. 출생에서 죽음까지 이르는 인생의 직선이 이것을 중심으로 곡선을 이루기 시작하며, 중심이 어느 곳에나 있지만 원주는 어디에도 없는 원, 즉 모든 것을 완전한 것에 연결시키는 원 안으로 그 중심을 끌어들인다.[16] 기도에 헌신한 위대한 사람들은 극적인 복종의 느낌을 특징으로 하는 이 과정을 표현하기 위해 극적인 이미지를 사용한다. 자신에 대해서 죽고 주 안에서 부활하는 것이 그 복종의 핵심이다. 우리의 작은 존재가 매우 깊고 현명하게 재배열됨으로써 존재의 위대함이 새로운 방식으로 우리에게 개방된다.

리쾨르Ricoeur는 우리가 보호나 위안을 위해서가 아니라 존재를 드러내기 위해서 하나님을 향하며, 더 이상 그 존재에게 칭의에 대해 질문하거나

---

15) Anthony Bloom, *Beginning to Pray*, p. 57.

16) 그 원은 어거스틴까지 거슬러 올라가며 많은 출처들을 가지고 있다. 그 원에 대한 파스칼의 언급은 무엇보다 간결하며 잘 알려져 있다: "실재라고 하는 것은 무한한 구(sphere)인데, 중심은 어디에나 있지만 원주는 어디에도 없다. 요약하자면 하나님의 전능하심에 대한 가장 분별력 있는 표시는 그 생각 속에서 인간의 상상이 사라진다는 사실이다." *Pensees, fragment* 390, p.106.

어떤 종류의 요청도 하지 않는다고 말한다. 우리는 그냥 지켜볼 뿐이다. 우리가 지켜보는 것은 대화를 창조하는 자기 현시 속에서 실재가 우리를 향하여 손을 내민다는 것이다. 우리는 존재란 모든 것을 한데 모으고 인간을 존재에 관하여 질문하는 존재로 규명하는 "말하는 존재"로서 이해한다. 우리의 언어는 작은 시집처럼 그 존재를 드러낸다.[17] 그 때 서로 분리되어 있으면서 의존하기를 꺼리거나 확실하게 의존하려는 피조물들이었던 우리가 전체와의 연결을 원하는 사람들로 변화된다. 예를 들어 장난감 기차들을 연결하는 놀이를 할 때처럼 우리는 사람들과의 관계 속에서 존재가 되는 자신을 표현하는 어린아이가 된다.[18] 우리는 사람들과의 관계를 만들어 내려는 피조물이었지만, 이제 자신이 만들려고 하는 관계가 이미 존재하고 주어질 수 있고 보일 수 있고 받아들여질 수 있는 것임을 보게 된다. 따라서 우리는 모든 것을 모으는 것 안에 결합된다. 우리는 매우 그럴듯한 분위기 속에서 예배의 원초적 언어를 경험하는데, 그 안에서 우리에게는 거기에 있는 것을 주목하여 보고 자신 및 다른 사람들에게 그것에 대해서 말하는 것이 허용된다. 왜냐하면 정말로 그것이 존재하기 때문이다.

때로 우리는 꿈속에서 이 원초적 언어의 이미지들을 발견한다. 어떤 사람이 숲과 호수가 있어서 특별히 아름다운 광야 안에 있는 수도원에 대한

---

17) Paul Ricoeur, "On Consolation" in Alasdair MacIntyre and Paul Ricoeur, *The Religious Significance of Atheism*(New York: Columbia University Press, 1969), pp. 93-94, 98.

18) D. W. Winnicott, *The Piggle: An Account of the Psychoanalytic Treatment of a Little Girl*, ed. Ishak Ramzy(New York: International Universities Press, 1977), pp. 55,77,139.

꿈을 꾸었다. 그것은 그의 마음을 움직여 신앙심을 갖게 만들었던 것을 기억하게 해주었다. 그가 해외를 여행하면서 본 폐허가 된 고대의 수도원들은 경건한 믿음의 힘에 대해서 말해주었다. 그 신앙은 벌통에서 분주히 움직이는 벌들처럼 그것을 소유했던 사람들에게서 나오는 것 같았다. 주기적으로 찬송과 기도가 행해진 수도원이 그 신앙이 존재했다는 객관적인 증거이다; 우리가 알든 모르든 그것은 존재한다. 신실한 자들의 끊임없는 기도가 그 신앙과의 끊임없는 관계 안에 존재한다. 그러한 이미지, 기억, 독창적 매력이 쉽게 무시할 수 없는 명령과 같은 이 근원과 관련된 존재의 가능성에 대해서 말해준다.

아빌라의 테레사는 하나님의 비가 내리는 정원에 대해서, 십자가의 요한은 영혼 안에 주입되는 사랑에 대해서, 리처드 롤Richard Rolle은 "달콤하고 유쾌한 빛"과 "사랑의 즐거움"에 대해서 말한다. 성 베르나르는 영혼이라는 철을 더 강하고 뜨거운 것 속에 집어넣어 본래의 모습과 하나님의 모습과 가깝게 만드는 하나님의 사랑의 불에 대해서 말한다.[19]

우리 자신을 위해서 시작한 기도가 결국은 하나님을 위해서 드리는 기도가 된다. 삼위일체의 엘리자베스Elizabeth of the Trinity는 그리스도의 신비한 몸의 모든 지체들에 미치는 "소멸하는 불"에 대해서 이렇게 기록했다: "우리는 예수님의 마음을 위로하고…그분은 우리에게 아버지를 보여 주시면서 '지금 나는 그들 안에서 영화롭게 되었다…' 라고 말씀하실 수 있을 것이

---

19) *The Soul Afire*, p. 298에서 인용. 또한 Cuthbert Butler, *Western Mysticism*(New York: Harpers, 1966), p. 109을 보라.

다."[20] 이것은 엄청난 말이다. 우리는 하나님과 매우 친밀하다고 주장하면서 주제넘게도 그의 아들을 위로하려 한다. 우리는 또 우리의 하나님 경험이 크게 증가하고 있기 때문에 제물을 드리는 것, 기도하는 것, 우리 자신이 아닌 하나님을 위해 기도하는 것, 즉 중세시대에는 이 땅에서 도달할 수 없는 이해와 은혜의 단계에 대해서 말할 수 있다.[21]

변화는 거룩한 용기를 동반한다. 우리는 모든 것이 가능하다고 생각하기 때문에 과감히 시도한다. 우리는 자신의 존재가 스스로를 들어올리고 지탱하고, 스스로에게 질문하고 대답한다고 느낀다. 아무리 뻔뻔스러운 마음의 상태도 이 과장된 환상과 연결될 수 없다. 만일 그것이 사실이라면 어떻게 될까? 연합을 경험해본 연인이 한 번에 단 몇 초 동안이라도 변화됨을 부인할 수 있겠는가?

우리가 기도 속에서 이 경지로 나아갔다면, 우리는 자신의 무가치함을

---

[20] J. Arintero, *Stages in Prayer*, p. 89n에서 인용.
[21] 에띠엔느 질송(Etienne Gilson)은 사랑의 더 높은 단계를 성 베르나르의 『하나님의 사랑』(*De diligendo Deo*)의 마지막 부분에 나온 대로 요약하고 있다: "필요하기 때문에 하나님을 향하여 돌아섬으로써 영혼은 곧 하나님과 함께 사는 것이 얼마나 즐거운지 느끼게 된다: 그 다음에 영혼은 하나님을 위하여 하나님을 사랑하기 시작한다. 하지만 아직도 영혼 자신을 위해서 하나님 사랑하는 것을 멈추지는 않는다; 그래서 영혼은 순수한 사랑과 자신에게 집중된 탐욕 사이에서—그것이 질서 있는 순서이지만—왔다갔다 하면서 주춤한다. 사람이 가장 오랜 시간 머물러 있는 상태가 이러한 상태이고, 영혼은 이 세상에서 그 단계를 완전히 벗어날 수 없다. 혼합된 탐욕과 냉담한 사랑의 단계를 넘어서 순수한 하나님의 사랑의 단계에 이르는 것은 이 세상의 삶을 벗어나서 천국의 축복된 삶을 사는 것이다." Gilson, *The Mystical Theology of Saint Bernard,* trans. A. H. C. Downess(London: Sheed & Ward, 1955 [1940]), p. 88을 보라.

발견할 수 있는 모든 길을 찾으면서 자기를 의심하는 데 많은 시간을 허비하지 않을 것이다. 물론 절대적 의미에서 우리는 무가치하다. 그러나 이것은 이미 해결된 문제이다. 영적인 저술가들이 언급했던 것처럼, 우리가 얼마나 무가치한지 정확하게 보기 위해서는 하나님이 누구이며 우리가 누구인지 생각하는 것만 필요하다. 그러나 충분한 경험을 가진 신앙인에게도 우리를 훨씬 초월해 계신 하나님이 또한 여기 우리 안에 계시다는 사실이 남아 있다. 그 하나님에 의하여 우리가 만들어지고 움직이고 성장했으며, 궁극적인 존재로 만들어졌다. 그 하나님에 의하여 우리가 연합되었다.

우리가 경험의 정상에서 아는 것이 이 연합이다. 많은 사람들의 경험이 이 연합에 대해서 충분히 증언해주고 있다. 인간의 내면성에 대해 말하기 위해 역사 안에서 말이 형성되거나 그림이 그려지거나 음악이 작곡된 최초의 순간부터 훌륭한 문학 작품들이 이 훌륭한 연합에 대해 말해준다. 우리는 그러한 연합 속에 합류한다; 우리는 과거에 존재했던 모든 사람들, 지금 우리와 함께 있는 모든 사람들, 그리고 장차 존재하게 될 모든 사람들, 어떤 식으로든 그 연합의 한 부분을 차지하는 모든 사람들을 만난다. 우리는 유한한 존재이다; 우리의 삶은 어느 시점에서 시작되었다. 그러나 우리는 이제 시간을 초월해서 시간 밖에 있는 것과 접촉할 수 있음을 안다. 우리는 또 다른 차원에서 변화를 경험하고 있다—우리는 형태, 말이나 이미지, 수, 선, 소리, 시각, 맛, 감촉, 냄새 등을 초월한다. 우리는 분리를 떠나 연합을 향해 나아가며, 그 연합 속에서 더욱 자신을 발견한다. 마침내 우리는 원초적 언어가 말씀이 될 때 철저히 말이 없어야 함을 알게 된다.